工程项目管理理论与创新

侯学良 著

科学出版社

北京

内 容 简 介

本书以工程项目管理理论为基础，在对工程项目管理的发展现状及其创新途径进行论述的基础上，以作者近年来在工程项目管理领域的最新研究成果为范例，就如何在工程项目若干问题的研究中提出新思想、新技术、新方法、新机制和新模式进行大篇幅的详细分析与实例论证。在每项范例的论述中，分别从创新背景、创新构思、创新过程和创新启发四个角度进行详细的解析，并就研究中所涉及的多学科知识也给予了必要的补充和介绍，为博士生提高科研能力给出极具参阅价值的研究范例，是近年来工程项目管理领域中开展科学研究与创新教育方面具有很强引导性和启发性的专业书籍。

本书以理论创新为主要论述内容，使用对象主要是工程管理专业的博士研究生和博士后。但基于这些研究范例中研究思想的科学性和普适性以及研究成果的实效性，也可作为政府工程建设主管部门、工程科研院所、工程建设等单位工程项目管理者和决策者的参阅书目，还可作为工程项目管理在职硕士学位教育的辅助教材。

图书在版编目（CIP）数据

工程项目管理理论与创新 / 侯学良著. —北京：科学出版社，2017.9
ISBN 978-7-03-053196-4

Ⅰ.①工… Ⅱ.①侯… Ⅲ.①工程项目管理–高等学校–教材
Ⅳ.①F284

中国版本图书馆 CIP 数据核字（2017）第 128230 号

责任编辑：方小丽 / 责任校对：桂伟利
责任印制：吴兆东 / 封面设计：蓝正设计

科学出版社 出版
北京东黄城根北街 16 号
邮政编码：100717
http://www.sciencep.com

北京九州迅驰传媒文化有限公司 印刷
科学出版社发行 各地新华书店经销

*

2017 年 9 月第 一 版 开本：787×1092 1/16
2018 年 1 月第二次印刷 印张：14 1/2
字数：337 000

定价：45.00 元
（如有印装质量问题，我社负责调换）

作者简介

　　侯学良：男，清华大学博士后，华北电力大学工程管理系教授，工程技术与管理研究所所长，博士生导师，国家教育部新世纪优秀人才入选者，中国建筑学会建筑经济分会理事，中国建筑学会工程项目管理指导委员会委员，国家自然科学基金评议专家，多家大型工程建设企业技术顾问。研究方向为工程项目管理、工程经济分析与决策和工程管理技术研发。曾于大型工程建设企业从事工程设计、监理、预决算和工程能源配套管理工作17年，先后独立或主持完成国家级、省部级纵横向科研项目63项，已发表建设工程项目管理方面的学术论文69篇，出版学术专著6部，获得软件著作权11项、发明专利2项及多项省部级科技进步奖。

序

　　在高等教育的人才培养体系中，对不同专业、不同层次的人才培养提出了不同的培养目标和教学要求，这就需要在各类不同层次人才的培养中施以不同的教学方式和教学内容。特别是在同一学科、同一专业的人才教育与培养中，由于在专业知识的学习上需要从初级到高级、从理论到实践、从认识到升华、从感悟到创新的渐进性累积过程，就更需要通过科学的教育方式和适宜的教学材料给予学生更好的教育与引导，而该套丛书正是将这一思想转化为现实的最新教学科研成果。

　　该套丛书是为高等院校培养工程管理专业的本科生、硕士生和博士生而编写的工程项目管理专业系列教材。该套丛书共分三册，第一册为《工程项目管理理论》，主要供本科生使用；第二册为《工程项目管理理论与应用》，主要供硕士生使用；第三册为《工程项目管理理论与创新》，主要供博士生和博士后参阅。

　　该系列教材以我国项目管理知识体系为框架，以工程项目管理为主题，以作者多年的教学和科研成果为基础，以大量的工程实际项目为案例，对工程项目管理知识进行了系统、全面、深入的科学阐述。与其他同类书籍相比，该系列教材具有三大显著特点：一是具有系统性，是我国工程项目管理领域第一套本硕博工程项目管理专业课程的成套系列书籍；二是具有层次性，是为我国培养工程管理专业本硕博不同层次人才而编写的同一学科不同层级的专业书籍；三是具有科学性，所述内容不仅全面系统、逻辑清晰，而且深入浅出、推陈出新，在保留工程项目管理核心知识和经典理论的基础上，融入了现代工程项目管理的新思想、新观点、新理念、新技术和新方法，为该专业学生系统学习专业基础理论知识、了解理论应用的主要法则、掌握科学研究的基本思路、感悟科学研究的哲理之道，以及实现多学科知识的综合集成与创新提供了一套全新的专业书籍。因此，该系列教材的出版不仅是管理科学与工程教育领域的一项新成果，而且是工程项目管理科研领域的一项新成就，具有很高的理论价值和实用价值。

　　在该系列教材中，管理与创新为主旨内容，也是当今工程项目管理领域的时代主题。特别是在当前经济环境下，为激发我国经济发展潜力、增强我国经济发展动力、提升我国经济发展实力，如何在管理中促改革、在改革中求发展、在发展中寻创新、在创新中出效益已成为当今时代的主旋律和社会的最强音。而要达到这一目的、实现这一目标，不仅需要管理创新、制度创新和科技创新，更需要思想创新和知识创新。因此，在科技和教育这一前沿领域，如何教育和引导学生不断学习并汲取新的知识、形成新的思想、提出新的观念、取得新的进步，并在进步中提升、在提升中创新，破除阻碍创新的禁锢，越过约束创新的藩篱，就成为当今人才培养中需要高度重视且必须解决的一项重要问题。而该系列教材正是在此方面进行的新探索、开展的新尝试、开辟的新路径。因此，在高等教育和人才培养方面，该系列教材的出版将具有非常重要的指导意义和引领价值。

鉴于该系列教材所述内容在工程项目管理方面所具有的前沿性、创新性和引导性以及在工程实践中所具有的实效性，值作者结笔之际，有感于作者编辑此书历时三年之久的辛勤耕耘和为我国高层次人才培养所做的重要贡献，特此作序，同甘协励。相信该套丛书的出版必将为我国工程项目管理人才的培养和工程项目管理水平的提高发挥积极有益的促进作用。

牛东晓

牛东晓：长江学者特聘教授、新世纪百千万人才工程国家级人选、国务院政府特殊津贴获得者、中国科学技术协会决策咨询专家、国家自然科学基金评议专家。华北电力大学教授，博士生导师。

前　言

　　专业人才的培养是一个从初级到高级、从基础到专业、从理论到实践的渐进过程，在这个过程中，不同专业、不同层次的学生所需学习、了解和掌握的专业知识各有不同。面对不同专业、不同层次的学生，如何通过相应的教育引导和相关的课程教材，使之了解和掌握相应的专业知识并拥有相应的专业技能，是高等教育和人才培养中需要认真思考并解决的一个重要问题。特别是对于同一专业不同层次的人才培养，如何使之完成从理论学习到实践应用、从实践应用再到知识创新的转化，并同时具备各层次人才所应具有的专业学识和专业技能则是当今专业人才教育和培养中最为关切、也最需解决的主要问题之一。而本套教材正是针对这一问题，以工程项目管理这一最具普适性、广泛性和代表性的专业为例，为满足高等院校本硕博同一专业不同层次的人才教育和培养而编写的一套专业系列教材。

　　为了便于高等院校教师对工程管理这一专业的本硕博学生进行不同的教育与培养，同时也为了便于该专业不同层次的学生能够系统逻辑条理地学习和掌握不同层次的专业知识，本套教材在编写中以工程项目管理为主题，以我国项目管理知识体系为框架，以作者多年的研究成果为基础，以大量的工程实践成果为案例，对工程项目管理专业知识进行了系统全面的阐述。本套教材共分三册，第一册以工程项目管理理论为核心，对工程项目所包含的各个管理对象及其基本概念、基本原理、性质特点、技术机理、使用方法等内容进行了详细的介绍；第二册以工程项目管理理论应用为主题，在工程项目管理理论论述的基础上，结合工程实际案例，就如何应用工程项目管理理论来解决工程实际问题进行了系统的阐述；第三册以工程项目管理理论创新为中心，分别以如何在科研中获得思想创新、模式创新、技术创新、方法创新、机制创新为研究范例，就其创新背景、创新构思、创新过程和创新启发进行了详细的解析。本书为第三册。这三个分册所阐述的内容相互衔接、逐层递进，理论部分是应用部分的基础，应用部分是理论部分的深化，创新部分是理论和应用部分的升华。虽然各册各有侧重，但不论是本科生，还是硕博研究生，都可分开阅读，也可完整阅读。特别是全部阅读完该套书籍后，无论在知识的深度上还是广度上，读者都将会对工程项目管理从理论到实践所涉及的相关知识有一个更新的认识、更深的感悟与更高的提升。

　　在编写过程中，作者参阅和借鉴了国内外较多的相关文献，这些资料与文献对确保丛书所述知识的科学性、系统性、完整性和正确性发挥了非常重要的作用。丛书中所涉及的创新成果与实际案例已先后得到了工程实践的多次验证，取得了良好效果，并获得了多项省部级科学技术进步奖。同时，丛书中所涉及的各个创新主题，还先后得到了国家自然科学基金项目、国家社会科学基金项目、国家教育部新世纪优秀人才项目、北京市自然科学基金项目及中央高校科研基金等项目的大力资助。更重要的是，鉴于丛书编写的意义和价值，在丛书的编写过程中，还得到了华北电力大学工程管理专业在校本硕博学生的大力支持，尤其是本研究团队的谢智慧、王毅、侯植元、唐辉等优秀硕博研究生，他们以极高的热情参与了本丛书的编写，并从学生如何更好地了解和掌握这一专业知识的角度以及他们学习的体会和切身的感受为本丛书提出了许多宝贵的建议。同时，在本丛书的写作过程中，我国著名项目管理专家、长江学者特聘教授、新世纪百千万人才工程国家级人选、国务院政府特殊津贴获得者牛东晓博士生导师也给予了极大的关怀，并在百忙之中为本丛书作序。在本丛书出版之际，华北电力大学教务处处长柳长安博导专门以华北电力大学教育教学与改革的高度，给予了专项支持；科学出版社的编辑同志也给予了极大的支持和帮助，使本丛书得以顺利出版。在此，对他们一并致以崇高的敬意和诚挚的感谢。

目前，在我国七百余所工科院校中，工程管理专业已成为一门普遍开设的专业，工程项目管理这一课程也成为该专业的必修课程。同时，再加上工程项目管理这一知识的普适性，其在工程项目的建设中已被广泛使用并成为工程项目管理必不可少的重要工具。可以确信，工程项目管理这一专业知识必将有更光明的前程、更美好的前景及更大的发展空间。因此，在出版之际，作者衷心期望丛书的出版不仅能为我国工程管理专业教育的发展和高层次人才的培养产生积极的促进作用，带来有益的学术影响，也期望为从事工程项目管理研究的有关科技人员、从事工程项目管理的政府主管部门人员及企事业单位的工程项目管理人员在解决工程实际问题方面带来有益的指导和启发。同时，鉴于作者有限的学识和研究水平，书中可能存在若干不足之处，为此，欢迎读者交流指正，为促进我国工程管理教育事业的发展和工程项目管理水平的提高而共同努力。

作　者

2017 年 1 月

目　　录

第1章

工程项目管理现状与创新途径

随着科学技术的不断发展和社会的不断进步，人类对工程项目的管理也逐渐提出了许多新的要求。为此，近年来，工程项目管理者从工程管理和现实需求出发，对工程项目管理进行了不断的改革与创新，使工程项目的管理水平有了显著的进步与提高，工程项目的管理方法与模式也呈现出了许多新特点。但与此同时，工程项目管理也出现了许多新问题。为了有效解决这些新问题，就需要工程项目管理者和研究者在全面了解和掌握工程项目管理现状的基础上，通过更为深入的理论研究和实践探索，来寻找和发现有效解决工程项目管理中若干问题的新思想、新方法、新技术和新途径。

1.1 工程项目管理的发展现状

工程项目管理是为实现工程项目的预期目标，以工程项目整体为对象，应用系统、综合、科学的管理技术与方法，按照一定的科学步骤和规律，对工程项目进行的全面管理和控制的一门学科。

从工程项目管理的发展历程来看，项目管理最初仅用于国防工程、航天工程和建筑工程等少数几个行业中，但通过几十年的发展，项目管理已迅速扩展到电子、通信、交通、软件、制药、金融、教育等各个行业以及企事业单位的日常工作管理之中。特别是在工程项目建设领域，形成了具有工程建设特点的、以工程技术为核心的工程项目管理知识体系。并且，在工程项目管理的管理模式、管理技术、管理理论和实践应用等多个方面，工程项目管理已呈现出多种多样的新状态。

1.1.1 工程项目管理模式

在工程项目管理模式方面，除传统的 DBB（design bid build，即设计、招标、建造）模式、CM（construction management，即建设管理）模式、MC（management contracting，

即管理承包）模式、BOT（build operate transfer，即建造、运营、移交）模式、EPC（engineering procurement construction，即设计、采购、建设）模式、Partnering（合伙）模式、PM[①]/PMC[②]模式等多种不同类型的工程项目管理模式依旧在不同种类的工程项目中被广泛使用外，还出现了若干新的工程项目管理模式，如PPP(private public partnership，即公私合作关系）模式、PFI(private finance initiative，即私人融资启动)模式、ABS(asset backed securitization，即资产支持证券化融资）模式、AVECM（agile virtual enterprise constituting and management，即动态联盟模式）等。这些模式的出现不仅充实和完善了工程项目管理理论，而且为实现工程项目的有效管理提供了新途径。

1）PPP 模式

PPP 模式是指在工程项目的建设中，公共部门与私人企业相互合作，共同完成工程项目的建设任务。PPP 模式主要适用于铁路、公路、通信等建设规模大、建设工期长、资金回收慢的工程项目。使用这种模式时，政府工程建设主管部门通过政府采购，与中标单位组成特殊的工程项目公司并签订特许权协议，并由该项目公司负责筹资、建设与经营。政府通常与提供贷款的金融机构达成直接协议，但该协议不是对项目进行担保，而是政府向借贷机构做出承诺，项目公司将按照与政府签订的合同支付有关费用。这个协议使项目公司能够比较顺利地获得金融机构的贷款，而项目的预期收益、资产及政府的扶持力度将直接影响贷款的数量和形式。采取这种模式的实质是，政府通过给予民营企业长期的特许经营权和收益权来实现加快公共基础设施建设的目的，以便尽早更快更好地为公众服务，同时促进国民经济的健康发展。据此，PPP 模式就是一种公私合作并以达到合作双方双赢或共赢为合作理念的现代工程建设管理模式。特别是当政府的投资项目在工程资金方面存在不足时，PPP 模式就成为工程项目主要采用的一种建设管理模式。

采用这种模式后，不仅可以使政府部门避免因资金短缺而延缓基础设施建设所带来的弊端，更好地利用私企资金为社会和公众尽早提供服务，而且可以使政府部门和私人企业发挥各自的优势，缩短工程建设前期决策和筹资所耗的时间，尽早实现工程项目的建设目标。此外，采用这种模式还有便于公共部门和私人企业在项目前期尽早参与进来，组成战略联盟，减少投资风险，降低项目融资难度，引入先进技术和管理经验，为达到工程项目的建设目的而创造更多的有利条件。同时，还可以保证政府对工程项目的控制权，在确保工程建设目标、协调各方利益方面发挥关键作用。它的缺点是组织形式比较复杂，增加了工程建设过程中参建各方之间的协调难度。同时，如何设定项目的回报率和利益分配依旧是项目参与方的争论焦点，极易引起各方的冲突与矛盾，为工程项目的顺利实施和后期运营管理带来一定的困难。

2）PFI 模式

PFI 模式是一种以私人融资为主的模式，其含义是指在工程项目的建设中，政府通过一定的方式使私人企业有机会参与基础设施建设。在完成工程项目的建设后，政府购买私营部门提供的产品或服务，或给予私营部门收费特许权作为工程建造费用的偿还方

---

① PM：project management，即项目管理。

② PMC：project management contractor，即项目管理承包商。

式，或政府与私营部门以合伙方式共同运营并进行利益分配。此类模式主要适用于学校、医院、交通等公共基础设施项目的建设。

采用这种模式的优点是可以吸收民间资本，缓解政府财政资金压力，同时还可以提高工程项目的建设效率，降低建设成本，实现风险转移。该模式的缺点是在社会信誉管理体制不完善的情况下，政府部门不能全面准确地了解和掌握私营部门的真实情况，选择和确定私人合作公司难度较大。

3）ABS 模式

ABS 模式是指以工程项目自身资产为基础，以工程项目后期运营所产生的收益为保证，通过债券发行来募集工程资金的一种工程项目管理模式。该模式主要适用于电信、电力、供水、环保等投资规模大、建设周期长、资金回收慢的基础设施建设项目。

该模式的优点是政府无须为项目的投资做出承诺和安排，就可有效避免市场融资中的风险，减轻融资压力，大幅降低融资成本。同时，由于负债不反映在原始权益人自身的资产负债表上，从而避免了原始权益人资产质量的限制，在实现资产负债表外融资的同时也改进了资产管理，提高了资本比率。该模式的缺点是由于项目的经营决策权仍归原始权益人，在融资的同时无法引进先进的技术和管理方法，不利于工程项目的建设和后期经营效率的提高。

4）动态联盟模式

动态联盟模式是一种以信息技术为基础，由多个各有专长的工程建设企业组成临时联盟，在工程建设过程中，共同承担风险和分担义务并共享工程项目建设成果的一种管理模式。

该模式的特点是具有组织无边界性。在工程建设中，动态联盟的成员应相互信任，运用高新信息网络技术相互协作，并在各自领域发挥自己的优势，使这一临时组织具有更强的工程建设管控能力。

1.1.2　工程项目管理技术

进入 21 世纪后，我国的工程建设项目逐渐呈现出建设规模大、工期短、要求高、建造复杂等新特点。并且随着工业技术和建材等领域的技术革新与进步，工程施工技术也发生了较大的改变，传统的施工工艺受到了很大的冲击。在此情况下，面对众多大型化、综合化、复杂化的工程项目，传统的工程项目管理技术与手段已难以满足工程建设管理的新要求。因此，为了实现工程项目的有效管理，一些工程智能管理系统、专用管理软件、工程定位技术、远程监控技术等新的工程管理技术被不断地研发出来，并应用到工程项目的管理当中。实践证明，这些管理新技术不仅有效解决了工程项目管理中出现的若干新问题，显著提高了工程项目的管理水平，而且给工程项目带来了一定的经济效益，为促进工程项目管理技术的进步发挥了积极有效的作用。从目前情况来看，在工程项目的管理技术方面，最为突出的是工程信息管理技术、工程信息智能处理技术和工程现场管控技术。

1）工程信息管理技术

在工程项目管理技术方面，最为显著的一个变化就是在大量工程项目管理中，很多工程建设单位基于计算机和网络技术，构建起了运作高效、信息共享的管理信息系统平台，实现了工程信息收集、传输、加工、储存、更新和维护的高效管理。这一平台的构建，不仅满足了工程项目管理者及时了解和掌握工程项目实施状态的管理需求，而且为工程项目管理者根据工程项目的实际情况及时做出决策提供了更为有效的管理技术手段，并已成为现代工程项目管理的重要工作之一。

2）工程信息智能处理技术

随着科学技术的不断发展与进步，工程建设项目的科技含量也越来越高，工程项目管理中的知识密集型和信息密集型特点也越来越突出，工程项目的质量、进度、费用、安全等管理方面对工程建设管理人员的管控能力也提出了更高的要求。面对工程建设中不断涌现出的大量工程信息、数据和资料，传统的管理方法已无法满足工程建设者的管理需求，而只有通过更为精准直观的形象测量与管理、综合分析、诊断与评价，才能实现对工程项目的有效管理与控制。因此，一些具有智能化、自动化和自控化的工程管理技术被逐步引入工程项目管理领域，大量专门用于分析和处理工程质量、进度、费用、安全等管理对象的管理软件也被不断地开发出来，并应用于工程项目管理中。这些管理新技术的应用不仅加快了工程信息的流通，实现了工程信息的快速利用与共享，提高了项目参与各方的协调合作能力，而且实现了对工程项目的有效管控，大幅减少了工程项目参与方之间的各种冲突与矛盾，给工程项目的顺利实施提供了更加有力的保障。

3）工程现场管控技术

面对工程项目建设中出现的新工艺、新设备和新材料等新的施工作业方式，就需要采用与之相适应的新的工程管理技术来满足工程项目的管理需求。例如，在工程项目的测定定位和放线方面，目前，国内已有若干工程采用远红外线测控技术来控制工程测量精度，或采用 GPS（global positioning system，即全球定位系统）或北斗导航系统来控制工程项目的坐标精度，还有采用 3D 技术来指导工程项目特殊部位的施工，以确保工程设备安装精度满足特殊要求。还有一些特殊工程通过无人机来实现工程施工现场的远距离操控，或通过微型卫星实现对工程项目的远程监控。

目前，在工程建设领域，深基坑支护技术、高强高性能混凝土技术、高效钢筋和预应力混凝土技术、粗直径钢筋连接技术、新型模板和脚手架应用技术、建筑节能和新型墙体应用技术、新型建筑防水和塑料管应用技术、钢结构技术、大型构件和设备的整体安装技术以及计算机应用和管理技术已成为国家重点推广的工程施工技术，与此相应的工程管理技术也实现了同步匹配。可以肯定的是，这些工程管理新技术都为实现工程管理技术的进步做出了积极的贡献。

1.1.3　工程项目管理理论

自 20 世纪 80 年代将项目管理引入工程建设领域后，经过四十多年的发展，工程项目管理已逐渐形成了具有中国特色的工程项目管理体系。最初，工程项目管理的内容主要是如何在工程建设中实现科学的项目化管理，工程项目的管理也主要集中在如何通过项目化管理更好地提高工程项目的质量、降低工程费用、加快工程进度等多个方面。到了 20 世纪 90 年代，为了满足大规模工程建设的管理需求，工程项目管理逐步开始关注工程项目的组合管理和工程项目的群管理，就如何实现对大型工程项目的有效管理展开了分析和研究。

进入 21 世纪后，尤其是近些年来，随着科学技术的不断发展、社会的不断进步及人民生活水平的不断提高，工程项目管理的对象和内容也随之发生了较大的改变。在充实和完善工程项目管理理论的同时，工程项目的管理理念发生了若干新的变化。例如，在工程项目的实施中，工程管理者需要更加注重工程信息的高效分析与处理，需要更加注重基于工程实用技术基础上的灵活性管理。在工程项目管理理论方面，工程管理者需要更加注重开展实证性的研究和探索，而非传统式的引用性和思辨性论述。特别是以下六个方面，已成为工程项目管理者的重点关注对象。

1）工程项目的和谐管理

通过大量的工程实践，工程项目管理者已深刻体会和认识到，面对众多的工程项目参与方，只有使工程项目参与各方和谐相处、相互协调与配合，才能最终实现多方共赢，实现工程项目的预期目标。

2）工程建设中的人本管理

在工程项目的建设中，人既是工程项目的管理者，又是工程项目的被管理对象。这一双重身份使工程项目中必不可少的管理人员具有了与其他管理对象不同的特殊性。特别是由于人所具有的独特思维能力、心理活动能力及行为自主能力，这就要求工程项目管理者只有从人性化管理的角度出发，才有可能实现对人的有效管理与控制，并使之更好地为工程项目发挥其所具有的主观能动性。

3）工程建设中的文化管理

项目文化是一种不同于企业文化的速效文化，它要求在项目组织成立初始，就产生文化自身所具有的内在影响力，在促使项目参与各方相互支持和相互配合的同时，又要约束每位成员的自我行为，避免在工程项目管理中出现不和谐行为，并给工程项目的正常实施带来人为的阻碍和约束。

4）工程施工中的环境保护

近年来，随着人们环保意识的提高，工程项目的文明施工和环境保护已成为工程项目管理中的重点管理对象。为此，工程项目管理理论中也融入了更多的环保专业知识，并在融合项目管理特点的基础上，朝着更加专业化的方向发展。

5）工程项目中的柔性管理

面对工程项目建设中的各种管理对象以及工程项目管理中的随机性问题，工程项目管理正在不断探索更为灵活的管理模式，并将这种灵活的管理思想、方法与模式定义为工程项目的柔性管理范畴。其目的就是使工程项目管理更加适应工程项目建设过程中的种种变化，及时满足工程项目的管理需求，更好地为工程项目建设提供及时有效的服务。

6）工程项目的管理艺术

经过四十多年的发展，工程项目管理理论已从过去仅仅阐述管理理念、管理方法、管理工具等硬技术发展到了涉及诸多方面的全方位管理。特别是近几年来，该理论尤其关注与人紧密相关的思维、行为、情感、文化等方面的问题。由于人是工程项目的主导者，只有管控好工程项目参与者的思想与行为，才能更好地为工程项目的建设服务。为此，很多工程项目管理者认为，工程项目管理更应该是将理论转化为实践、将抽象转化为具体的科学与艺术。因此，工程项目管理艺术也将是工程项目管理理论中必不可少的有机组成部分。

1.1.4　工程项目管理实践

通过几十年的努力，我国在工程项目管理实践方面已取得了极为显著的成果，不仅形成了具有中国特色的工程项目管理理论体系，构建了系统完整的工程项目管理体制和运行机制，而且为工程建设企业培养和造就了一大批懂法律、会经营、善管理的工程项目管理人才，并在加强工程项目的组织管理和项目经理的职业化建设、提高工程项目的建设质量和管理效益等方面取得了巨大成就。从工程项目管理的实践情况来看，工程项目管理已在以下五个方面取得了显著的进步。

（1）在工程项目的决策阶段，工程项目的可行性研究方法与模式已日趋成熟，并成为工程项目决策分析与立项审批中必不可少的重要工具。

（2）在工程项目的准备阶段，不论是确定工程项目的管理模式，还是开展工程项目招投标及其他管理工作，都有系统完整的工作流程与程序，并且这些管理方法与程序可以完全满足我国当前工程项目的建设管理需求。

（3）在工程项目的施工阶段，工程项目的质量管理、进度管理、费用管理、风险管理、安全管理等各个方面都有相应的工程管理方法和管理技术，同时这些管理方法与技术已在工程项目管理中得到了普遍应用，并产生了显著的经济效益。

（4）在工程项目的竣工阶段，建立了工程项目竣工验收、费用结算、设备设施试运行等有效管控体系，同时还开展了工程项目的后评价工作，为及时总结工程项目的管理经验和教训发挥了重要作用。

（5）为实现对工程项目的有效管理，不断引入了信息管理技术、自动控制技术、远程监控技术、工程预警等多种新技术，极大地提高了工程项目的管理水平和管控能力，并在保障工程质量、避免安全事故、降低工程费用、加快工程进度、预测工程风险等方面有了显著的进步和提高。

但在工程项目的建设过程中，工程项目管理也暴露出了很多不足与问题。例如，在工程项目组织管理方面，尽管采用了工程项目管理模式，但在工程实际管理中，特别是在工程项目审批和招投标中，依旧时常发生行政权力过度干涉和介入的现象。同时，在工程建设前，虽然制定了各项规章制度，但职责义务不清、制度范围不明、有规有法不依、执规执法不严、遇事相互推脱、管理合作低效、主观臆断决策、管控力度不足、管理技术落后等问题时有发生。尽管大多数工程在工程项目实施中使用了工程信息管理系统，我国工程建设主管部门也已实现了工程信息的大面积覆盖，但还处于起步阶段，工程信息化管理技术还在进一步的普及当中，构建的工程信息管理平台还需要不断地改进和完善。这些问题的存在不仅给工程项目带来了不同程度的不利影响，而且有时还给国家和人民的生命财产造成一定的损失。因此，我国的工程项目管理还有很多需要改进和完善之处，还需要通过更多的努力和奋斗来实现工程项目管理大的飞跃。

1.2　工程项目管理的发展方向

随着工程项目管理模式和管理技术的不断变革与发展，传统的工程项目管理理论已被注入了新的内涵并呈现出新的活力。从近年来的工程项目的管理理论研究成果可以看出，工程项目管理正在朝着集成化、技术化、多元化和自控化的方向快速发展。工程项目的管理已经不是传统意义上的一般性管理，而是更倾向于以工程技术为基础的专业化管理；管理的技术也不仅仅局限于本工程技术领域，还将其他领域的先进技术引入进来，形成多学科、跨领域的工程项目管理新模式。特别是在以下三个方面，发展方向更为明显和突出。

1. 工程 BIM 技术的普遍应用

BIM（build information model，即建筑信息模型）技术作为一种先进的工程项目管理技术和工具，已在工程项目管理领域呈现出强劲的发展状态。在我国，以北京奥运工程 BIM 技术应用为起点，开启了 BIM 技术的应用热潮。到目前为止，应用 BIM 技术的工程案例几乎覆盖了我国工程建设的各个领域，并呈现出快速发展势头。从 BIM 技术自身角度来看，由于 BIM 技术在工程设计、施工组织模拟、工程概预算、数据库构建等方面提供了非常有效的处理方式，并在参数可视化协调设计、信息化施工指导与管理、数据一体化存储与共享等方面有着极强的优势，对于提高大型复杂工程设计质量及效率、降低信息传递成本、打造高效的工程项目管理新模式具有很大的作用，因而，其被广大工程项目管理者所接受。

通过 BIM 先进的管理理念和可行的管理技术，工程项目管理者可以构建起三维信息化管理平台，并通过 BIM 技术把复杂的工程建设过程在计算机上进行虚拟建造和施工组织，工程管理变得简单化和高效化，及时发现工程建设中可能出现的问题，推进传统工程管理方式的变革。同时，还可为工程项目管理提供一个新的可视化平台，为提高工程质量、降低工程成本、加快工程进度、缩短建设工期发挥更为有力的保障作用。

但从目前情况来看，现阶段 BIM 的应用还仅仅停留在概念设计和局部应用阶段。由于 BIM 软件不成熟、兼容性差、缺乏 BIM 统筹管理机制和统一标准、投入成本较高等原因，还需要工程项目管理者进行不断的研究和探索，使 BIM 技术为工程项目管理发挥更大的作用，产生更大的效益。

2. 工程专用管理软件的设计与开发

在工程项目中，从工程项目的决策分析和方案设计开始，一直到工程施工模拟、竣工结算和项目后评价，计算机网络技术都在发挥着不可估量的作用。可以肯定地说，离开了计算机网络技术，工程项目管理及其效率将会大打折扣。因此可以预计，今后的工程项目管理水平与能力将日益取决于计算机资源的质量，工程项目管理的效率也将越来越受到计算机及工程管理软件开发速度的影响。

基于这一管理需求，目前仅美国就有 200 多家公司开发各种类型的工程项目管理软件，并在朝着专业化、集成化和标准化的方向发展。这些软件不仅可以满足工程项目局部管理系统的使用，而且通过必要的接口设置，还可实现多媒体化和网络化的系统连接，实现多时域空间的无线连接与信息共享。此外，为了满足工程项目的个性化管理需求，很多工程项目管理软件还将进一步利用先进的科学研究成果，向管理系统化和多元化的方向并行发展，为工程项目管理提供更强大的决策支持。

3. 工程远程管理与控制

面对许多跨区域、多环境、超远程的工程建设项目，单纯依靠传统的人工现场监管模式已无法满足工程项目的现代化管理需求。特别是当工程项目处于恶劣环境或工程施工现场与工程管理中心远离数百千米的超远距离时，传统的工程项目管理方式就更难实现对工程项目的有效管理与控制。对此，随着航空技术、图像采集技术、微电子技术和信息处理与传递等高新技术的成熟与应用，工程项目管理者已经可以在工程特殊地段的材料运输、设备安装、线路巡视、数据远程传输等方面，将直升机引入工程项目管理之中。工程项目管理者通过直升机快速获取工程施工现场的全部实施状态即时信息，来实现对工程项目的全角度、超远程动态监控，使工程项目始终处于可视状态。同样，还可利用 GPS 定位技术和卫星测控技术，解决线路勘测、管线测量、隧道贯通、精确定位和施工监测等工作，使工程项目的管控能力成倍提高。更为重要的是，这些技术不仅可以实现工程项目的远程管理与控制，节约大量的人力、物力和财力，而且可以有效地规避工程所处地理环境的限制和施工管理人员的主观干扰，及时获取最为直接和客观的工程信息，为工程项目管理者和决策者做出科学的决策提供最为直接有效的实物证据。

尽管这些技术在工程项目管理领域已初见端倪，并在个别工程项目建设中得以试验性应用，且取得了良好的应用效果，却由于投资过大、成本过高等原因，给这些技术的广泛应用带来了较大阻碍和约束。但可以确信的是，这些技术所特有的优势已为工程项目管理指明了今后的发展方向。

1.3 工程项目管理的新特点

近些年来，特别是进入 21 世纪之后，随着我国国民经济持续、稳定地快速发展，我国的工程建设也步入了高峰期，工程建设规模逐年扩大，工程项目的内外环境和复杂程度也远远超过了以往。在一大批高难度、高质量的大型、特大型工程项目相继建成的过程中，我国的工程技术和管理水平也得到了大幅度的提高。从总体上来看，工程项目管理已呈现出以下几方面的新特点。

1. 从对工程的单一化管理发展到对整个工程系统的群体管控

近十几年来，我国的工程建造技术水平有了显著的提高，对工程项目的管理已从过去的对工程的单体管理逐步扩展到了对整个工程项目的系统性综合控制。然后，在对我国工程建设经验不断总结与完善的基础上，又从对整个工程项目的系统性综合控制逐步发展到了对工程项目的群体管控。同时，为了促进工程项目的可持续发展，使工程项目管理技术不仅为工程项目服务，而且也为人类创造更美好的未来生活空间而服务，又从对工程项目的群体控制发展到了对工程项目整个生命期的管理和控制。在这个控制中，最明显的特点就是将环境保护、节能降耗、循环经济和可持续发展等思想融入工程项目的整个管理过程之中，在工程项目管理中，构建起了全新的工程项目管理理念。

2. 从单纯的静态管理发展到对整个工程项目的动态管理

过去，在工程项目管理者的意识形态里，工程项目是固定的、不变的、相对独立的，因此，工程项目管理者就常常用静态的思想和方法来分析和看待工程项目中存在的问题，致使对工程项目的管理始终处于被动状态，直到工程项目出现问题后才进行分析和判断，然后再制定相应的对策。但工程项目一次性的特点，使其一旦发生若干问题后就会出现不可挽回的损失，为此，通过大量的分析和研究，工程项目管理者从中发现了工程项目中若干问题的发生、发展和分布规律及诱发工程项目出现劣化状态的机理。这些科学的研究成果使人们逐渐认识到工程项目自身及其所处环境的内外因素与工程项目发展状态的内在关系，认识到了工程项目自身所具有的动态性、可变性和相关性。鉴此，为了对工程项目进行有效的管理，针对工程项目中存在的各种问题，逐步对工程项目从单纯的静态管理发展到对整个工程项目的动态管理，提出了一些具有针对性的预测技术、预警方法和诊断措施，并通过与现场监测、远程控制、数据传输和分析技术的有效结合，逐步实现了对工程项目的在线动态管理。

3. 从单一学科知识的应用扩展到多学科知识的交叉管理

过去，工程项目管理者对工程项目管理中存在的问题总是从工程项目管理的角度来思考和解决，人为地将项目的若干部分割裂开来，致使许多问题一直得不到很好的解决。为了有效地解决工程项目中存在的各种问题，管理者就尝试用其他学科领域中研究和解决问题的思想与方法来探索解决工程项目管理领域中若干问题的新途径，这样，系统论、控制论、信息论、模糊数学、神经网络、遗传算法、博弈理论、优化理论、耗散理论、粗糙学、鲁棒学、循证医学、诊断学、行为科学等多学科的知识就被逐步引入进来，不仅扩展了研究者的思想和观念，避免了单一学科知识在解决问题方面能力的不足，而且还有效解决了工程项目管理中的许多问题，使工程项目管理者和研究者的项目管理思想与水平都得到了很大程度的提高。同时，这些多学科知识的综合应用也极大地促进了工程项目管理科学的快速发展。从总体来讲，工程项目管理的发展已呈现出两大特征：一是各学科领域都在积极探索如何通过工程项目管理技术来更加科学和系统地研究和解决本领域的若干问题；二是工程项目管理领域也在尝试和借鉴其他学科领域分析和研究问题的方法来解决本领域的问题。这种跨行业、跨专业、有理论、有实践的学科交叉与集成不仅促进了工程项目管理的快速发展，而且对整个科学技术的进步都具有十分重要的意义。

4. 从单维的工程项目管理转换到综合性的集成管理

与过去相比，现代工程项目的施工环境与条件都发生了巨大的变化，其普遍特征可以从两个方面来概括：一是形态特征集中表现在工程量大、工期紧、要求高、难度大和技术含量高方面；二是系统特征集中表现在多重作业、多元集合、多级传递、多维管理和多种状态方面。基于这些特征，工程项目中呈现出的各种问题就具有了明显的综合性、多样性和复杂性，并且随着工程建设规模的不断扩大，项目中所包含的因素也越来越多，涉及面也越来越广，需要分析、研究和解决的问题也越来越多，难度也越来越大。因此，对工程项目单一手段或方式的管理也已不再有效。面对工程项目中所现问题的综合性、复杂性及多样性，现代工程项目管理也需要提出针对性的管理方法与手段。这些管理方法不仅需要以工程项目管理技术为基础，更需要其他领域知识的集成与效力，由此而创造出的新方法才有可能有效地解决工程项目中出现的若干新问题。

1.4　工程项目管理中存在的主要问题

与过去相比，在我国的工程项目建设中，无论是所使用的技术还是工程建造材料及所使用的工具都发生了很大的变化，甚至是质的飞跃。但与此同时，这些新材料、新技术的应用无论是在工程管理的理论方面还是在工程项目的实践管理方面，都对工程项目管理提出了更多更高的新要求。尽管我国通过若干世界级的大型、特大型工程建设拥有了世界一流的施工技术，但从工程管理的角度来看，却未拥有世界一流的工程管理方法，在国际上知名的工程管理专家也十分有限，尤其是工程项目的管理水平与国际上先进国家的管理水平相比，在整体上仍有很大差距。尽管其中的原因很多，但究其根本，主要还是在于对工程管理的认识方面存在着很大程度的片面性，尤其是与自然科学相比，二者的重视程度相差悬殊，特别是在理论研究方面和教育培训方面存在的两个欠缺，以及在思想认识与管理方法创新方面存在的两个不足已成为促进工程项目管理发展、提高工程项目管理水平的主要障碍。

1. 在理论研究方面的欠缺

由于工程管理科学具有源于实践但又高于实践的这一特点，因而，工程管理理论的凝练就不仅需要多学科知识的综合和集成，更需要将工程项目管理方面的研究建立在工程实践的基础之上。然而，目前的工程项目管理理论研究基本上都是一些引用性和思辨性的研究，这不符合国际上重视的问卷调查或现场收集实际数据的实证性研究方法。由于这些研究方法并没有充分建立在工程实际的调查基础之上，或者研究中所采用的数据未能满足研究所需的大样本实际需求，因而工程管理理论研究结果就有可能不能有效反映出工程中研究对象的实际情况，其研究所得出的结论在工程实际应用中的价值也就值得怀疑。这种研究方法不仅不利于工程项目管理理论研究水平的实质性提高，而且也不利于我国工程项目管理水平的实质性提高。

2. 在教育培训方面的欠缺

在我国的工程项目建设中，一个很明显的特点就是大量使用农民工。有关研究资料表明，在众多的行业中，工程建设的人员素质是较低的。由于农民工本来就缺乏工程建设所需的专业知识，再加上工程建造业劳动力人员稳定性低、流动性大、工程建设期约束性强、成本有严格的限制等特点，很多建设单位没有足够的时间、人力和财力去培训和教育从事工程建设的农民工。因此，工程质量和安全意识很难在农民工的头脑中牢固地树立起来，工程质量和安全的有关制度规定也很难贯彻到工程施工过程中的每一个环节，因此，这就给如何对工程实施有效的管理提出了最现实的问题。

3. 在思想认识方面的不足

当前，在我国的工程管理实践中存在着三个倾向：一是用自然科学或技术专家的判断取代管理科学或管理专家的分析与研究；二是用社会科学或长官意志取代管理决策行为；三是用一般工业化、商业化的管理理论和方法来包含和替代工程项目的管理理论，忽视工程建设自身所具有的特殊性。这三种取代行为即使有了个别的成功案例，但也加大了工程项目的建设成本，总体效益不佳。同时，在我国的工程项目建设过程中，依然存在着贪大求全的不良行为，存在着为了工期不顾成本、为了成本不顾质量、为了质量不顾安全和环保等多种非科学的管理行为。对于这些问题，很难单从工程技术的角度去分析和解决，更需要从始至终的科学理念去引导和管理。因此，从根本上深刻认识工程项目管理的重要性并赋予其应有的地位已成为保障工程建设顺利发展的必然趋势。

4. 在管理方法创新方面的不足

从现实条件上讲，我国与发达国家相比，无论是工程技术的科技含量方面还是工程管理水平方面都还缺乏明显的竞争力。尽管多年来我国的国民经济一直保持了持续性增长，但在国际上的科技排名并不高。同时，由于我国工程建设所耗资源也与国外发达国家的先进水平存在很大的差距，因而，只能以劳动力的廉价优势来争夺一席之地。这表明我国在工程项目管理方面的创新能力存在明显不足。然而，全球经济一体化、产业国际化和市场全球化趋势的进一步发展，却不允许我们停滞在原有的管理水平上，经验式和粗放式的工程项目管理方法已无法满足我国工程建设持续、稳定、健康发展的长久需要。同时，由于目前世界上许多国家的经济发展状况受金融危机的影响而处于迟滞状态，受中国市场高速发展的诱惑，国外许多公司必然会争相进入中国市场以抢占一席之地。面对这样的趋势和局面，如果我们不抓紧提高自身的素质和核心竞争力，就有可能逐渐地成为世界生产链中的加工厂，以廉价的劳动力来赚取微薄的利润，而发达国家则有可能利用它们所拥有的大量知识产权和专利占据主要地位。这样下去，中国就会成为外国工程技术的试验场。更令人担忧的是，这可能会使我们在国家发展的同时，失去在工程领域超越西方发达国家的宝贵机会。为此，在加快我国工程建设发展步伐的同时，如何促使工程项目管理水平产生质的飞跃，大幅提高我国建筑产业在国际上的生存能力和竞争能力，就成为工程项目管理研究中一个急需思考和解决的重大现实问题。

除上述四个方面外，通过大量的分析、研究和总结，我国工程项目管理领域的若干专业学会及研究组织也明确指出，在工程项目管理领域，工程项目的基本概念缺乏准确定位、工程项目管理的系统框架不完整、工程项目管理的研究缺乏基于工程实际的实证性研究、基于理论视角的研究成果难以解决工程实际问题等若干基础性理论问题还未得到根本性的解决。同时，在解决工程项目若干问题时，特别是利用国外的若干先进技术和管理软件来解决我国工程建设项目管理中的若干问题时，还存在着照抄照搬、崇洋媚外的问题，还没有实现真正意义上的管理技术消化与吸收，没有结合工程项目的现实需求，提出能够有效解决工程实际问题且具有中国特色的工程项目管理新思想、新方法和新模式。这些问题的解决不仅需要工程项目管理者从科学理性的角度去研究与探索，更需要以积极的心态和吃苦耐劳的精神去创造出更多属于中国自己的具有原创性的新发明与新创造。

1.5　工程项目管理的研究现状

工程管理科学是集自然科学和社会科学于一体的综合性交叉学科，由于其在解决工程实际问题时需要以工程技术为平台，以管理方法为手段，这就决定了工程管理科学不仅与自然科学密切相关，而且与社会科学亦不可分。鉴此，许多研究者为了更好地解决工程项目管理中存在的问题，在深入了解和掌握其他学科知识的基础上，对工程项目中存在的问题进行了新的探索。例如，在项目组织建设方面，引用普利高津的耗散理论研究了项目组织的行为机理，应用 STACBERG 模型描述和解决了工程项目组织人员的冲突行为，并提出了具有互适性的项目管理新机制。在工程质量管理方面，鉴于传统管理方法的局限性，提出了基于循证管理思想的双梯度质量管理新方法。在工程项目进度管理方面，提出了基于 Petri 网络的工时相依修正法。在工程项目的费用管理方面，提出了基于动因原理和神经网络的成本控制新技术。在安全方面，则是在原有的基础上，结合工程项目的特点，引入了心理测量原理，这对于从理论上研究和探索并揭示项目文化影响安全行为的机理是一个全新的尝试。同时，在工程项目资源管理方面，提出了有形资源与无形资源的新概念，并采用 Doglas 生产函数研究了工程资源的最佳配置，这对于充分挖掘工程项目资源、提高工程项目管理水平具有非常重要的意义。

同时，为了更加有效地管理和控制工程项目，使工程项目管理人员能够及时、准确地了解和掌握工程项目的实施状态，使之能够按照管理者的预定方向去发展，近年来，一些工程项目管理研究者将系统论、控制论、信息论、规划论、优选法、技术经济分析、价值工程等科学管理方法引入进来，结合工程实际，先后提出了面向工程实际的多种工程管理绩效、管理状态、管理效果的分析模型和评价方法。这些管理方法不仅给工程项目管理者及时发现工程项目中存在的问题提供了有益的指导和帮助，而且也为工程项目决策者在若干问题的分析和决策方面提供了科学有效的新方法和新手段。

此外，有越来越多的研究成果表明，工程项目管理专家正以极大的兴趣关注着所谓工程项目的"软"问题，如工程项目过程中的思维、行为、情感、适应性，以及项目管理中的交叉文化问题、项目经理的领导艺术等。同时，随着科学技术的迅速发展，以及人类社会的不断进步，人类在满足衣食住行的基础上开始逐渐认识到所属生存环境的重要性及其所需资源的紧缺性。为此，针对工程建设中伴随产生的一系列负面行为而带来的灾害与疾病，人类开始了深刻的反思，逐渐意识到自然和谐和共存发展的重要性，在工程建设中已将可持续发展、循环经济等思想融入进来。这样，环境学、生态学等科学又与工程管理建立了新的联系，逐渐出现了工程绿色化管理、工程状态的健康分析、工程生态管理等新的研究方向。更重要的是，这些研究的初步成果已表明，这种研究的思想与方法对促进工程项目管理的实质性进步具有非常重要的科学意义、社会价值及经济价值。因此，可以预测，今后的工程项目管理不仅要完成其现有的工程管理内容，而且还要逐步外延至工程项目所涉及的更广范围，并更加重视软目标的实现，更加重视项目后期效益、效果和体现的价值，以及对社会、环境、人类所带来的影响。同时，在工程项目的实施过程中也更加注重有效、合理地利用和保护各种自然资源，实现人类的可持续发展，从而使工程项目管理成为一门全面、完整、系统的管理学科体系和实用有效的科学管理方法。

1.6 工程项目管理的探新途径

面对工程项目管理领域中出现的众多新问题，大量的研究成果已表明，如果工程项目管理者在其研究中能够科学合理地组合和正确使用其他学科知识，方法得当且切合实际，就有可能会得到好的研究结果，达到预期的研究目的，并能创造性地提出有效解决工程实际问题的新思想、新观点、新方法和新途径。从目前的研究方法来看，工程项目管理方法的探新途径可以归结为理论仿真模拟、现有方法改进、学科交叉集成和工程实践凝练四个方面。

1. 理论仿真模拟

在工程项目管理问题的研究中，一个很重要的研究手段就是研究结果的仿真模拟。可以说，在未知管理和预测管理中，模型是一种较为理想的研究手段。研究人员可以通过对模型的构建与分析来研究和确定研究对象系统内部各部分的相互依赖关系及它们对系统的整体作用与效应，也可以预测某些因素对研究对象整体的影响程度。因此，在理论研究中，理论仿真模拟也是工程管理创新的一种有效工具。

2. 现有方法改进

现有方法改进是指在总结和继承他人优秀研究成果的基础上，通过更深入的研究和探索来获取解决问题的新方法的一种模式。使用这种模式不仅需要确认他人解决问题方法的正确性，而且更重要的是发现其存在的问题，并在积极汲取其他学科知识的基础上，再对发现的新问题进行更为深入系统的研究。古语所说的"学而不思则罔，思而不学则殆"则是这一研究方法的指导方针。

3. 学科交叉集成

在科学发展史上，无数的科学发明和创造的事实已充分证明，相似的启发是科学创新的桥梁。大量的工程实践也已证实，相似规律的运用也是提高工程管理水平的有效途径，如将耗散理论、博弈理论与和谐理论集成而形成的具有互适性的工程项目管理新机制，基于医学和循证管理思想所建立的工程质量管理新方法，与数理推证和诊断学及医学相结合的工程实施状态评判方法等都已被实践证明是行之有效的工程管理新方法。因此，工程相似学的思想，打破了不同学科固有的界限，揭示了支配相似学原理的一致性。因此，在相似学理论的指导下，不同学科的相互交叉与集成所带来的启发与融合已为工程管理理论的方法探新打开了又一扇新的创新性研究大门。

4. 工程实践凝练

工程建设最大的特点就在于它有很强的个性，特别是一些在特定条件下需要完成的工程项目更需要有相应的特殊方法来管理和指导。从严格的意义上讲，世界上没有两个工程完全一样，每个工程不仅与当时的建设环境紧密相关，而且与当地的人文地理密不可分。虽然可以在设计上采用相同的图纸，但工程的组织模式、材料的运输方式、能源的引入路径等问题都需要依据当时当地的实际情况来解决，这无疑给工程项目管理方法的不断改进与创新留下了很大的创造性空间。因此，在工程项目的管理实践活动中，可以通过与工程实施环境的紧密结合来研究和探索具有针对性的工程项目管理新方法，在此基础上，通过与原有方法的对比和科学的理论分析，提炼出具有普适性的工程项目管理新方法。

总的来讲，目前，工程项目管理的研究方法常有定性和定量两种，纯粹的定量研究可能会存在一些不可避免的缺陷，使人们过多地依赖于具体的数据。由于工程项目管理毕竟含有大量的实践经验，因而纯粹的理论数据就不一定能够很准确地描述出管理者思想行为的取向和动机。然而，定性研究或模糊评判却能在一定程度上弥补其不足。因此，如果能在科学研究的过程中，将定性分析与定量研究相结合，就有可能使研究结果更具有科学性和可靠性。同时，若能将理论推证与实际验证相结合、专家论证与仿真模拟相结合、微观分析与宏观评判相结合，则有可能发现探新工程管理方法的最佳途径，为工程项目管理水平的提高做出更大的贡献。

【本章拓展材料】

第2章

基于循证科学的工程项目实证性研究新思想

■ 2.1 创新点

（1）将循证科学引入工程项目管理领域，提出基于循证科学的工程项目实证性研究新思想。

（2）提出具有普适性的工程项目循证科学研究方法。

■ 2.2 创新背景

一般来讲，科学研究按其性质可分为两大类：一类是理论性研究，一类是实证性研究。纯理论性的研究多是对原理论体系的完善，或者是对原理论体系的拓展，此时的理论体系被认为是有缺陷的或是不完善的。

实证性研究则不然，它多以经验性命题为研究对象，而且其研究结果应具有可证性。在实证性研究中，常通过统计和分析来源于研究对象的实际数据，解释和描述研究对象在实际中的真实状态。在此基础上，通过对研究对象的演化分析，揭示研究对象的本质特征或其运行机理，为提出有效解决研究对象中出现的问题提供科学的依据。在此研究中，数据、模型、分析、推证、检验与结论是实证研究的六大要素。由此可知，实证性分析主要是基于实际数据、信息和案例来揭示研究对象的本质特征与规律的。但前提是，这些研究的初始数据、信息和案例必须是可信的，来源可靠的，样本足量的，满足研究所需的。如果初始的数据不可靠、不可信，缺乏足够有代表性的样本，那么，研究结果就不能真实地揭示、解释和描述研究对象的真实状态，研究结果就可能与事实偏离，失去其研究的价值。

然而，纵观目前工程项目管理中大量的实证性研究文献可知，工程项目管理中许多实证性问题的研究实质上都是采用引用性和思辨性的方法对研究对象进行的分析和阐述，这一点从大量文献中的研究内容、研究过程甚至研究结果的高相似度中即可得到有力的证明。从科学研究的角度来讲，如果对研究对象的分析是工程项目管理中纯理论问题的研究，也许这种引用性和思辨性的研究方法会给研究者带来一些有益的参考和启发；但若要研究并解决工程项目管理中的实证性问题，这种方法就显现出明显的弊端，其最主要的原因之一就是研究者在研究过程中缺乏足量的研究样本来对研究对象的实际状态进行科学、正确、全面、有效的描述，或研究样本缺乏必要的科学举证来为其研究提供可靠的实证性依据。因而，研究者在其研究中，面对研究样本的缺乏，就有可能通过基于主观分析的其他方式来适度增加若干分析研究对象的数据。真若如此，所得出的研究结果就可能包含有过多的主观臆断和客观偏移，其研究成果在工程实际中的应用价值也就极易受到质疑。

因此，为了保证研究结果的可信性、可靠性及价值性，研究者在分析和解决实证性问题的过程中，就必须基于实际、结合实际、面向实际，以实际为基础，以实际为导向，以实际验证结果为依据。而这一思想与方法正是循证理论所倡导的科学研究方法。因此，如何在工程项目管理的实证性研究中将循证理论科学地引入进来，为解决工程项目管理中的实证性问题提供更加科学有效的研究方法就成为工程项目管理研究方法中值得探讨的问题之一，而本章正是基于这一需求而开展的专题论述。

2.3　创新构思

在医学领域，能够有效解决患者病痛的治疗方法才被认为是最好的方法。但在疾病的治疗过程中，对医生而言，最难的部分并不是制订治疗疾病的方案，而是疾病治疗过程中随着疾病的好转如何调整治疗方法。对此，医学领域的临床医学通过大量的医学临床实践，并通过对大量病例的深入系统研究，在全面完整地总结各种医学病例的基础上，提出了依据疾病的发展进程而同步调整治疗方案的思想与方法。然后，在此思想的指导下，通过充分的临床实践检验，证明了这一思想与方法的正确性。基于这一大量的实践成果，又经过系统的理论研究与升华，提出了在疾病治疗过程中，为了有效解决患者的疾病而基于病症治疗的发展状态，同步调整治疗方法的疾病治疗原则。这种以事实为证据并遵循证据来治疗疾病的医学方法被称为循证医学。

从循证医学的定义中可以看出，遵循事实并以事实为基础来开展疾病的即时治疗是循证医学的本质。其实，对于工程项目管理者而言，面对工程项目中出现的各种具有多样性、随机性和动态性特点的问题，就如同面对医学中的各种疾病。如果解决具有多样性、随机性和动态性的疾病需要遵循循证原则，那么，解决工程项目管理中的实际问题是不是也应该同样遵循这一原则？也就是说，若将工程项目中出现的管理问题也视为医学中的疾病，那么，从图 2.1 中的对比即可看出二者所具有的极高相似性。

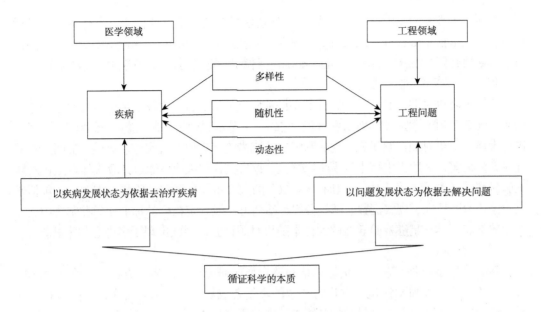

图 2.1　医学疾病与工程问题的对比

　　由此可以带给工程项目管理研究者的启发是，如果能在充分了解和掌握循证医学思想及其精髓的基础上，将其解决疾病的思想与方法的本质引入工程项目管理领域中，就有可能给工程项目管理中若干问题的解决带来新的思想与方法。因此，以此为出发点，就有可能成为工程项目管理中开展实证性研究的一个创新点。

2.4　内容阐述

2.4.1　循证医学的基本内涵

　　循证医学是近年来国际上在医学领域迅速发展起来的一种新的医学研究模式，其对应的英文表示是 evidence-based medicine，简称 EBM。在医学领域，循证医学即指遵循证据的医学。循证医学的创始人之一、国际著名的英国临床流行病学家 D. Sachett 在其出版的《循证医学》一书中，给循证医学中循证方法所确定的定义是：谨慎、准确和明智地应用目前所能获得的最佳研究证据，同时结合医生的个人专业技能和多年的临床经验，考虑患者的价值和真实愿望，将三者完美地结合起来，以确定患者的治疗措施。其内在含义是指任何临床的诊治决策都必须建立在当前最好的研究证据和临床专业知识与患者实际病况相结合的基础上，且医疗的最终决策必须以客观分析结果为依据。在医疗过程中，无论是医生开具处方、制订治疗方案或医疗指南，还是政府机构做出医疗卫生决策，都应依据现在最好的研究结果。由此可知，循证医学内涵了医学诊治的新思想和新模式，强调了最佳证据、专业知识和经验、患者需求这三者的整体结合，并且指出三者缺一不可、相辅相成，共同构成循证医学诊治和研究方法的主体。

在循证医学的知识体系中，与循证医学紧密相关的几个重要概念是大样本的随机对照试验（randomized controlled trial，RCT）、系统综述（system review，SR）、Meta 分析、Cochrane 协作网（The Cochrane Collaboration）、计算机和网络技术，其各自的主要含义如下。

1）大样本随机对照试验

大样本随机对照试验是一种特殊类型的前瞻性研究，通过比较干预组与对照组的研究结果来确定某项干预措施的效果和价值。它的三个基本原则是对照、随机分组和盲法试验。进行大样本随机对照试验研究之前，制定的研究措施首先要经过实验室试验，证明其有效并对人体无害，之后再进行小规模临床试验，评价其作用大小。通过计算大样本随机对照试验研究的样本量来确认其无毒和有效。拟订的大样本随机对照试验研究方案一般包括研究对象、诊断标准、观察例数、随机分组、给药方法及评定指标的标准化。在实践中，证实疗效常需要具有足够检验效能的大样本随机对照试验，因此出现了多中心临床试验。

2）系统综述

系统综述是一种客观、定量地总结和整合原始研究结果的研究方法，是全面收集所有相关的大样本随机对照试验并进行科学的定量合成从而得出综合可靠结论的过程。在系统综述里，统计学方法是最常用的方法，主要用来检查原始研究不同研究结果的差异，确定不同的原因以及归纳和整合原始研究的结果，即 Meta 分析。因此，系统综述为循证医学提供了最完整、最可靠、最具权威的证据，为解决大样本随机对照试验中出现的问题带来了很大的帮助。

3）Meta 分析

Meta 分析是由心理学家 Glass 首次提出的统计学方法。这一方法被应用于医学领域之后，日益受到重视。Meta 分析建立在全面地对文献研究质量进行系统评价的基础之上。为此，学术界也把对医学文献进行全面系统的评价称为系统分析，而当应用特定的统计方法定量地进行系统分析时即称为 Meta 分析。目前，Meta 分析已取得了一大批研究成果并作为可靠的证据，使循证医学有证可循。

4）Cochrane 协作网

Cochrane 协作网是以英国已故著名流行病学家、内科医生 Archie Cochrane 的名字命名的资源网，也是一个国际协作组织，其目的是产出、传播和更新医学领域的 SR，为医疗实践和卫生决策提供可靠的科学依据。

5）计算机和网络技术

计算机和网络技术是 20 世纪科技发展的重要标志之一。计算机和网络技术、国际Cochrane 协作网和世界各国 Cochrane 中心网的建立与发展，为临床医师快速地从数据库及网络中获取循证医学证据提供了现代化的技术手段。同时，计算机和网络技术的迅速发展也有力地促进了循证医学的发展。

2.4.2　循证医学的起源与背景

20 世纪中叶，随着社会经济的快速发展和医学技术的不断进步，传染性疾病的发病率已大幅下降，但与心理和社会因素有关的疾病却显著增加，健康问题已从传染病和营养缺乏等问题逐步转变为肿瘤、心脑血管疾病和糖尿病等多因素疾病，并且由于病因的多样化，疾病的发病机制、病理表现、临床预后等各不相同。若想对这些病症实施有效的诊治，就需要获取最新的临床证据，并针对具体病例做出切合实际的临床决策。更主要的是，由于人类疾病表象谱发生了变化，逐步从单因性疾病向多因性疾病改变，因而，相应的治疗方法也就应随之改变。

　　然而，在医学的综合性治疗中，每一种干预措施一般只可能产生很小的疗效，为此，1948 年，英国人进行了人类第一项链霉素治疗结核病的随机对照试验，即大样本、多中心临床试验，结果证实链霉素疗效非常好。如此确切的疗效，再加上严格的研究方法，使其结果很快得到公认。从此，这种方法就被确立为评价临床疗效的最有效方法。但是，尽管使用的都是统一方法，不同研究者针对同一个问题得出的结果却可能会大相径庭，而每项研究结果都号称是最高级别的证据，都是权威专家做出来的。因此，面对各不相同的研究结果，临床医师应该相信哪一种结果，就迫切需要一种更加科学的方法来对研究结果进行分析和评价，并期望通过这种方法，可以保证把应用相同干预措施治疗相同疾病的所有高质量临床研究都集中起来，最终得出一个结论，从而解决临床医师无所适从的问题。

　　针对这一问题，医学界针对传统医学模式进行了反思，一些研究者认为，传统医学是以个人经验为主的诊治方法，医生常以自己的实践经验、高资历医师的指导、教科书和医学期刊上零散的研究报告为依据来处理患者（经验医学）。一种治疗是否安全有效，一个诊断方法是否实用科学，一项管理措施是否具有针对性等，这些在医学实践领域中的若干重大问题自古以来都是由经验主义和主观臆断来决定的。然而现代科学证明，这个沿袭千古的决策模式并不是非常科学的。同时，从许多人体的大样本随机对照试验结果发现，一些理论上应该有效的治疗方法实际上却是无效或者害大于利的，而另一些似乎无效的治疗方法却被证实是利大于害的。特别是那些估计有效实则无效的治疗不仅给患者带来了大量的不必要的损失和痛苦，而且严重影响着医疗卫生服务的质量和效率，因此，医学界认为，临床医学是知识，但不一定是科学。它以纯粹疾病现象为研究对象，得益于基础医学的形成，从类似生物学实验室的研究单位里产生关于人体结构功能、遗传和发育等方面的知识，它一方面赋予医学标准科学的架构，即基础研究加应用研究，另一方面帮助医学摆脱对应一组症候群命名一种疾病的粗糙知识状态，但这种认识水平仅仅是人类对疾病的初步认识，提升不到生物学规律上的科学知识。这就使经验医学的帽子无法摘掉，以至于医学界不断有促使经验医学向科学医学转变的呼声。

　　为此，英国流行病学家、内科医生 A. Cochrane 提出了一种新的医学研究思维，其主要内容是临床工作者不要忽略医疗效果，应将常用的随机对照试验应用于临床实践。他在出版的《疗效与效益——健康服务中的随机对照试验》一书中，明确提出了在医疗工作中由于资源终将有限，应该使用已被恰当证明有明显效果的医疗保健措施，并指出和强调应用随机对照试验证据之所以重要，是因为它比其他任何证据来源都更为可靠。他认为，在医学中，医疗保健有关人员应收集所有随机对照试验结果并进行评价，为临床治疗提供当前最好的证据。A. Cochrane 的创新性研究，对医学领域存在的如何达到既有疗效又有效益的争论产生了积极的影响。后来，他又提出应根据特定病种疗法将所有相关的随机对照试验联合起来进行综合分析的思想，并组织开展了对临床医学文献的系统评价工作及研究。他建议将随机对照试验作为评价疗效的金标准。这一方法的诞生，把科学实验法在临床医学研究中的应用提高到了一个新的水平，并随着临床新试验的不断出现，以及随机对照试验、Meta 分析和系统综述在临床实践中的不断应用，其核心方法逐步完善，研究中所得出的结论也更为可靠，并积极促进了循证医学的兴起与发展。特别是 A. Cochrane 根据长达 20 年以上对妊娠和分娩后随访的大样本随机对照试验结果，在进行系统评价研究后，获得了令人信服的证据并向世人揭示了循证医学的实质。一种全新的医学研究新方法——循证医学就这样诞生了。

在循证医学中，实例举证非常重要。鉴此，为了给循证医学提供强有力的医学证据，1993 年，国际上正式成立了 Cochrane Collaboration（科克伦斯合作组），广泛收集临床随机对照试验的研究结果。1997 年，David Sackett 教授在《英国医学》杂志上发表了专论，将循证医学明确定义为"明确、明智、审慎地应用最佳证据做出临床决策的方法"。2000 年，David Sackett 教授在新版《怎样实践和讲授循证医学》中，再次定义循证医学为"慎重、准确和明智地应用当前所能获得的最好的研究依据，同时结合临床医师的个人专业技能和多年临床经验、考虑患者的价值和愿望，将三者完美地结合来制定出患者的治疗措施"。至此，循证医学正式形成。

目前，循证医学在医学领域已被广泛地应用。它以事实为依据，以证据为基础，要求对患者疾病的防治干预必须建立在具有充分科学证据的基础之上，不但要评价药物或非药物对替代终点的作用，而且要求评价它对预后终点的影响。因此，在医学领域，循证医学就成为科学规范地防治疾病、科学规范地治疗疾病的代名词。

2.4.3 循证医学的意义与价值

循证医学是近年来国内外医学领域倡导的医学研究新方法，它改变了传统的以经验为主的临床医学模式，提倡准确、公正和自觉地应用现在最好的证据为每个患者提供诊疗服务。循证医学诞生前，上述认识只是思辨性的存在，医学实践中还触及不到，它们只是医学的知识论状态，这主要是因为相对于理化分析，望、闻、问、切不够科学；相对于 Meta 分析，专家意见也不够科学。而循证医学从创新医学的研究方法起步，它不改变医生收集患者症状体征等资料的认识活动，治疗效果的分析评价也改用比值图、漏斗图、SROA（shortest region of overlap amplification，即扩增最短重叠区域）曲线等，统计数据和分析结果不仅是病态表象的直观描述，而且还是患者抽象资料和医学状态的诊断依据。虽然它的起始点不在于知识模式的改革，却扎实做到了以人的整体为研究对象，因此，必然和医学模式的发展紧密联系在一起，也必然会促进医学事业的科学发展。因此，循证医学诞生后，引发了世界医学的重大变革，医学界把循证医学比作医学实践中的人类基因组计划，《纽约时报》将它称为 80 个震荡世界的伟大思想之一，《华盛顿邮报》称之为医学史上又一最杰出的成就，将会彻底改变 21 世纪的医学实践模式。从科学研究的角度讲，它对医学和科学事业的创新与发展具有更为深刻的现实意义和实用价值。

首先，循证医学是医学科学创新的基础。在医学研究中，临床医生可借用循证医学的方法,利用系统评价和二次摘要来快速、有效地获取所需知识,了解本专业的最新动态,发现目前研究成果中存在的问题与不足,再遵循随机对照的原则,采用更为先进的设备及方法进行临床试验研究,以得出更可靠的科学结论并解决现实中存在的实际问题,因此,循证医学是医学科学创新的基础。

其次,循证医学是医学科学创新发展的动力。循证医学的本质就是将最新临床研究的成果应用到疾病的诊治当中,并通过诊治结果更好地提高诊治水平。因此,循证医学就促使现有医学的诊治方法不断地向前推进,并成为医学科学创新发展的动力。

最后,循证方法在医学中的应用有效地减小了医学实践的不确定性,因此,世界卫生组织和许多国家已开始运用循证医学的方法制定医疗措施,并为国家的医疗决策提供依据。与此同时,还将其应用范围扩大到对疾病的预后分析。特别是循证医学以凡事以证据说话、不断更新和后效评价的科学态度,为医学研究者和实践者提供了科学的管理思路和研究方法,因此,循证医学在医学实证性研究中得以广泛应用。

循证医学的这些特点不仅适用于医学领域问题的研究,而且其研究问题的思想与方法还具有很强的普适性,因此,对于其他实践性较强的学科就具有了较高的借鉴价值和科学意义。在此意义上讲,循证医学也就成为具有普适性的循证科学。

2.4.4　循证医学的核心思想

循证医学是基于证据的医学,是近年来在世界范围内新兴起的一种最权威的医学科学研究方法,它具有采用大范围、多样本、双盲实验来检验药物疗效的特点。其中,大范围就是循证医学研究要收入足量的病例。多样本就是在研究中要收入多相关种类病例。这主要是因为,尽管患者所患的疾病相同,但鉴于个人的自身条件不同,如年龄不同、体质不同,只有多样本才能保证所研究的药物具有针对性,因此,在研究中要赋予足够多的样本数量。双盲实验就是在研究过程中,特别是试验过程中,医生与研究对象都不知道使用的是哪种药物,最后按编号统计使用药物治后疗效,这样就可最大限度地保证评价药物疗效的客观性。由此可见,循证医学的科学研究方法是评价药物疗效最科学、最公正的方法,它能得出真正值得患者信赖的用药依据。同时也可以看出,循证医学的核心是要求临床医生从更多方面来把握疾病,把握医患关系,其结果是医生和患者形成诊治联盟,使患者获得最好的临床结果和生命质量。因此,循证医学就是负责、明确、明智地利用现有的最好证据来决定不同患者的诊治措施,循证医学就是基于证据的科学。

在循证医学中,由于任何医疗决策的确定都要基于临床科研所取得的最佳证据,即无论临床医生确定治疗方案还是专家确定治疗指南,都应依据现有的最佳证据进行,因此,这就要求临床医生具有从事实际工作的熟练程度和判断能力。具备了这种能力,医生才能够对不同患者做出及时、准确、有效的处理。在处理过程中,循证医学提倡将临床医生个人的临床实践经验与客观的科学研究证据结合起来,将最正确的诊断、最安全有效的治疗和最精确的预后估计服务于每位具体患者。因而,临床医生针对患者的实际病况、有说服力的临床试验证据和患者的愿望就构成循证医学的核心三要素,这三个要素就构成循证医学的核心思想。若将之转化为普适性的概念,其本质含义如下。

（1）研究对象要具体化，并具有明确的现实性和针对性。

（2）对研究对象的分析不仅要进行大量的文献分析和系统综述，更要基于可靠的、有效的、具有真实性的最新实际证据，特别是随机对照试验的实证性数据，这是开展循证医学研究所必备的核心要素和必要条件。

（3）明确研究目标，并且研究目标与预期愿望相一致。

2.4.5　循证医学的应用原则

世界上任何事物都不是静止永恒不变的，循证医学及其研究方法也是如此。在医学领域，尽管循证医学的思想与方法代表了先进的科学思想与理念，但在现实中，由于新的疾病不断发生，就需要循证医学方法不断地推陈出新，每当有一种治疗方法或药物有了新的循证医学依据时，它就需要改变原有的方法，就需要随着医学的发展而不断地改进和完善。

实际上，在循证医学科学理论中，更为重要的是，在诊治病症的过程中，由于病症的特殊性和个体差异性，即使是正确的证据，其正确性的可信度也只有95%左右。这就意味着在循证医学研究中，要时刻根据研究对象的具体情况区别对待各种病例，既要引用证据，又要注重个体化处理。一旦发现从循证医学得来的方法对个体对象的治疗不利时，就应及时调整治疗方案。为此，在循证医学方法的实际应用中，如何正确应用循证医学的思想与方法来科学地指导医学或其他实践科学就成为一个需要深入思考和认真对待的问题。因为只有正确应用循证医学的科学思维方法，并将循证医学的思维方法灵活、有机地应用于科学研究中，才能真正促进科学技术的发展并进一步提高解决问题的实际效果。

另外，一个不可忽略的事实是，循证医学还没有很长的发展历史，是一门新兴学科，仍处于不断发展和变化之中，因此，从系统科学的角度和实践效果来看，还存在一些不足之处，主要的问题体现在以下两个方面。

（1）作为循证医学的基础研究方法——随机对照试验，不仅需要较大的样本量，而且费用较高。但是由于许多疾病是罕见的，且人类不断发现新的疾病，这些疾病的诊治就不得不借助经验。然而，即使是大样本的随机对照试验本身也存在一定缺陷，特别是设计缺陷的存在，常常使得出的结论不具普遍性。若在研究中还存在实施不力的问题，那就会使患者的非依从性明显增加，患者大量失访，影响研究结论的可靠性。鉴于此，研究者在将这些研究结论作为临床治疗策略的依据时，不得不三思而行。

（2）多数Meta分析仅收集了部分发表的资料，然而发表的论文往往存在作者或编辑的主观因素或倾向，即存在引导偏倚和出版指向。不少研究者在发表成果时未能提供系统完整的研究成果，有的研究由于已发表的近期结果和远期结果不一致或其他原因，也可能致使最终的结果不能被有效使用。有的Meta分析引用了过时的资料，这些原因均可使Meta分析得出错误的结论。

由此可见，作为医学实践而凝练形成的循证医学仍需要一个不断发展、不断向前推进的过程。有鉴于此，这就告诫从事实践科学的研究者，若要在实践中采用循证医学的方法分析和研究问题，就要科学、全面、综合、深刻地去认识循证医学的这些思想和理论，并且在其实际应用中，应遵循以下几项原则。

1）历时性原则

实践循证医学的第一步是要提出需要解答的问题。此类问题常常来源于实践，因此，需要研究者紧密结合实际，时刻保持好奇心，善于在实践中通过认真观察、发现问题和提出问题，并且在思想上要承认自己对一个问题答案的不肯定性和知识的匮乏性，不能绝对地认为在书本上学到的知识和已有的实践经验就足以回答和解决所有的实践问题，也不能误以为对一个问题的答案是永恒不变的，要从思想上真正意识到随着科学研究的进展，新的研究结果常常否定以前的结论而使我们对一个问题的认识不断得到升华并不断地接近真实。

2）客观性原则

循证医学的客观性是指对研究所采用的文献必须是通过有关质量评价的标准来认真分析所获得的最近最真实可靠的且有临床重要应用价值的研究成果，并用这些成果来开展研究和指导医学实践。由于循证医学在其过程中要不断寻找最新最佳证据，遵循证据，因此，它必须以客观事实和科学理论为依据，遵循客观事物发展的规律。在进行循证医学的实践过程中，这些证据的正确性和可靠性不是绝对的，它将随着科学研究的进展以及人们对研究对象认识的不断提高而逐步完善。因此，在研究中，要务必遵循客观性的原则进行实例举证，不能单凭主观经验或不够完善的理论知识就做出研究结论，否则，很有可能会影响研究成果的可靠性和实效性。

3）动态原则

循证医学研究方法要求医生不能把患者看成静态的、孤立的、封闭的，而应把患者看成动态的、开放的。例如，人体这个系统，其内部各要素包括系统、器官、组织以及细胞和分子，都在一刻不停地运动和变化着，这就要求我们在循证医学实践时，不仅要了解它的过去，还要掌握它的现在，预测它的未来。同样，随着科学技术的不断发展，对研究对象的认识程度也在不断加深，患者本身的疾病和自身状态也在不断发生变化，对疾病的干预措施也应不断地改进和完善。因此，基于循证医学的研究过程也应该是一个持续动态的过程。同样，在对其他问题进行研究时，亦应如此。

4）全面性原则

全面性原则是指研究者在基于循证医学开展实践研究时，要全方位、多角度、多层次、全过程地对问题进行分析与观察，不仅要考察其内部各个事物的关系，而且要考察其与外部事物之间的关系。只有这样，才能全面、系统、正确地认识研究对象。同时，在研究中还要防止和避免循证的片面性，防止和避免循证的虚假性，注意环境因素对循证的影响。在研究中，要全面占有实证资料，提高综合思维能力，重视实践经验的积累，不断更新知识，获取最新最佳的证据来开展循证实践的探索与研究。

5）个体化整体性原则

在循证医学实践中，常常采用的方法是将查寻的最佳证据与患者个体相结合。个体与个体之间、疾病与治疗方案之间以及治疗过程中出现的问题都会因人而异，因此，对个体进行基于循证医学的治疗时，都必须从系统整体出发来探索系统内部各要素之间、系统与要素之间以及系统与环境之间的辩证关系，以便寻找最佳的医疗证据，制定最佳的疾病解决措施，以达到对疾病机理整体的深刻理解与把握。实践结果充分证明，个体所患疾病对机体系统整体的影响并不是部分机械的简单叠加，而是各个组成部分的有机统一，它们互为因果，相互影响。患者所患疾病是临床认识和实践的主要客体，人体结构和功能的极其复杂性与致病情况的多因素集成性，造成了疾病千差万别的多种表现形式。因此，疾病所具有的复杂性就常常以同一疾病在不同患者身上表现不同或同一患者同时患有两种以上疾病的复杂特征形式表现出来，一病多型、同病异症、异病同症等多种病态表象层出不穷，给研究者识别问题的本质带来了极大的困惑。所以，利用循证医学开展科学研究时，应遵循个体化整体性原则，从个体化的患者状态出发，认识疾病的局部和整体的性质及其运动变化的规律，明确其因果关系，制定个体化整体性的诊断、治疗干预和评估措施。在治疗过程中，不但要认识问题本身的现象，而且还要查寻致其发生的根本原因及机理，以达到标本兼治的目的。实际上，这一点对其他科学研究也具有较高的指导价值。

6）实践性原则

实践性是指通过实践检验过程得出的研究结果，须再次应用于患者的疾病治疗中，并进行最真实的实际检验。从系统论和实践论的角度来看，它是绝对性与相对性的统一，是"实践是检验真理的唯一标准"的最好诠释。这个原则的执行程序是医生—证据—患者—结果评估—医生。通过这个程序可以看出，只有通过患者实际疗效的证明以及不断的实践和效果评价，才能使医生对疾病的认识和治疗更趋于客观实际，也才能有效解决实际问题。因此，实践性原则在循证医学中就是一个"实践—认识—再实践—再认识"的哲学思想具体体现。

当前，循证医学正以其独特的优势在医学领域得以广泛应用并占据主导地位，许多过去没能得到有效解决的问题也在这一方法的指导下获得了新的研究进展和成果。很显然，医学研究所产出的医学知识，其最终目的就在于运用。科学的价值形成之后，就要以各种方式被各类社会实践主体所接受和应用，使其价值由潜在状态向现实状态转化，因此，循证医学就要求医学工作者既重视个人临床经验又强调采用现有的、最好的研究证据并从患者实际需求出发来诊治疾病。在诊治中将临床研究证据与临床实践（临床经验、临床决策）及患者价值观（关注、期望、需求）结合起来，运用最新、最有力的科研信息，指导临床医生采用最适宜的诊断方法、最精确的预后估计和最安全有效的治疗方法来治疗患者，而不能循规蹈矩。同时，在寻求举证的过程中，还要将证据分级，推荐的证据要与时俱进，不断更新，以提高医疗服务的质量和水平。从这些要求中可以看出，证据要分级、推荐有级别就成为循证科学中实例举证的关键，而基于实际问题开展研究、参考当前最好的证据进行决策、关注实践的效果和止于至善就成为应用循证理论的基本原则。

2.4.6　循证科学的实例举证

遵循实例举证或证据举证是循证科学的本质所在。在医学中，实例举证或证据举证都归于循证举证，都是针对患者提出的疾病问题，全面搜集有关医疗证据，然后，通过严格的评价来保障研究证据的质量，将得到的最佳研究证据用于指导患者疾病的处理方式。之后，通过对治疗效果进行的追踪和再评估，来进一步确证治疗效果。由此可见，证据及其证据的质量是循证医学及制订医治方案的关键。

在循证医学研究中，证据的获取一般是通过对现有的、最好的各种文献资源、各种数据资源和事实资源进行检索获得的。一般有说服力的研究证据多来自于临床实践所得出的真实可信的结论，这些结论可使已有的临床诊疗措施更加真实、有效和安全。但鉴于临床实践数据的有限性，目前，在循证医学中，为了获取实例举证，国际科克伦斯合作组广泛收集了临床随机对照试验的研究结果。在严格的质量评价基础上，再进行系统评价和荟萃分析，将有价值的研究结果推荐给临床医生以及相关专业的研究者和实践者，以帮助他们实践循证医学。同时，为了让不同语言的研究人员之间进行信息获取和交流，通过国际协作来实现资源的共享，国际科克伦斯合作组与许多国家建立了以互联网为基础的用户支持网络和一套行之有效的证据生成与传播机制，以促进用户的全面参与。特别是计算机和网络技术的成熟与发展，更为实现这一目标提供了极大的方便和强有力的技术支持，并促进了循证医学实践中证据的及时获取和充分利用。因此，医学研究者认为，最为可信的医学证据主要来自于国际公认的大规模随机对照试验研究以及对随机对照试验进行的系统评价和 Meta 分析，并对这些成果予以了高度的认可和评价。

此外，在医学循证举证中，为了鉴别那些浩如烟海的医学文献所具有的医学举证效力，循证医学将举证实例按举证质量的高低划分为不同等级，如美国预防医学工作组将医学举证分为 1~5 五个等级，英国国家医疗保健服务部将医学举证分为 A、B、C、D 四个等级。但不论等级如何划分，总的来说，指导医学决策的证据质量主要是由临床数据的质量及这些数据的临床导向性综合价值确定的。尽管不同证据分级系统所确定的等级之间有些差异，但其目的是完全相同的，都是为了使医学研究者能够明确哪些举证更具有实效性且更为可靠。

2.4.7　循证医学的科学研究方法

按照循证医学的基本思想和举证方法，为了保障临床医疗决策的科学性，循证医学研究方法将解决问题的过程分为三个阶段。

（1）发现问题阶段。此阶段主要的任务是准确发现和认识临床中所面临的具体问题，了解解决这些问题所需的信息资源、患者的病情、可供的治疗方案、治疗成本所对应的效果等具体情况。

（2）分析问题阶段。在此阶段，要重视医疗证据的最新进展，及时获取医疗效果信息，并且要确认治疗所用的医学文献和信息是最新、最充分的，确认医疗证据是科学、有效、实用的，评价医疗证据的过程是严格可靠的。

（3）解决问题阶段。在确定治疗方案后，结合并运用目前最好的医疗工具来解决疾病问题，并同步开展治疗效果评价。在治疗过程中，通过效果预测、验证和系统评价，给患者提供最好的治疗。其中，系统评价是循证医学研究工作的基础，通过系统评价可以及时完成病因和危险因素判定、治疗手段的有效性分析、患者费用和效益分析等工作。

基于评价结果，在全面搜集所有相关临床试验研究结果的基础上，通过全面、系统、科学的研究，筛选出合格的研究方案，继而对合格的研究方案进行综合分析和统计学处理，形成较单个研究更为可靠的研究结果。最后把研究结果以严谨、简明的形式予以公布，用于指导今后类似病例的临床决策。由上可知，循证医学的科学研究方法如下。

第一，确定需要解决的问题。

对问题进行研究前，应预先对需要解决的问题进行精确描述，包括人群类型、治疗手段或暴露因素的种类、预期结果等现象，并科学合理地选择出相应的分析指标。特别是在确定分析指标时，要充分利用研究者本人的专业理论知识和实践经验进行科学、合理、慎重的指标选择，否则，极易导致研究结果的失向性和偏差性。

第二，开展相关文献检索。

在开展研究工作前，必须尽可能地全部检索到相关临床研究资料，避免遗漏有价值的文献，导致研究方向性的偏倚。同时，文献检索的全面性也是今后开展系统评价与一般文献综述的重要依据。但文献综述多是对他人研究文献的阐述，其中包含较多综述者的主观判断，所述内容可能会缺乏客观性和说服力。而在基于系统评价的文献检索与分析中，需要特别重视四个方面的问题：一是，检索工作要及时全面，避免遗漏最新的研究成果。二是，要注意检索途径，保证所获取的文献资料具有很高的可靠性。三是，检索内容要具有针对性，避免相近问题的偏引和误导。四是，进行检索前，要明确各种问题的标准医学主题词，在此基础上再对每一个主题词进行检索，并以逻辑"或"对结果进行合并，以得出科学的检索结果。

在文献检索中，两类文献必须予以必要的关注：一类是已有的系统评价文献，参考和借鉴此类文献可以减轻研究者的负担，同时也可汲取已完成系统评价的长处。此类文献一般有三种类型，即学术性综述、教育性综述和 Meta 分析。另一类是指导类文献，这类文献一般都由本专业学术会议编制，以系统评价作为依据，并且经过专家讨论后集体修订，因此，此类文献也具有了一定的权威性。

第三，完成基础准备工作。

大量的循证医学研究成果已证明，在对某一对象进行循证研究之前，预先做好以下几方面的工作，可以帮助研究者提高循证医学研究的质量：一是要预先核定研究的试验设计对象是否具体，研究人群、治疗手段和结果判定方法是否科学正确；二是要复查试验对象是否实现了随机分组；三是患者的随访率是否达到理想效果，每组患者的数量及试验数据是否经过统计分析；四是受试对象、研究人员及其他研究参与者是否在研究过程中遵循了盲法原则；五是各组患者的年龄、性别、职业等是否存在相似问题；六是除进行研究的治疗手段不同外，其他的治疗方法是否一致；七是治疗作用的大小是否有了可靠的检验方法；八是治疗效果的评价结果是否可以得到有效的保障；九是试验结果是否适用于诊治对象，种族差异是否会影响试验结果；十是今后的研究结果是否描述了所有同样的治疗结果；十一是治疗取得的效益是否超过了治疗的危险性和费用。若要确保研究结果的可靠性和可信性，循证医学研究者和系统评价者就需要对上述这些工作内容进行判断，不满足要求的文献和资料应剔除或区别对待，以保证系统分析和评价结果的有效性。

第四，进行大样本数据收集。

在开展研究前，研究者还应设计一个适合本研究的数据收集表格。表格中应包括分组情况、每组样本数和研究效应的测量指标。根据研究目的不同，测量指标可以是率差、比数、相对危险度等参数或分值。当各研究测量指标与诊断结果不一致时，应在完成量化、同向化和标准化转化的基础上，对相关数据进行对比和核定，以便及时发现数据采集中的无效数据或失效数据，为后期研究的实例举证提供保障。

第五，开展数据分析与研。

在循证医学的研究过程中，对有关数据进行定量统计和分析的方法称为 Meta 分析。通过 Meta 分析可以达到以下目的：一是提高统计检验效能；二是保证评价结果的一致性，以便于解决单个研究对象之间的矛盾；三是可以改进对作用效应的估计；四是可以解决以往单个研究未明确的新问题。

依据循证医学理论可知，Meta 分析是实现研究对象数据一致性检验和结果合并的基础工作。在 Meta 分析中，只有同一问题的各个不同数据分析结果间具有一致性，其合并的结果才能被认为是真实有效的，否则，合并结果是不能被接受的。目前，有代表性的数据合并方法有固定效应模型和随机效应模型。这两种方法适用于多个同一类型的临床试验研究数据合并。事实上，临床上许多问题存在多种类型的临床试验研究，而同种类型的大样本临床研究可能很少。在这种情况下，当出现不适合应用上述两种数学模型进行数据合并的情况时，最简便、最常用的数据合并方法就是投票法。投票法对各种类型的试验研究都可以进行公平考虑，但对不同类型的研究，其作用效力却有很大不同。因此，运用投票法进行数据分析时，应严格区分所有文献的不同等级。例如，进行治疗效果评价时，可按照高质量随机对照试验研究、队列研究和低质量随机对照试验研究三个不同等级进行分类。各研究应在各自的等级内进行投票，投票得出的结论作为临床证据的不同力度。投票法客观地评价了各种试验的研究意义，因此，它是系统评价时数据分析的一种重要手段，这种方法已在循证医学中广泛采用。

第六，诠释研究结果。

在解释数据分析结果时，系统评价者应力求客观，避免主观推测。在此过程中，系统评价者需要注意常犯的两个主观性错误：一是把没有证据表明有效的治疗手段解释为无效；二是在结论中掺杂个人意见，擅自得出超出举证范围外的结论。实事求是的解释和结论应当是依据举证，遵循客观结果。

在研究结论的讨论和阐述部分，作者应帮助读者正确理解研究结论与临床实践的关系，明确指出各种证据指导临床实践作用的大小。当研究结果不足以指导临床实践时，作者应阐明如何进行进一步的深入研究，而不是含糊地表达为仍要进一步研究。

2.4.8　循证科学给工程项目管理带来的启发

通过对循证医学研究方法的分析可知，循证医学的本质就是医生对患者的诊治方案要建立在大量实证例据和有科学依据的基础之上，在结合自身经验的同时，更要结合患者这个个体的特殊情况，并在不断了解和掌握治疗实况和新知识的前提下去更有效地解决所面临的实际问题。因此，循证方法就是一种在明确具体病因的前提下，运用新的知识，在了解和掌握大量实证病例并以之为基础的情况下，为患者提出一种紧密结合实际且最有可能获得最佳效果的治疗方法。

按照循证医学研究病症和诊治病症的这一思想即可得知，遵循客观事实是循证思想及其研究方法的本质所在，它通过对研究对象大量实证性相关信息和数据的收集、举证、分级和分析，对具体个例进行针对性的研究、推证和验证，因而，得出的结论就更接近事实，所提出的解决问题的方法也就更具有有效性。由此可以看出，这一研究思想和方法不仅具有较强的针对性和实用性，其结果也比引用性和思辨性思维所构建的研究思路与方法以及提出的对策和得出的研究结果更具有可信性和可靠性。更重要的是，采用循证医学这一思想和方法后，有效地解决了医学中以前很多医治效果不佳的问题，因而在实践性较强的医学研究领域，循证医学很快就成为一种有效解决实践性问题的科学研究新方法。

在对循证医学及其理论有了上述认识并在建立起这一思维意识的情态下，若反观当前工程项目管理领域中若干实证性问题的研究结果未能有效解决工程实际问题这一现实，或许就会发现，尽管导致这一问题的原因有多个方面，但与研究者在研究中不能深入联系实际并了解研究对象的本质，或缺乏足量的与研究对象紧密相关的实证性研究样本作为研究的实证性依据不无关系。从科学研究的角度讲，尽管相关文献的检索和引用在研究中是非常必要的，但目前大量的研究成果中不可忽视的一个本质性问题是，许多研究者在拥有海量知识信息及现代化检索手段的同时，面对具体的实践性问题却苦于缺乏可靠的研究资料。若研究者在其研究中再受到其他条件的限制，无法获取更多的真实性相关实证资料，这就可能直接导致研究者只能通过文献索引和参阅进行一些引用性和思辨性探讨。因此，这就反映了这样一个现实，即使有大量的相关参考文献（其实，很多文献是前期文献的文字修改版本，并没有融入更多的实质性内容），研究者依旧无法从中提取到有价值的信息和资料。这一点从当前大量高相似度的研究文献中即可得到有力的验证。

更为重要的是，如果研究者在参阅文献的同时，仅是在概知文献的研究结论符合自己研究所需前提下的直接转摘，而对著者在其文献中所述思想精髓与研究结论的本质含义却没有深刻的理解和领会，没有对前人研究问题的所限前提条件进行认真的分析和探讨，那么，这种研究文献在他人研究中极易引起研究误导，并对科学研究的正确发展产生极为不利的影响，而此类问题正是在循证科学研究中极力要求避免的问题。因此，在不违背工程项目管理科学研究自身所具有的特点的前提下，积极汲取循证科学研究中的思想精髓与科学方法，就成为工程项目管理中研究实证性问题的一个新思路。在此，依照循证科学解决问题的方法，其普适性的参考程序可确定如下。

（1）选择研究对象，提出问题。

（2）确定研究价值。通过文献检索，了解研究现状，判定提出的问题是否值得深入研究。在文献检索中要注意文献信息来源的等级、创新点及其学术水平，要确保作为研究证据的信息具有权威性和可靠性，要排除无价值文献的干扰和误导，对所获取的文献进行甄别评价后再使用。

（3）依据文献分析结果，确定具体研究内容，明确具体研究对象。

（4）收集实证性资料。针对研究的具体问题，进行实际调查，为研究提供实证性证据。在调查前，要明确调查的主要内容、调查方式方法和调查依据，确定调查样本数量，制定满足调查要求的调查表。预先考虑如何在调查中避免测量偏倚，保障调查数据的真实性、可靠性和有效性。

（5）对调查结果进行证据评价。在确保调查样本满足研究数量和有效性的基础上，进行样本统计分析，并对统计分析结果进行必要的一致性检验。

（6）基于统计分析结果，结合研究目的，开展必要的相关性分析、聚类分析、回归分析、多因素分析与处理等工作。

（7）根据分析结果，发现发生问题的机理。

（8）制定相应的对策并分析对策的可行性。

（9）进行实证性检验，分析对策在工程实际中的应用效果。

（10）根据应用效果，对研究结果进行修正和完善，提出更为全面有效的解决问题的新方法，并对研究成果进行详细的阐述和说明。

2.4.9　结语

从解决工程实际问题的角度来看，循证科学的研究方法可以说是一种能够有效解决较强实践性问题的实证性研究方法。尽管这一研究方法在医学领域已较为成熟，但在工程项目管理领域还是一个全新和陌生的理念。鉴于其研究思想与方法在实证性研究方面所体现出的优越性，对于具有较强实践性的工程项目管理学科来讲，循证科学就具有了很高的借鉴价值。

同时，循证科学研究方法作为一种科学研究的基本范式，不仅强调了对研究对象的分析必须建立在与工程实际紧密结合的基础之上，而且要求所得出的研究结论在同一条件下具有可证性。这意味着，基于循证科学的实证性研究方法将使研究者在研究那些与工程实际紧密相关的问题时，需要将目光更多地从理论转向实践，从书本转向现实，并更加关注工程项目管理中的实际问题，进而可以使工程项目管理理论能够更好地、更有效地为工程实践服务。因此，从这一点来看，采用基于循证科学的工程项目实证性研究方法就有可能帮助研究者有效解决更多的工程实际问题，并且这种研究范式的普遍推广和实际应用将可能成为工程项目管理领域一种真正意义上的科学进步。

【本章拓展材料】

第3章

基于互适思想的工程项目组织管理新机制

■ 3.1 创新点

（1）提出解决工程项目冲突问题的互适性新理念。
（2）提出具有互适性的工程项目组织管理新机制。

■ 3.2 创新背景

在工程项目的实施过程中，有许多不确定因素影响着工程项目的正常发展，这些不确定因素在项目的不同阶段引发了不同形式的冲突事件，并给项目的顺利实施带来了不同程度的危害。有关统计资料和研究结果已表明，这些冲突所带来的危害多以工程项目超支、质量低下、进度拖延、资金拖欠、施工安全事故频发等形式表现出来；未能及时和妥善解决工程项目中的冲突事件而引发的纠纷每年就达上万件，由此而造成的工程损失占工程投资总额的 3%~5%。同时，从大量的工程实例中还发现，不少工程建设企业破产或陷入困境都是工程项目的失败所导致的，而导致许多项目失败的原因又主要是工程项目管理方面发生了问题，这些问题常常集中表现为工程项目中不断发生各种各样的冲突事件。然而，大量的工程实践也同时证明，成功的项目则与冲突事件在工程项目中能被及时高效地处理有着紧密的关系，因此，所有这一切都直接或间接地表明，冲突问题已成为工程项目管理中十分重要且亟待解决的一个重要的现实问题。

但更为重要的是，在工程项目中，一切工程项目目标的实现都源于其所需资源和条件的最终可获性，在此假设前提下，项目才有可能在原定计划的指导下顺利实施并获得成功。但是，工程项目中不断出现的冲突事件却以大量的事实充分地证明了这一假设条件是不成立的。尤其是进入 21 世纪后，工程项目有限资源的逐渐减少、风险的逐步加大及竞争的日益激烈等许多客观不利因素都给工程项目管理者带来了更加严峻的挑战，从而迫使工程项目管理者必须采用更加有效的方法，努力并提前消除那些给工程项目带来阻碍和约束的冲突事件，确保工程项目目标的一次性成功。因此，若要实现这一目标，就需要一种能够有效解决工程项目冲突事件的新方法和新机制。

3.3　创新构思

针对工程项目管理中的这一现实需求，很多工程项目管理者进行了不同深度的研究和探索，但更多的研究成果则是来源于涉及范围极广的项目管理领域。从这些研究成果的研究思想、方法和技术路线来看，有的研究者仅是从项目中出现的某一冲突问题角度进行的定性分析和探讨；有的研究者则是认为管理制度的不健全或职责不明与界限不清造成了众多的冲突问题，只要把这一问题解决好，冲突问题即可解决；还有很多的研究者试图用博弈理论来解决工程项目管理中出现的冲突与矛盾，但提出的解决方法和相关措施在工程实践中并未取得理想的效果，因此，这一问题至今仍在不断地研究和探索之中。

其实，在对这一问题进行研究之前，工程项目管理者和研究者就应该明确地知道，工程项目有其自身的特点，它是由决策、准备、施工和结束四个阶段组成的，每个阶段需要完成的主要任务各不相同且具有各自的特点，这些特点使每个阶段之间具有了明显的差异性。尽管目前的这些研究成果在解决工程项目冲突、化解各方矛盾方面提供了有益的参考，发挥了积极的作用，但就工程项目的冲突问题管理而言，一个必须思考且重要的问题是，基于项目管理的这些研究成果是否适用于工程项目管理，能否有效地解决工程项目中出现的冲突事件。虽然工程项目中的冲突事件与这些源于极为广泛的项目冲突管理研究成果有其共性的一面，但也必有其独自的特性和规律，也就是说，解决项目管理领域冲突事件的方法并不一定完全适用于工程项目管理领域。

从科学理论的角度来讲，冲突是某一组织或个人为了实现自身的利益而产生的与其他组织或个人不同的行为表现，即冲突的根本源于冲突各方的利益之争。按照目前的有关研究成果进行分析，如果项目的冲突主要体现在项目资源的占有上，那么从项目的整体利益上考虑，按照哪些原则、如何对项目资源进行分配才能有效避免和消除项目中的利益冲突，以及如何才能对项目资源进行合理的优化与配置等问题还没有找到一个与工程实际相符或较为接近的答案。同时，如果将目前这些综合性研究成果引入工程项目管理领域中，还存在一些必须回答和解决的问题，如有的研究者认为，项目的冲突有七个方面并在项目的不同阶段同时出现，但在工程项目中，四个阶段都出现同样的冲突这一结论是很值得怀疑的。即便如此，那么引发这七个方面冲突的根源又是什么呢？因此，这种结论能否全面、正确地反映出工程项目中冲突事件的状况还有待于进一步的分析、研究和验证。反之，如果在工程项目的每个阶段出现不同的冲突事件，那么，在工程项目中每个阶段会发生哪些冲突事件以及这些冲突事件之间有何关系等问题至今还没有系统、明确的答案。同时，还有其他若干与之紧密相关的问题至今还未得到有效的解决，这些问题的存在也给工程项目冲突问题的解决带来了极大的障碍。例如，在工程项目中，任何一项单因素的失衡是否就会导致项目相关方发生冲突；如果工程项目中的冲突主要源于项目的组织制度方面，那么在工程项目管理领域需要建立一个怎样的项目组织才能有效避免或解决项目中冲突事件的发生。针对工程项目中的冲突事件，对项目采用何种管理手段将更加有效，目前的相关研究成果在工程实际应用中还存在哪些差距等问题，特别是以下几项问题的存在已成为有效解决工程冲突问题的主要障碍：①冲突事件在工程项目中是如何分布的；②冲突的外在表象有哪些，内在机理是什么，二者有何关系；③导致冲突的根源有哪些，确定这些根源的依据是什么；④在项目的每个阶段发生哪些冲突事件，这些冲突事件的主次关系如何；⑤每个阶段的冲突事件对工程项目有何影响，影响程度有多大；⑥每个阶段之间的冲突事件有何相互关系，相关程度如何。

由此可以看出，若要有效解决工程项目中的冲突问题，就必须从工程实际出发，在对工程中大量冲突问题进行实例调查的基础上，通过全面、系统、深入的理论研究和实践探索，才有可能揭示出工程项目冲突事件在项目整个生命期的发生、发展和分布规律。在此基础上，才有可能提出有效解决这一问题的新方法。

■ 3.4　内容阐述

3.4.1　工程项目冲突事件的调查与统计

在工程项目中，冲突事件的发生常以偶然性和多样性的形式表现出来。从其表面现象来看，这些冲突事件似乎是随机的、不可预见的，但大量的科学研究成果证明，一些表面上偶然的、随机的现象在其深层和内部必有其内在的、必然的规律，正如恩格斯在《路得维希·费尔巴哈和德国古典哲学的终结》中所说的：在表面上看似偶然性起作用的地方，这种偶然性始终受内部隐蔽着的规律支配，问题在于如何发现这些规律。那么，在工程项目中，这些表面上具有偶然性、随机性和多样性的工程项目冲突事件到底有何规律，它们在工程项目中又是如何分布的等一些还有待于解答的问题也必然有其内在的规律。若要了解、掌握并揭示这些内在的规律，就必须对工程项目冲突事件进行广泛的调查。可以肯定地说，调查所获得的有关信息和资料对建筑工程项目冲突事件的分析和研究将具有极其重要的价值并将发挥重要的作用。但由于工程项目种类繁多，全面、详细地收集所有工程项目冲突事件的信息几乎是不可能的；而且由于时空的不断变化，工程中出现的冲突事件也会千变万化，因此，在对工程项目冲突事件进行调查之前，有必要就调查的内容、范围、方法和步骤等进行分析和设计，以确保调查取得良好的效果并具有可信性；同时，若要保证研究结果的可靠性，根据循证科学可知，就要保证研究数据来源可靠，调查问卷设计合理，抽样方法科学正确，数据处理正确无误，在此基础上，才能为工程项目冲突事件的进一步深入研究提供正确的信息和可靠的依据。

1. 调查设计

调查设计是为确保调查结果的可靠性和可信性而开展的前期工作，内容包括调查种类的确定、调查地区的确定、调查数量的确定、调查方式方法的确定、调查表的设计等几个方面。

1）调查种类的确定

在对工程项目冲突事件进行调查之前，应明确和清醒地认识到，要想有效解决工程项目中的冲突事件，就必须将研究的问题尽可能地具体化，而不能泛泛而谈。更主要的是，这一研究所包含的调查范围并不能将工程项目管理领域中所有的冲突和矛盾予以概括，而应与其他成功的研究项目一样，立足于工程项目的某一具体领域，即重点地、具体地研究某一类工程项目的冲突事件。通过对此类工程项目冲突事件的研究，总结出一种具有普适性的研究方法并得出相应的结论，然后将此方法和结论推而广之，进而指导其他种类工程项目冲突事件的分析和研究。因此，在明确这一指导思想的前提下，从工程项目最具有代表性的工业建筑、民用建筑和公共建筑中，研究者就将工程项目冲突事件的种类确定为涉及范围较大、普遍性较广、相关利益者较多的民用建筑工程类。

2）调查地区的确定

我国幅员辽阔，民族众多，不同的地区有不同的风俗习惯、地方法规，建筑公司的技术水平、施工队伍的设施装备、工程有关人员的素质、工程中使用的材料品种、当地的地理环境和气候条件等都有很大的差异，这些因素无疑都会给工程项目冲突事件的多样性带来一定的影响，因此，任何单一地区的调查结果就明显不具有普遍性，并且任何单一地区的调查结果都有可能使建筑工程项目冲突事件的研究结果产生较大的偏差。因此，从理论上讲，应对全国大部分地区的建筑工程项目进行冲突事件调查。但实际上，对于任何一项研究课题来讲，由于诸多条件的限制，仅对民用建筑工程进行全国大范围的调查也是不现实的，因此，为解决这一问题，就需要在科学的指导下，另辟蹊径，寻求有效解决这一问题的新途径。为此，通过参考相关研究文献得知，对于研究问题的广泛性，利用降维的思想，在确保信息容量实质的情况下，通过从高维到低维的空间映射，选取少数几个具有代表性的综合样本，就可以在研究工作中抓住所研究问题的核心，揭示事物内部的规律，使问题得到简化并提高分析效率。同时，为消除单一地区或单一因素给研究带来的偏差影响，可将不同地区的同类数据作为同一母体的子样来进行处理。按照这一理论指导原则，建筑工程项目冲突事件的调查就应在选择不同的且具有代表性的地区基础上对同一种类民用建筑工程项目进行调查。

3）调查数量的确定

在实证研究中，针对研究的具体问题，在未知其总体分布状态，尤其是缺少必要相关参数的前提下，选取和确定研究对象的调查数量常常有一定的困难。为此，《实用统计方法学》在提供有参数调查样本容量的确定方法的同时，也从理论上提供了无参数调查样本容量的确定方法，这便为无参数的实证调查和研究提供了可靠的理论依据。

在数理统计中，参数方法和非参数方法之间并没有十分严格的界限，只是二者拥有各自的特点。就非参数方法而言，应用该方法时附加条件较少，对调查样本的总体分布形式不作具体的假定，而只是根据研究工作的需求提出初步的要求，因而使其更具有实用性。按此方法得出的结论虽略显保守，但具有较好的稳健性，结论也相应更具有广泛性，只是初始调查数据的精度没有有参数方法获得的精度高。因此，结合本书研究的目的和条件，在确定调查样本容量时，就采用了非参数方法，即在确定调查数量、求取样本容量 N 时，考虑了估计样本值所需要的置信系数、期望的调查置信度和可确性的样本间偏差度三个因素。

根据非参数方法，在求取调查样本容量时，首先，应明确所获得样本间的偏差度，它将与样本容量成正比，其值代表了最终调查结果样本间差异性的总体特征。从工程实际出发，这一研究选取的期望偏差度为 0.09。其次，调查置信度也是一个与调查样本紧密相关的值，其取值范围一般为 1%~100%。为保证调查结果的可靠性，这一研究将建筑工程项目冲突事件的期望调查置信度确定在 90%~95% 的范围内。对于估计样本值所需要的置信系数，由于它与调查置信度紧密相关，根据有关文献资料，当调查置信度为 95% 时，它所对应的置信系数 Z 为 1.96。由此可知，若能达到如此效果，则完全可以满足研究所需。这样，在确定调查所需的这几个参数后，建筑工程项目冲突事件的样本调查所需容量即可被准确地确定。

4）调查方式方法的确定

建筑工程项目中的冲突事件贯穿于项目的始终，在工程项目的实施过程中，项目所处的环境不同，内外条件不同，发生冲突事件的种类和数量也不相同，因此，仅对以上局部地区的所有建筑工程项目逐一进行调查也是有困难的，因而这就需要按照概率理论中随机抽样的方法，从目前在建的工程项目中随机选取部分工程作为调查的目标。更重要的是，随机的抽样调查与全面调查相比，不仅可以节省大量的人力、物力、财力和时间，而且在统计学理论的指导下，还可以按照预先确定的方案，通过选取素质较高、经验丰富的工程项目管理人员作为重点调查对象，来达到提高调查质量的目的。因此，按照这一原则，在调查中，调查地点就可选取建筑工程设计、施工、监理等单位和施工现场，以现场采访和问卷填写的方式综合进行。

5）调查表的设计

调查表是实现调查目的的重要工具之一，它的设计不仅关系到调查能否达到预期的目的，而且事关调查后对建筑工程项目冲突事件的研究能否提供正确的信息和可靠的依据。在调研中，经验对问题的解决是非常重要的，但取得这样的经验却是非常不易的，因而最好最快的办法就是从有经验的专业人员那里获得。但在实际调研中，如果调查表填写工作量太大，被调查者往往不愿填写，得不到他们的积极配合；如果仅采用对预先确定的冲突种类进行选取的方式，虽然给被调查者提供了方便，却限制了他们的思路，不利于获取广泛的冲突事件信息。为此，此次调查采取了二者相结合的方法，即对需求的公共信息部分采用选取方式，对希望获得具有广泛性的信息部分则采用填写方式；并且紧密结合此次研究的目的，将建筑工程项目冲突事件的调查内容主要集中在建筑工程项目中发生冲突事件的种类、阶段、频率及其解决方法的范围内，调查对象也明确为从事建筑工程设计、监理、预结算、材料供应、施工现场管理和承包商等相关人员。这样一来，不仅可以提高冲突事件的调查效率，而且可以确保调查结果的可靠性。调查表的具体样式和内容见表 3.1。

表 3.1　建筑工程项目冲突事件调查表

1.请在下列项目中进行单项选择：

人员类别：设计□　监理□　预结算□　材料供应□　施工员□　项目经理□　职能部门领导□　承包商□　上级领导□

工作年限：≤5 年□　5~10 年（含）□　10~15 年（含）□　15 年以上□　　　　职能类别：初级□　中级□　高级□

2.请根据您的工作经历填写此表：

冲突的名称	冲突发生的阶段				发生的频率					解决的办法
	决策	准备	施工	结束	很少	较少	一般	经常	很多	
其他 相关问题										

2. 调查结果统计

1）调查表收发情况统计

按照以上调查设计所确定的方法，在对几个不同城市进行实地调查的过程中，共发出调查表 212 份。调查结束后，收回调查表 207 份，未收回的调查表 5 份。对收回的 207 份调查表进行逐份检查后，合格表有 169 份，不合格表有 38 份。经计算，调查表的收回率为 97.6%，合格率为 81.6%。因此，调查的初步结果在理论上是满足要求的。

2）调查单位统计

通过对 169 份有效样本进行统计可知，调查中所涉及的调查单位和施工现场总计 30 处，其中被调查的单位有 22 处，施工现场有 8 处。具体的调查结果详见表 3.2。

表 3.2　建筑工程项目冲突事件调查工作量统计表

调查小组	被调查单位或工程现场名称	调查表份数/份
一组	××省××建设总公司	8
	××建设集团分公司（施工工地）	7
	××监理公司	5
	××建筑设计研究院	9
	××煤炭建设监理公司	8
	××建设工程公司（住宅小区施工现场）	11
	××建筑工程分公司（住宅小区施工现场）	10

续表

调查小组	被调查单位或工程现场名称	调查表份数/份
二组	××房产公司（住宅小区施工现场）	16
	××民用建设开发公司（住宅小区施工现场）	9
	××建设公司（住宅小区施工现场）	8
	××监理公司	9
	××设计院	7
	××城建工程公司	6
	××房地产开发公司（住宅小区施工现场）	6
三组	××市建设集团公司	8
	××房地产开发公司	11
	××建设监理公司（住宅小区施工现场）	9
	××工程建设监理公司	7
	××设计事务所	4
	××市规划局	5
	××装饰工程有限公司	4
	××市建设集团置业有限公司	2
合计	共计22处调查单位、8处施工现场	169

3）调查对象统计

调查中所涉及被调查对象的人员类别、工作年限、职称类别见表3.3和表3.4，表3.4中的数据直方图如图3.1~图3.3所示。

表3.3 调查对象统计表（一）（单位：个）

人员类别	设计	监理	预结算	材料供应	施工员	项目经理	职能部门领导	承包商	上级领导	合计
	16	37	19	9	35	22	15	14	2	169
工作年限	≤5年	5~10年（含）	10~15年（含）	15年以上	合计	职称类别	初级	中级	高级	合计
	24	47	39	59	169		36	99	34	169

表3.4 调查对象统计表（二）（单位：个）

地区	调查对象人员类别									
	设计	监理	预结算	材料供应	施工员	项目经理	职能部门领导	承包商	上级领导	合计
西安	6	15	5		15	11		6		58
太原	9	11	9	4	9	4	9	4	2	61
青岛	1	11	5	5	11	7	6	4		50
合计	16	37	19	9	35	22	15	14	2	169

地区	调查对象工作年限				调查对象职称类别		
	≤5年	5~10年（含）	10~15年（含）	15年以上	初级	中级	高级
西安	9	21	14	14	12	30	16

续表

地区	调查对象工作年限				调查对象职称类别		
	≤5 年	5~10 年（含）	10~15 年（含）	15 年以上	初级	中级	高级
太原	2	13	14	32	8	43	10
青岛	13	13	11	13	16	26	8
合计	24	47	39	59	36	99	34

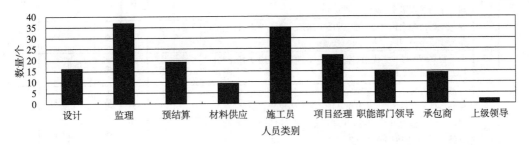

图 3.1 人员类别直方图

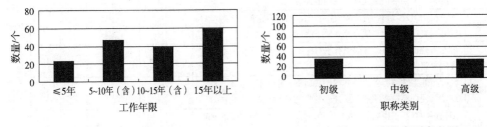

图 3.2 工作年限直方图   图 3.3 职称类别直方图

4）冲突事件的调查结果统计

从调查的初步统计结果中已可以明显地看出，在建筑工程项目中，冲突事件的外在表象在工程项目的不同阶段呈现出多种多样的形式。事实上，由于建筑工程项目决策、准备、施工和结束的四个阶段各有特点，因而在工程项目不同阶段发生的冲突事件也就应该具有不同的外在表现形式。可以肯定地说，这些在工程项目不同阶段发生不同种类和数量冲突事件的相关信息和数据，对研究建筑工程项目冲突事件是非常重要的。

通过对 169 份调查表的汇总统计，并按照同一阶段、同一类问题进行同类项合并后，得到了建筑工程项目各阶段冲突事件的调查统计结果，由此结果可以得知，此次调查结果所反映的建筑工程项目代表性冲突事件共计 24 类 543 项，其中决策阶段 5 类 27 项、准备阶段 7 类 108 项、施工阶段 8 类 344 项、竣工阶段 4 类 64 项。各阶段所发生冲突事件种类的概括性描述、定性频率描述及 169 份样本中对该问题反映的频次见表 3.5。

表 3.5 建筑工程项目各阶段冲突事件调查结果统计表

阶段	编号	冲突描述	发生频率（定性）					反映频次	合计
			很少	较少	一般	经常	很多		
决策阶段	A1	外部因素干扰（如政策调整、市场需求变化、价格波动等），缺乏足够的信息，影响决策			●			3	27
	A2	制订方案时相关部门间合作性差，交流少，有利益倾向，方案制订时间长、意见不一			●			6	
	A3	方案制订者的个性、素质、能力不同，以及前期调研效果差异，对方案的决策带来不同程度的影响			●			4	
	A4	业主不易清晰表达设计意图，思想波动大，设计者与业主相互交流少或不易沟通，方案反复修改				●		6	
	A5	上下级之间沟通少，决策层意见不一，决策时间长，给项目的后期实施带来不便				●		8	
准备阶段	B1	外部因素干扰（如市政相关手续难办、居民干扰、资金缺乏、现场条件不具备等），不能开展开工准备的相关工作				●		31	108
	B2	资金短缺，影响相关工作的开展（如办理工程相关手续、购买设备），须多方协调筹集资金				●		18	
	B3	部门之间配合不力，有利益倾向，办事效率低下，相互之间缺乏沟通，不易抽调组建项目机构的人员				●		18	
	B4	项目机构组建缓慢，内部职责不明确、机制不完善，上级领导没有明确项目地位，项目经理缺乏明确的优先权			●			5	
	B5	甲乙方地位不平等，合同中有不对称条款或考虑不周，为后期发生争议留下隐患		●				10	
	B6	设计与业主意图有差异，方案经常调整，导致不能按时出图；设计与现场不符或图纸不配套，专业之间不协调				●		15	
	B7	招投标中有不正当竞争，领导干预，或施工单位为中标而压价，可能导致后期项目超支或质量下降而引发冲突				●		11	
施工阶段	C1	资金短缺，不能及时支付工程款，影响购买材料、支付相关费用或开展相关工作					●	46	344
	C2	由于天气不佳、人员不足、居民干扰、意外事故发生、方案频繁变更、质量返工、前期准备工作和手续不完善等影响工程进度				●		54	
	C3	部门之间配合不力，成员之间沟通少，考虑个人利益，办事效率低下，相互推诿扯皮，给工程的正常进行带来影响				●		78	
	C4	因业主要求、设计与现场不符、图纸不完善、材料替代等原因频繁变更方案，或方案久拖不决等设计相关问题影响工程正常进行			●			53	
	C5	因施工不符合规范要求、与图纸不符、材料不合格、施工队技术水平较低等引发的质量争议			●			32	
	C6	工序交叉，专业之间发生矛盾，为各自利益而互不相让，抢占资源等，没有明确相对优先权			●			23	
	C7	因发生意外，如地质条件异常、挖断管线进行抢修、市场价格波动、设计变更等原因而增加费用或费用超支			●			17	
	C8	材料供应不到位或所供材料与需求不符，缺乏相应的施工设备而影响工程施工				●		41	

续表

阶段	编号	冲突描述	发生频率（定性）					反映频次	合计
			很少	较少	一般	经常	很多		
竣工阶段	D1	因项目即将结束，人心涣散，项目成员工作推诿，缺乏责任心，效率低下，影响相关工作			●			3	64
	D2	因项目量、材差、现场签证、定额套用、计算方法等意见不同，或考虑个人利益发生结算争议，费用超支				●		23	
	D3	甲方不能按规定付款或长期拖欠，引起诉讼和利息索赔等				●		14	
	D4	部门之间配合差或考虑个人利益、乙方资料漏缺、质量问题、业主提出的问题未解决等原因导致验收不畅			●			24	
合计									543

从表 3.5 中可以明显看出，在建筑工程项目的不同阶段，冲突出现的种类各不相同，出现的冲突都与每个阶段的主题有着直接的关系，如决策阶段发生的冲突大多体现在项目的决策方面，而施工阶段发生的冲突则与项目的资源需求有着较为紧密的关系，并非每个阶段都出现同样的冲突事件。同时，在建筑工程项目的不同阶段，冲突出现的数量也不相同，在决策和竣工阶段有 4~5 种，准备和施工阶段有 7~8 种。从发生的频率来看，冲突事件从建筑工程项目准备阶段开始就表现出明显的波动性，并在施工阶段达到了高峰。尽管在建筑工程项目的不同阶段有可能发生同类型的冲突事件，但发生的冲突事件外在表象却不相同。

3. 冲突事件的样本容量及其分布分析

从表 3.5 可以看出，在建筑工程项目的不同阶段，冲突事件的种类和数量各不相同，这些不同阶段内不同种类和数量的冲突事件都是建筑工程项目冲突事件集合的组成部分。因此，在了解和掌握建筑工程项目冲突事件总体状况之前，对建筑工程项目各阶段的冲突事件分别进行统计和分析并有一个定性的、概括性的了解是十分必要的。

1）样本容量及其分布参数的设定

根据数理统计的相关理论可知，如果将所有建筑工程项目冲突事件的调查结果定义为冲突事件的母体，那么建筑工程项目各阶段的冲突事件调查结果就成为母体的分段子样，每个子样中所包含的冲突事件样本数就是子样容量或称为该阶段的样本容量。

通过样本容量，研究者即可观察出该子样中所含样本的种类和数量；通过对各阶段所含样本种类和数量的统计，又可描绘和刻画出样本的分布状况。在数理统计中，通常采用的方法是对子样进行频数和频率分析后，再用直方图的形式描绘出来。在此，若设每个阶段发生冲突事件的种类为直方图中的组，每组的组间长度即组距定义为 0.1，则根据表 3.5 中的相关数据，便可对建筑工程项目各阶段冲突事件的状况进行样本统计分析。

2）各阶段的样本容量及其分布分析

根据表 3.5 中的相关数据，建筑工程项目四个阶段冲突事件的样本容量统计结果及其分布图分别见表 3.6~表 3.9。

表 3.6　决策阶段样本容量统计结果及其分布图

事件编号	A1	A2	A3	A4	A5	合计
频数	3	6	4	6	8	27
频率	0.11	0.22	0.15	0.22	0.30	1.00
频比	1.1	2.2	1.5	2.2	3.0	

表 3.7　准备阶段样本容量统计结果及其分布图

事件编号	B1	B2	B3	B4	B5	B6	B7	合计
频数	31	18	18	5	10	15	11	108
频率	0.29	0.17	0.17	0.05	0.09	0.14	0.10	1.00
频比	2.9	1.7	1.7	0.5	0.9	1.4	1.0	

表 3.8　施工阶段样本容量统计结果及其分布图

事件编号	C1	C2	C3	C4	C5	C6	C7	C8	合计
频数	46	54	78	53	32	23	17	41	344
频率	0.13	0.16	0.23	0.15	0.09	0.07	0.05	0.12	1.00
频比	1.3	1.6	2.3	1.5	0.9	0.7	0.5	1.2	

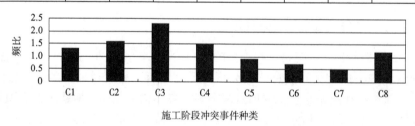

施工阶段冲突事件种类

表 3.9　竣工阶段样本容量统计结果及其分布图

事件编号	D1	D2	D3	D4	合计
频数	3	23	14	24	64
频率	0.05	0.36	0.22	0.38	1.00
频比	0.5	3.6	2.2	3.8	

3）母体的样本容量及其分布分析

根据数理统计理论可知，子样在数理统计理论中是一个随机变量，但这是对事件的抽样调查前而言的。在事件抽样调查后就可以获得一组子样观察值，简称子样值。

　　若设调查所得的全体冲突事件为母体，则建筑工程项目中每个阶段发生的冲突事件就可视为一个子集合或称为组。同样，若定义每组的组间长度为 0.1，则可根据数理统计理论计算出直方图中描述建筑工程项目每个阶段冲突事件的纵坐标值 y，由此即可描绘和刻画出母体的样本容量及其所含子样的分布状态。具体数值见表 3.10。

表 3.10　母体样本容量及其分布图

阶段名称	决策阶段	准备阶段	施工阶段	竣工阶段	合计
频数	27	108	344	64	543
频率	0.05	0.20	0.63	0.12	1.00
频比	0.5	2.0	6.3	1.2	

4. 研究思考

　　调查得来的信息中一般都含有大量冗余的、重复的、失真的信息，因而，在对调查结果进行统计分析前就应先对调查得来的信息进行审查、归类和整理，从中删除无用的信息，补充残缺的信息，核实怀疑的信息，保留有用的信息。同时，在对调查所得的数据和信息进行初步汇总和分析的过程中，由于信息的多样性，研究者常常会受到较多随机因素的影响，如何对大量杂乱无章的调查信息进行有效的处理并消除这些随机性影响，正是数理统计发挥其特长之处。通过对建筑工程项目冲突问题调查结果的初步统计，不仅可以把调查所得的信息和有关数据进行汇总并规范化，为此类问题的后续研究提供基础，而且还可以提前发现一些明显的问题并及时予以弥补和纠正，确保调查信息的正确性和可靠性，达到调查的预期目的，并取得良好的调查效果。

　　更有价值的是，从冲突事件的调查结果中可以初步看出，工程项目各阶段发生的冲突事件既有相同的类型，也有不同的类型。各阶段不同类型的冲突事件恰恰反映了该阶段冲突事件的特点，而不同阶段发生的相同类型冲突事件则可能寓意着冲突在项目各阶段之间的承接性和连续性。但这些表面现象的内涵并不是通过简单的数理统计就可以揭示和确定的，还需要采用其他的数据处理方法进行深入的分析和研究，而这正是建筑工程项目冲突事件需要进一步深入研究的重点内容。

3.4.2　建筑工程项目冲突事件的随机性分析

　　从建筑工程项目冲突事件调查结果的初步统计分析结果中可以看出，在建筑工程项目的不同阶段，冲突事件出现的种类各不相同，并非每个阶段都出现同样的冲突事件；同时在工程项目的不同阶段，冲突事件的发生频率也有较大的差异，并呈现出不同的表现形式。这些不同的表现形式充分说明，工程项目中的冲突事件与具有普适性的项目管理冲突事件有着显著的区别。

　　灰色系统理论认为这些区别来源于客观事物本身所存在的差异性，并与表征事物信息的不完全性和不确定性有关。同时还认为，由于人们对表征事物信息的外部特征和内在机理之间的关系还缺乏深刻的认识，因而对客观事物的认识就具有了灰色性。事实上，就工程项目冲突事件而言，到目前为止，工程项目管理人员对它的认识的确还是不完全的。从表面上看，这些冲突事件的发生带有较强的随机性和偶然性；从工程项目的全过程来看，对于项目各阶段内部、阶段之间的冲突究竟存在着一种怎样的关系，更缺乏一种系统性的认识。因此，工程项目管理人员在对冲突问题的认识上也存在着一定程度的灰色。但是，工程项目冲突事件的这种随机性却又极可能受配于某种内在的规律，如果通过对工程项目冲突事件的随机性研究能揭示这一规律，无疑对提高工程项目管理水平具有特别重要的意义。

1. 冲突事件的外在表象及其表现强度

1）冲突事件的外在表象

哲学理论认为，事件的外在表象是其内在特征的外在表现，若要了解其本质与特征，往往需要从其外在表象开始着手。从建筑工程项目各阶段冲突事件调查结果统计表（表3.5）中可以看出，在工程项目所包含的决策、准备、施工和结束四个阶段中，冲突事件呈现出不同的外在表现形式。若要了解和掌握其内在的本质与特征，同样需要结合建筑工程项目冲突事件的调查结果，对其外在表象进行更为详细的分析和描述。

（1）工程项目决策阶段的问题表象分析。

在工程项目中，项目的决策阶段实际上是项目的孕育阶段，这个阶段的工作主要是对项目的构思、识别和选定，编写项目建议书，并对工程项目进行必要的调查和可行性分析，直至批准立项。因此，这一阶段的工作也就主要集中在工程项目的分析、研究和决策上。在这个阶段，根据建筑工程项目冲突事件的调查结果，冲突事件常以以下几种形式表现出来。

第一，在确定工程项目方案的过程中，由于多种不确定因素的干扰，工程项目投资者和决策者反复修改项目方案，确定项目方案时间较长，并与项目方案制订者容易产生矛盾。

第二，如果制订的方案涉及相关部门之间的利益分配，各部门之间的相互交流又较少并怀有各自的利益倾向，那么就有可能在方案的制订过程中发生意见不一、相互合作性差等问题。

第三，业主或工程项目投资者由于非专业原因，不易清晰地表达出自己的设计意图，且易受多种不确定因素的干扰，思想波动大，因而，常常会导致方案的反复修改。如果设计者与业主之间相互交流较少，相互之间就有可能产生矛盾。

第四，在工程项目的决策过程中，决策层意见常常不一致，导致项目决策时间过长，计划下达晚，影响工程项目的下一步准备工作。

因此，这一阶段的冲突事件就多以各部门之间对工程项目方案意见不一或对工程项目方案反复修改、决策效率低下、决策时间过长等形式表现出来，可以看出，这些冲突都与工程项目决策有着紧密的联系。

（2）工程项目准备阶段的问题表象分析。

这一阶段的工作主要包括组建项目管理机构，制订项目施工计划，编制工程招投标文件和组织招投标，确定施工和监理等工程有关单位并签订有关合同，办理工程有关手续等，为下一阶段工程项目的顺利实施做好各项前期准备工作。因此，在准备阶段，冲突事件的外在形式就多表现为以下几种形式。

第一，若干条件的不具备，如项目资金不到位、居民搬迁不顺利、缺乏相关文件或材料、工程开工手续办理时间过长等原因，影响工程前期各项准备工作的开展。

第二，工程手续的不完善有可能给工程项目的招投标带来间接影响。为了尽可能在较短的时间内完成工程项目前期各项准备工作，建设单位必然要与外部有关部门进行大量的协调，并常常借助于其他非正当手段来处理有关的冲突和矛盾。

第三，尤其在确定工程项目的施工单位、监理单位、材料供应单位等方面，由于个人利益的驱动或上级领导的干涉，引发若干不正当竞争，并在签订的合同中含有不对称条款，给工程项目今后的顺利实施埋下了隐患。

第四，在组建工程项目管理机构的过程中，项目经理由于缺乏明确的项目优先权，从有关部门抽调项目部成员时得不到有关部门积极的配合与支持。工程项目部组建后，机构的临时性或相关制度的不健全，部门或项目人员之间的职责不清、界限不明等，给工程项目成员之间的相互配合带来较大影响。

因此，在准备阶段，冲突事件多以工程手续难办、相关部门之间配合效率低下、工程不能按时开工等外在形式表现出来。

（3）工程项目施工阶段的问题表象分析。

工程项目的施工阶段是工程项目的具体化阶段，包括施工现场"七通一平"，人机料到位，并按照设计对工程质量、进度、费用、材料、人员、设备、安全、信息、现场环境等进行统一的管理，协调运作，直至完成工程项目的全部内容。

在施工阶段，工程项目处于开放性较强的时期，需要外部大量资源的支持和供给，因而，外部环境的变化和干扰对工程项目的顺利实施产生较大的影响，如频繁下雨、天气降温，居民干扰，安全、城建、环保等部门经常性的检查，地基开挖中出现异常情况等问题都有可能会导致工程项目的停工、窝工或返工，并可能进一步引发工程项目后期的结算超支、进度拖延等问题。

同时，由于项目资源在工程项目中的广义性，不仅包含了类似人力、物力和财力这样的硬资源，而且也包含了像时间、空间、信息这样的软资源，因而在工程项目中占据了极其重要的地位。但也正是由于资源在工程项目中的广义性，常常由于资源的配置不当或资源缺乏，引发大量源于资源的冲突事件，如由于项目资金短缺，无法提前或及时采购工程所需材料而延误工程进度；而资金到位后，又可能由于材料价格上涨或市场材料缺乏，出现工程停工待料、成本上升、以次充好等情况并引发工程质量争议等冲突事件。因此，在工程项目的实施过程中，为了提前得到有限的资源，确保自身利益的实现，各部门之间就有可能发生资源竞争，并在资源有限的条件下使冲突进一步加剧；而这些冲突又可能引发工程设计变更、增减工程预算、调整施工工序并重新进行施工组织设计等一系列相关行为。因而，由于资源配置不当或资源短缺引发的一系列冲突事件在工程项目中就占有了较大的比率。

同时，随着工程实体的渐进明晰和项目投资者、决策者以及工程项目未来的接受者或使用者对工程项目的逐渐认识，他们都会在思想上逐渐地产生一些新的想法。如果他们认为这种想法较为重要并在工程项目的决策或准备阶段没有很好地表达出来，项目前期也没有和工程设计人员进行很好的交流，他们就会对工程项目原有的设计方案提出局部变更的意见或建议；同时，还有可能由于外部环境的影响或变化，施工现场与工程项目设计不一致等类似问题，发生与工程项目变更和调整有关的冲突和矛盾。

但冲突的解决离不开项目成员之间的相互协调与配合，如果项目组织制度不健全、界限不清、职责不明，这一系列问题所伴随的相关行为就会给工程项目有关人员增加许多的工作量，就可能造成项目内部人员之间工作的交叉或重叠，并对同一问题产生不同的处理方法。如果这些问题处理不当，不仅会造成项目成员之间的相互抵触，直接表现为项目成员之间的不交流、不团结甚至不合作，相互之间就有可能发生推卸责任、推诿扯皮等现象，更有可能导致工程项目进度拖延，成本上升，影响工程项目的顺利实施。

因此，在项目施工阶段，冲突事件的外在形式就常以资源短缺、进度拖延、方案频繁变更、项目人员之间相互抵触和配合不力等形式表现出来。

（4）工程项目竣工阶段的问题表象分析。

在工程竣工阶段，工程项目的主要工作是按照工程验收规范，组织工程项目验收和竣工结算，进行设备设施试运转并在符合有关规定和要求的前提下，移交使用方，并进行工程决算、付款和总结。同时，工程项目进入竣工阶段也意味着项目部的有关成员将返回各自原属的部门或投入新的工程项目中，承包商和监理单位也将寻求新的生存空间和发展方向。这种趋向将潜在地离散项目成员的凝聚力和向心力，明显地表现出寻求各自目标的倾向性，因而也必然会分散项目成员的工作精力，影响他们的工作效率。因此，工程项目竣工阶段时常发生以下类型的冲突事件。

第一，在工程项目验收中，各部门之间配合不力，项目成员办事效率低下，同时由于个人利益的驱动经常设置一些人为障碍。

第二，因业主对原有设计方案不满意或存在一些工程质量问题，业主不接收，而长时间的看管，承包商又要求增加费用。

第三，由于项目前期各种冲突问题的积累或处理不善，如工程设计局部不满意、市场材料价格发生变化、相关政策出现调整、合同中有关条款存在不合理性、结算中若干项目计算方法存在异议、现场量项签证不完善、套用定额观点不一致等问题，都有可能在结算中使甲乙双方发生争议和冲突。

第四，由于个人利益的驱动，有关部门的工作人员对工程验收手续或工程付款手续久拖不办；由于甲方资金不到位、项目中的遗留问题未处理完善、工程结算后不能及时付款等问题，双方关系破裂，甚至诉诸法律来解决相互间发生的冲突和矛盾。

因此，在工程项目竣工阶段，工程项目的冲突事件就多表现为工程验收不畅、项目成员工作效率低下、结算中经常发生争议、工程项目费用不能及时付清等表象形式。

2）冲突事件在项目各阶段内部的表现强度

从表 3.5 中可以看出，在工程项目的各个阶段，冲突事件发生的频率有高有低，对工程项目目标产生的影响就必然会有大有小，那些经常发生的冲突事件无疑将给工程项目的发展带来较多的阻碍和约束，也必将耗费项目更多的资源，因而也就成为该阶段的主要矛盾。为了揭示冲突事件在工程项目各阶段内部的表现规律，在此引入一个定量表达工程项目各阶段冲突事件发生频率大小的度量词——表现强度 φ_i，其内涵如下：在工程项目的发展过程中，发生频率较高的冲突事件，其表现也更加突出；这些冲突事件表现的突出程度若用表现强度来定义，强度值越大，则解决该问题所耗费的资源也就越多，因而在工程项目中也就更加重要。设某一事件的表现强度为 φ_i，且被定义为 $\varphi_i = \omega_i \times X_i$。其中，$X_i$ 为被调查者反映 i 事件次数的累计，称为频次；ω_i 为 i 事件发生可能性大小的权重值，ω_i 是在调研的基础上，根据大量被调查者对同一冲突事件的定性评价综合计算得出的。在调查中，为了便于被调查者表达其对某一种冲突事件的实际经验和感受，在调查表中专门设计了有效表达冲突事件发生频率的五种定性表述词，这五种定性表述词分别为很少、较少、一般、经常和很多，参见表 3.5。当对工程项目某一阶段的冲突事件进行分析时，该阶段的所有冲突事件将组成一个集合，每种冲突事件所对应的权重 ω_i 也将相应组成一个集合。若设该集合为 $\{\omega_i\}$，则：

$$\{\omega_i\} = (\omega_1, \omega_2, \omega_3, \cdots, \omega_i)，且 \omega_i > 0, \sum \omega_i = 1$$

若将冲突事件发生的五类定性频率用一组值 f_i（即 1、2、3、4、5）与之对应，并归一化处理，则：

$$\omega_i = \frac{f_i}{15}$$

由此即可得出工程项目每个阶段每种冲突事件的权重值。然后，根据上式和表 3.5 中的相关数值，就可计算出每个阶段每种冲突事件的表现强度。若根据每种冲突事件的表现强度进行排序，则可确定出每个阶段所有冲突事件在该阶段的主次关系，具体如表 3.11 所示。

表 3.11　各阶段冲突事件表现强度分析表

阶段名称	编号	权重值	频数	表现强度	表现强度排序
决策阶段	A1	3/15	3	0.6	A5>A4>A2>A3>A1
	A2	3/15	6	1.2	
	A3	3/15	4	0.8	
	A4	4/15	6	1.6	
	A5	4/15	8	2.1	
	阶段均值	0.227			
准备阶段	B1	4/15	31	8.3	B1>B2=B3>B6>B7>B5>B4
	B2	4/15	18	4.8	
	B3	4/15	18	4.8	
	B4	3/15	5	1.0	
	B5	2/15	10	1.3	
	B6	3/15	15	3.0	

续表

阶段名称	编号	权重值	频数	表现强度	表现强度排序
准备阶段	B7	4/15	11	2.9	B1>B2=B3>B6>B7>B5>B4
	阶段均值	0.229			
施工阶段	C1	5/15	46	15.3	C3>C1>C2>C8>C4>C5>C6>C7
	C2	4/15	54	14.4	
	C3	4/15	78	20.8	
	C4	3/15	53	10.6	
	C5	3/15	32	6.4	
	C6	3/15	23	4.6	
	C7	3/15	17	3.4	
	C8	4/15	41	10.9	
	阶段均值	0.242			
竣工阶段	D1	3/15	3	0.6	D2>D4>D3>D1
	D2	4/15	23	6.1	
	D3	4/15	14	3.7	
	D4	3/15	24	4.8	
	阶段均值	0.233			

通过对工程项目各阶段所有冲突事件的外在表象和表现强度的分析，并结合表 3.11 的排序结果，即可得出如下结论。

（1）在工程项目决策阶段，发生的冲突事件主要集中在项目决策效率低下方面，这些冲突事件多以项目方案频繁调整、项目决策时间过长等形式表现出来。

（2）在工程项目准备阶段，发生的冲突事件主要集中在项目的前期手续难以办理、相关部门之间各项工作不协调等方面。

（3）在工程项目施工阶段，发生的冲突事件则主要集中在项目资源短缺和配置不合理而引发的相关各方的资源竞争，直接表现在冲突发生后各方处理问题过程中的不协调和相互抵触，并由此而引发与此相关的其他冲突事件，如质量下降、进度拖延、成本上升等。

（4）在工程项目竣工阶段，发生的冲突事件则集中体现在工程项目的结算和验收方面。同时从调查的结果中也可以看出，尽管工程质量一直是建筑工程项目领域的重点问题，但在项目竣工阶段却不处于主要地位。

同时，从四个阶段冲突事件的总体可以看出，资源方面的问题尤其是工程项目资金短缺问题从准备阶段开始在项目中就有很高的表现强度，并在施工阶段表现最为突出，这说明由于资源短缺或配置不合理而引发的项目冲突是建筑工程项目中最主要的冲突之一。此外，部门之间工作的不协调和工程项目设计方面的问题贯穿于工程项目的始终，并在工程项目的不同阶段具有不同的表现强度。这一规律表明，工程项目的设计质量和项目的协调管理水平与工程项目能否顺利发展有着十分紧密的关系。

2. 各阶段冲突事件的累积效应及其对项目的整体影响

1）各阶段冲突事件的累积效应在工程项目中的权重分析

对需要把握项目全局的工程项目管理者和决策者而言，仅仅了解项目各阶段内部冲突事件的主次关系是远远不够的，他们更希望了解和掌握工程项目各阶段内所有冲突事件对项目目标的实现所产生的影响，从而在宏观上分清主次，正确处理各种矛盾，把握项目全局，并将有限的资源和精力投入对工程项目产生重要影响的重点事项中去。因此，如何通过定性的调研结果得出定量的结论，又从定量的分析结论中提炼出对工程实际具有指导作用的定性结果，并简洁、清晰、明了地表达和描述出工程项目各阶段所有冲突事件对工程项目所产生的影响，无疑对工程项目的管理和决策都具有很高的实用价值。

通过对各阶段所有冲突事件表现强度的分析可知，某一冲突事件的表现强度是该事件在工程项目中发生可能性大小的权重值和发生频数的函数，通过对所有冲突事件定性频率的归一化处理，权重值在理论上就代表了某一冲突事件在工程项目中发生的可能程度。权重值越大，表示该冲突问题发生的可能性也就越大，给工程项目带来的影响可能也就越大。因此，在一定程度上，权重值就与冲突事件给工程项目带来的影响有了一定的关系。

但反过来讲，在工程项目中，如果项目某个阶段发生的冲突事件较多，那么该阶段所有冲突事件累积消耗的项目资源也就越多，资源消耗的累积必然会对工程项目产生较大的影响。同时，该阶段所有冲突事件在工程项目中的权重累积值也必然应比其他阶段的权重累积值大，那么对项目整体而言，这一阶段所有冲突事件的累积效应就对工程项目产生更大的影响。因此，若能确定出工程项目每个阶段的权重值，就可判断出各阶段在项目中的相对地位并可据之来分析各阶段所有冲突事件累积效应对工程项目所产生的影响。

根据这一思想，各阶段所有冲突事件权重值的累积和即可直接从表 3.11 中得出，即

$$\omega = \sum_{i=1}^{n} \omega_i$$

若用该阶段所有冲突事件权重值的均值来表示该阶段所有冲突事件给工程项目所产生的综合影响，则该阶段的所有冲突事件的综合权重均值为

$$\tilde{\omega}_k = \frac{1}{n} \sum_{i=1}^{n} \omega_i$$

其中，$k \in A, B, C, D$，分别代表项目的四个阶段。根据表 3.5 中的相关数值，便可得出工程项目决策阶段的综合权重均值为 0.227，准备阶段的综合权重均值为 0.229，施工阶段的综合权重均值为 0.242，竣工阶段的综合权重均值为 0.233。按照权重均值的大小进行排序，其结果为

$$\tilde{\omega}_C > \tilde{\omega}_D > \tilde{\omega}_B > \tilde{\omega}_A$$

从排序结果可知，因施工阶段在工程项目中发生冲突事件的频率最高，因而所有冲突事件的权重均值也就最大，对工程项目所产生的影响也就最大，之后则是工程项目的竣工阶段和准备阶段、决策阶段。同时，从各阶段的综合权重均值还可以看出，由于准

备阶段和施工阶段的权重值相差较小，因此，在一定程度上表明，能否及时和妥善地处理施工阶段和准备阶段的冲突事件，都将会对工程项目的后期发展和最终目标实现产生重要影响。

2）各阶段冲突事件的累积效应在工程项目中的表现强度

工程项目由四个阶段组成，每个阶段所有冲突事件的累积效应必然会对工程项目的发展产生不同程度的影响，也就是说，各阶段所有冲突事件的累积效应如同各阶段内部的各个冲突事件一样，在工程项目中应有不同的表现强度。但问题是，一个阶段内所有冲突事件的表现强度与每一个冲突事件表现强度的构成和内涵是完全不同的，这主要是因为一个阶段内所有冲突事件的累积效应在工程项目中的表现绝不是若干个冲突事件的简单代数和，而是一个系统的综合效应，因而一个阶段内所有冲突事件给工程项目带来的影响就要从系统的角度来分析和研究。

系统工程学认为，对于一个由若干因素组成的项目子系统，在分析各子系统对项目整体所产生的影响时，可通过系统元素两两相互对比而建立的判断矩阵进行分析，并且按照层次分析法（analytic hierarchy process，AHP）原理计算这个矩阵所得的特征值，从而综合反映该子系统对项目整体所产生的影响。因此，根据这一理论，在确定工程项目各阶段所有冲突事件累积效应对工程项目所产生的整体影响时，就可通过各阶段所有冲突事件所组成的判断矩阵来进行分析，并且可以用层次分析法原理计算这个矩阵的特征值以此来代表该阶段所有冲突事件累积效应对工程项目整体所产生的综合性影响。

（1）各阶段所有冲突事件判断矩阵的特征值。

在求取各阶段所有冲突事件判断矩阵的特征值之前，为了便于问题的整体化分析以及分析后的统一比较，需要对各阶段所有冲突事件所形成的判断矩阵符号进行统一规范，为此，设 $U = U_k = \{u_{ij}\}$，U_k 表示某一个阶段所有冲突事件的集合，k 代表项目的四个阶段，用 A、B、C、D 来表示，u_{ij} 表示 k 阶段 i 事件的表现强度与 j 事件表现强度的比值。在此条件下，各阶段判断矩阵特征值的求解就可以按照如下步骤来实现。

第一，决策阶段冲突事件的特征值。

一是根据表 3.11 中决策阶段各冲突事件的表现强度建立判断矩阵。

$$\boldsymbol{U}_{\mathrm{A}} = \{u_{ij}\} = \begin{array}{c} \\ \mathrm{A1} \\ \mathrm{A2} \\ \mathrm{A3} \\ \mathrm{A4} \\ \mathrm{A5} \end{array} \begin{pmatrix} \mathrm{A1} & \mathrm{A2} & \mathrm{A3} & \mathrm{A4} & \mathrm{A5} \\ 1 & 0.5 & 0.75 & 0.37 & 0.28 \\ 2 & 1 & 1.52 & 0.75 & 0.57 \\ 1.33 & 0.66 & 1 & 0.5 & 0.38 \\ 2.67 & 1.33 & 2 & 1 & 0.76 \\ 3.5 & 1.75 & 2.63 & 1.31 & 1 \end{pmatrix}$$

二是计算判断矩阵每一行元素积，即 $\omega_i = \prod_{i=1}^{n} u_{ij}$，并计算其 N 次方根 $\tilde{\omega}_i = \sqrt[n]{\omega_i}$。

$$\omega_1 = 0.0388 \quad \omega_2 = 1.229 \quad \omega_3 = 0.1667 \quad \omega_4 = 0.445 \quad \omega_5 = 21.102$$

$$\tilde{\omega}_1 = 0.522 \quad \tilde{\omega}_2 = 1.054 \quad \tilde{\omega}_3 = 0.699 \quad \tilde{\omega}_4 = 0.8506 \quad \tilde{\omega}_5 = 1.840$$

$$\sum \tilde{\omega}_i = 4.965$$

三是对 $\tilde{\omega}_i$ 进行归一化处理，即 $\omega_i^* = \tilde{\omega}_i / \sum \tilde{\omega}_i$ 并得如下值：

$$\omega_1^* = 0.105 \quad \omega_2^* = 0.212 \quad \omega_3^* = 0.141 \quad \omega_4^* = 0.171 \quad \omega_5^* = 0.371$$

令 $\omega_A^* = \left\{\omega_1^*, \ \omega_2^*, \ \omega_3^*, \ \omega_4^*, \ \omega_5^*\right\}^{\mathrm{T}} = \left\{0.105, \ 0.212, \ 0.141, \ 0.171, \ 0.371\right\}^{\mathrm{T}}$

四是计算判断矩阵的特征值 δ_A。

$$\delta_A = U_A \omega_A^* = \begin{pmatrix} 1 & 0.5 & 0.75 & 0.37 & 0.28 \\ 2 & 1 & 1.52 & 0.75 & 0.57 \\ 1.33 & 0.66 & 1 & 0.5 & 0.38 \\ 2.67 & 1.33 & 2 & 1 & 0.76 \\ 3.5 & 1.75 & 2.63 & 1.31 & 1 \end{pmatrix} \begin{pmatrix} 0.105 \\ 0.212 \\ 0.141 \\ 0.171 \\ 0.371 \end{pmatrix}$$

$$= (0.484, \ 0.889, \ 0646, \ 1.297, \ 1.704)$$

五是计算判断矩阵的最大特征值 $\lambda_{A\max}$。

$$\lambda_{A\max} = \frac{1}{n} \sum \frac{\delta_A}{\omega_A^*} = \frac{1}{5} \times \left(\frac{0.484}{0.105} + \frac{0.889}{0.212} + \frac{0.646}{0.141} + \frac{1.297}{0.171} + \frac{1.704}{0.371} \right)$$

$$= 5.112$$

六是进行一致性检验。

查表可得，当矩阵阶数 $N = 5$ 时，RI=1.12，则：

$$CI_A = \frac{\lambda_{A\max} - N}{N - 1} = \frac{5.112 - 5}{5 - 1} = 0.028$$

$$CR_A = \frac{CI_A}{RI} = \frac{0.028}{1.12} = 0.025 < 0.10$$

由此可知，此结果满足一致性检验要求。

第二，准备阶段冲突事件的特征值。

一是根据表 3.11 中准备阶段各冲突事件的表现强度建立判断矩阵。

$$U_B = \{u_{ij}\} = \begin{array}{c} \\ B1 \\ B2 \\ B3 \\ B4 \\ B5 \\ B6 \\ B7 \end{array} \begin{pmatrix} B1 & B2 & B3 & B4 & B5 & B6 & B7 \\ 1 & 1.73 & 1.73 & 8.33 & 6.37 & 2.77 & 2.86 \\ 0.58 & 1 & 1 & 4.8 & 3.69 & 1.6 & 1.65 \\ 0.58 & 1 & 1 & 4.8 & 3.69 & 1.6 & 1.65 \\ 0.12 & 0.21 & 0.21 & 1 & 0.77 & 0.33 & 0.34 \\ 0.16 & 0.27 & 0.27 & 1.3 & 1 & 0.43 & 0.45 \\ 0.36 & 0.63 & 0.63 & 3 & 2.31 & 1 & 1.04 \\ 0.35 & 0.6 & 0.6 & 2.9 & 2.23 & 0.97 & 1 \end{pmatrix}$$

二是计算判断矩阵每一行元素积，即 $\omega_i = \prod_{i=1}^{n} u_{ij}$，并计算其 N 次方根 $\tilde{\omega}_i = \sqrt[n]{\omega_i}$。

$$\omega_1 = 1\,257.923 \quad \omega_2 = 27.027 \quad\quad \omega_3 = 27.027$$

$$\omega_4 = 0.000\,45 \quad\quad \omega_5 = 0.002\,9 \quad\quad \omega_6 = 1.009$$

$$\tilde{\omega}_1 = 2.772 \quad\quad\quad \tilde{\omega}_2 = 1.601 \quad\quad\quad \tilde{\omega}_3 = 1.601$$

$$\tilde{\omega}_4 = 0.332 \quad\quad\quad \tilde{\omega}_5 = 0.434 \quad\quad\quad \tilde{\omega}_6 = 1.001$$

$$\omega_7 = 0.796\,5 \qquad \tilde{\omega}_7 = 0.986 \qquad \sum \tilde{\omega}_i = 8.709$$

三是对 $\tilde{\omega}_i$ 进行归一化处理，即 $\omega_i^* = \tilde{\omega}_i \Big/ \sum \tilde{\omega}_i$ 并得如下值：

$$\omega_1^* = 0.318 \quad \omega_2^* = 0.184 \quad \omega_3^* = 0.184 \quad \omega_4^* = 0.038 \quad \omega_5^* = 0.049$$

$$\omega_6^* = 0.115 \quad \omega_7^* = 0.111$$

令

$$\boldsymbol{\omega}_B^* = \left\{ \omega_1^*, \omega_2^*, \omega_3^*, \omega_4^*, \omega_5^*, \omega_6^*, \omega_7^* \right\}^{\mathrm{T}}$$

$$= \left\{ 0.318, 0.184, 0.184, 0.038, 0.049, 0.115, 0.111 \right\}^{\mathrm{T}}$$

四是计算判断矩阵的特征值 $\boldsymbol{\delta}_B$。

$$\boldsymbol{\delta}_B = \boldsymbol{U}_B \boldsymbol{\omega}_B^* = \begin{pmatrix} 1 & 1.73 & 1.73 & 8.33 & 6.37 & 2.77 & 2.86 \\ 0.58 & 1 & 1 & 4.8 & 3.69 & 1.6 & 1.65 \\ 0.58 & 1 & 1 & 4.8 & 3.69 & 1.6 & 1.65 \\ 0.12 & 0.21 & 0.21 & 1 & 0.77 & 0.33 & 0.34 \\ 0.16 & 0.27 & 0.27 & 1.3 & 1 & 0.43 & 0.45 \\ 0.36 & 0.63 & 0.63 & 3 & 2.31 & 1 & 1.04 \\ 0.35 & 0.6 & 0.6 & 2.9 & 2.23 & 0.97 & 1 \end{pmatrix} \begin{pmatrix} 0.318 \\ 0.184 \\ 0.184 \\ 0.038 \\ 0.049 \\ 0.115 \\ 0.111 \end{pmatrix}$$

$$= (2.219, 1.281, 1.281, 0.265, 0.346, 0.802, 0.774)$$

五是计算判断矩阵的最大特征值 $\lambda_{B\max}$。

$$\lambda_{B\max} = \frac{1}{n} \sum \frac{\boldsymbol{\delta}_B}{\boldsymbol{\omega}_B^*}$$

$$= \frac{1}{7} \times \left(\frac{2.219}{0.318} + \frac{1.281}{0.184} + \frac{1.281}{0.184} + \frac{0.265}{0.038} + \frac{0.346}{0.049} + \frac{0.802}{0.115} + \frac{0.774}{0.111} \right)$$

$$= 6.983$$

六是进行一致性检验。

查表可得，当矩阵阶数 $N=7$ 时，RI=1.32，则：

$$\mathrm{CI}_B = \frac{\lambda_{B\max} - N}{N - 1} = \frac{6.983 - 7}{7 - 1} \approx 0$$

$$\mathrm{CR}_B = \frac{\mathrm{CI}_B}{\mathrm{RI}} = \frac{0}{1.32} = 0 < 0.10$$

由此可知，此结果满足一致性检验要求。

第三，施工阶段冲突事件的特征值。

一是根据表 3.11 中施工阶段各冲突事件的表现强度建立判断矩阵。

$$U_C = \{u_{ij}\} = \begin{array}{c} \\ C1 \\ C2 \\ C3 \\ C4 \\ C5 \\ C6 \\ C7 \\ C8 \end{array} \begin{pmatrix} C1 & C2 & C3 & C4 & C5 & C6 & C7 & C8 \\ 1 & 1.063 & 0.736 & 1.443 & 2.391 & 3.326 & 4.5 & 1.404 \\ 0.941 & 1 & 0.692 & 1.358 & 2.25 & 3.13 & 4.235 & 1.321 \\ 1.359 & 1.44 & 1 & 1.962 & 3.25 & 4.521 & 6.118 & 1.908 \\ 0.693 & 0.736 & 0.51 & 1 & 1.656 & 2.304 & 3.118 & 0.972 \\ 0.418 & 0.444 & 0.308 & 0.604 & 1 & 1.391 & 1.882 & 0.587 \\ 0.301 & 0.319 & 0.221 & 0.434 & 0.718 & 1 & 1.353 & 0.422 \\ 0.222 & 0.236 & 0.163 & 0.321 & 0.531 & 0.739 & 1 & 0.312 \\ 0.712 & 0.757 & 0.524 & 1.028 & 1.703 & 2.37 & 3.206 & 1 \end{pmatrix}$$

二是计算判断矩阵每一行元素积，即 $\omega_i = \prod_{i=1}^{n} u_{ij}$，并计算其 N 次方根 $\tilde{\omega}_i = \sqrt[n]{\omega_i}$ 。

$$\omega_1 = 56.723 \quad \omega_2 = 34.789 \quad \omega_3 = 658.55 \quad \omega_4 = 3.008 \quad \omega_5 = 0.053$$

$$\omega_6 = 0.003\,8 \quad \tilde{\omega}_1 = 1.657 \quad \tilde{\omega}_2 = 1.558 \quad \tilde{\omega}_3 = 2.251 \quad \tilde{\omega}_4 = 1.148$$

$$\tilde{\omega}_5 = 0.693 \quad \tilde{\omega}_6 = 0.498 \quad \omega_7 = 0.000\,34 \quad \tilde{\omega}_7 = 0.368 \quad \omega_8 = 3.757$$

$$\tilde{\omega}_8 = 1.180 \quad \sum \tilde{\omega}_i = 9.353$$

三是对 $\tilde{\omega}_i$ 进行归一化处理，即 $\omega_i^* = \tilde{\omega}_i / \sum \tilde{\omega}_i$ 并得如下值：

$$\omega_1^* = 0.177 \quad \omega_2^* = 0.167 \quad \omega_3^* = 0.241 \quad \omega_4^* = 0.123 \quad \omega_5^* = 0.074 \quad \omega_6^* = 0.053$$

$$\omega_7^* = 0.039 \quad \omega_8^* = 0.126$$

令

$$\omega_C^* = \{\omega_1^*, \omega_2^*, \omega_3^*, \omega_4^*, \omega_5^*, \omega_6^*, \omega_7^*, \omega_8^*\}^T$$

$$= \{0.177, 0.167, 0.241, 0.123, 0.074, 0.053, 0.039, 0.126\}^T$$

四是计算判断矩阵的特征值 δ_C。

$$\delta_C = U_C \omega_C^*$$

$$= \begin{pmatrix} 1 & 1.063 & 0.736 & 1.443 & 2.391 & 3.326 & 4.5 & 1.404 \\ 0.941 & 1 & 0.692 & 1.358 & 2.25 & 3.13 & 4.235 & 1.321 \\ 1.359 & 1.440 & 1 & 1.962 & 3.25 & 4.521 & 6.118 & 1.908 \\ 0.693 & 0.736 & 0.51 & 1 & 1.656 & 2.304 & 3.118 & 0.972 \\ 0.418 & 0.444 & 0.308 & 0.604 & 1 & 1.391 & 1.882 & 0.587 \\ 0.301 & 0.319 & 0.221 & 0.434 & 0.718 & 1 & 1.353 & 0.422 \\ 0.222 & 0.236 & 0.163 & 0.321 & 0.531 & 0.739 & 1 & 0.312 \\ 0.712 & 0.757 & 0.524 & 1.028 & 1.703 & 2.37 & 3.206 & 1 \end{pmatrix} \begin{pmatrix} 0.177 \\ 0.167 \\ 0.241 \\ 0.123 \\ 0.074 \\ 0.053 \\ 0.039 \\ 0.126 \end{pmatrix}$$

$$= (1.414,\ 1.332,\ 1.923,\ 0.981,\ 0.591,\ 0.424,\ 0.312,\ 1.007)$$

五是计算判断矩阵的最大特征值 $\lambda_{C\max}$。

$$\lambda_{C\max} = \frac{1}{n} \sum \frac{\delta_C}{\omega_C^*}$$

$$= \frac{1}{8} \times \left(\frac{1.414}{0.177} + \frac{1.332}{0.167} + \frac{1.923}{0.241} + \frac{0.981}{0.123} + \frac{0.591}{0.074} + \frac{0.424}{0.053} + \frac{0.312}{0.039} + \frac{1.007}{0.126} \right)$$

$$= 7.987$$

六是进行一致性检验。

查表可得，当矩阵阶数 N=8 时，RI=1.41，则：

$$CI_C = \frac{\lambda_{C\max} - N}{N-1} = \frac{7.987 - 8}{8-1} = 0$$

$$CR_C = \frac{CI_C}{RI} = \frac{0}{1.41} = 0 < 0.10$$

由此可知，此结果满足一致性检验要求。

第四，竣工阶段冲突事件的特征值。

一是根据表 3.11 中竣工阶段各冲突事件的表现强度建立判断矩阵。

$$\boldsymbol{U}_D = \{u_{ij}\} = \begin{matrix} & \begin{matrix} D1 & D2 & D3 & D4 \end{matrix} \\ \begin{matrix} D1 \\ D2 \\ D3 \\ D4 \end{matrix} & \begin{pmatrix} 1 & 0.098 & 0.162 & 0.125 \\ 10.167 & 1 & 1.649 & 1.271 \\ 6.167 & 0.607 & 1 & 0.771 \\ 8 & 0.787 & 1.297 & 1 \end{pmatrix} \end{matrix}$$

二是计算判断矩阵每一行元素积，即 $\omega_i = \prod_{i=1}^{n} u_{ij}$ ，并计算其 N 次方根 $\tilde{\omega}_i = \sqrt[n]{\omega_i}$ 。

$$\omega_1 = 0.0019 \quad \omega_2 = 21.309 \quad \omega_3 = 2.886 \quad \omega_4 = 8.166$$

$$\tilde{\omega}_1 = 0.211 \quad \tilde{\omega}_2 = 2.149\,0 \quad \tilde{\omega}_3 = 1.303 \quad \tilde{\omega}_4 = 1.69$$

$$\sum \tilde{\omega}_i = 5.353$$

三是对 $\tilde{\omega}_i$ 进行归一化处理，即 $\omega_i^* = \tilde{\omega}_i / \sum \tilde{\omega}_i$ 并得如下值：

$$\omega_1^* = 0.039 \quad \omega_2^* = 0.401 \quad \omega_3^* = 0.243 \quad \omega_4^* = 0.316$$

令

$$\boldsymbol{\omega}_D^* = \left\{ \omega_1^*, \omega_2^*, \omega_3^*, \omega_4^* \right\}^T = \{0.039, 0.401, 0.243, 0.316\}^T$$

四是计算判断矩阵的特征值 δ_D。

$$\boldsymbol{\delta}_D = \boldsymbol{U}_D \boldsymbol{\omega}_D^* = \begin{pmatrix} 1 & 0.098 & 0.162 & 0.125 \\ 10.167 & 1 & 1.649 & 1.271 \\ 6.167 & 0.607 & 1 & 0.771 \\ 8 & 0.787 & 1.297 & 1 \end{pmatrix} \begin{pmatrix} 0.039 \\ 0.401 \\ 0.243 \\ 0.316 \end{pmatrix}$$

$$= (0.157, 1.601, 0.971, 1.259)$$

五是计算判断矩阵的最大特征值 $\lambda_{D\max}$。

$$\lambda_{D\max} = \frac{1}{n} \sum \frac{\delta_D}{\omega_D^*} = \frac{1}{4} \times \left(\frac{0.157}{0.039} + \frac{1.601}{0.401} + \frac{0.971}{0.243} + \frac{1.259}{0.316} \right) = 4.000$$

六是进行一致性检验。

查表可得，当矩阵阶数 N=4 时，RI=0.90，则：

$$CI_D = \frac{\lambda_{D\max} - N}{N-1} = \frac{4.000-4}{4-1} = 0$$

$$CR_D = \frac{CI_D}{RI} = \frac{0}{0.90} = 0 < 0.10$$

由此可知，此结果满足一致性检验要求。

（2）各阶段判断矩阵特征值的整体一致性检验。

通过以上分析，得到了每个阶段判断矩阵的最大特征值 $\lambda_{\max}$，即 $\lambda_{A\max} = 5.112$，$\lambda_{B\max} = 6.983$，$\lambda_{C\max} = 7.987$，$\lambda_{D\max} = 4.000$。但为确保在工程项目整个生命期对冲突事件进行判断分析的一致性，应对四个最大特征值 $\lambda_{k\max}$ 进行归一化处理并进行一致性检验。即先对四个 $\lambda_{\max}$ 进行归一化处理，$\lambda^*_{k\max} = \lambda_{k\max} / \sum \lambda_{k\max}$，其中，$k$ 依次取 A、B、C、D，则：$\lambda^*_{A\max} = 0.212$，$\lambda^*_{B\max} = 0.290$，$\lambda^*_{C\max} = 0.332$，$\lambda^*_{D\max} = 0.166$。

根据一致性检验公式 $CR_总 = CI_总 / RI_总$，其中，

$$\begin{aligned}
CI_总 &= \lambda^*_{k\max} CI_k \\
&= \lambda^*_{A\max} CI_A + \lambda^*_{B\max} CI_B + \lambda^*_{C\max} CI_C + \lambda^*_{D\max} CI_D \\
&= 0.212 \times 0.028 + 0.290 \times 0 + 0.332 \times 0 + 0.166 \times 0.000\,33 = 5.936 \times 10^{-3}
\end{aligned}$$

$$\begin{aligned}
RI_总 &= \lambda^*_{k\max} RI_k \\
&= \lambda^*_{A\max} RI_A + \lambda^*_{B\max} RI_B + \lambda^*_{C\max} RI_C + \lambda^*_{D\max} RI_D \\
&= 0.212 \times 1.12 + 0.290 \times 1.32 + 0.332 \times 1.41 + 0.166 \times 0.90 = 1.237
\end{aligned}$$

$$CR_总 = \frac{5.936 \times 10^{-3}}{1.237} = 0.004\,8 < 0.10$$

由此可知，分析结果完全满足一致性检验要求

3）工程项目各阶段所有冲突事件对工程项目的整体影响

通过以上分析可知，工程项目不同阶段所有冲突事件的判断矩阵具有不同的特征值，因各阶段的判断矩阵是由该阶段所有冲突事件组成的，因而该阶段判断矩阵的特征值就是该阶段所有冲突事件的累积效应在工程项目中的综合表现强度和反映指数。特征值越大，该阶段所有冲突事件的累积效应在项目中的表现强度也就越高，对工程项目的整体影响也就越大。因此，根据工程项目各阶段所有冲突事件判断矩阵的特征值，就可以分析和判断各阶段所有冲突事件累积效应对工程项目所带来的影响。根据工程项目各阶段特征值的大小，它们对工程项目的影响力从大到小依次为

$$\lambda_{C\max} > \lambda_{B\max} > \lambda_{A\max} > \lambda_{D\max}$$

从这一结果可以得出以下结论。

（1）施工阶段冲突事件的累积效应对工程项目的影响最大，因而，该阶段冲突事件的处理效果对工程项目能否实现预定的目标起着非常重要的作用。因此，在工程项目中，应该对施工阶段的冲突事件进行重点管理。

（2）准备阶段和决策阶段对工程项目产生的影响也不可忽视。尤其是从准备阶段的特征值来看，其与施工阶段的特征值相差较小。这表明，尽管决策阶段所做出的项目决策对工程项目的今后发展具有一定的影响，但在项目方案确定之后，工程项目能否顺利

发展的关键还在于准备阶段所做的一切工作。因此，尽可能地完善准备阶段的各项工作是有效预防、大幅减少和避免工程项目后期发生冲突事件的必要条件。

3. 冲突事件在工程项目中的整体分布状态及其数学描述

1）冲突事件在工程项目中的整体分布状态

通过以上几个方面的分析可以得知，如果工程项目某一阶段冲突事件的种类较多、发生的频率也较高，那么在该阶段发生冲突事件的总量也就越大，为解决该阶段的冲突事件必将耗费更多的项目资源。因此，了解和掌握冲突事件在工程项目中的整体分布状态对预测项目冲突、把握项目全局并对项目资源进行统筹安排和优化配置都具有十分重要的意义。

设调查所得的全体冲突事件为母体，将母体按项目的四个阶段进行划分后，工程项目中所含的四个阶段就分别成为母体的子集合。由不同阶段冲突事件种类的频次累计和（表 3.5）可知，这四个子集合的容量分别为 27、108、344、64。如果设每个集合间的长度为 0.1，则根据数理统计理论即可计算出每个子集合在分布图中的纵坐标值。这样，工程项目各阶段所有冲突事件在工程项目中的整体分布状态及其描绘曲线就可表示出来，如图 3.4 所示。

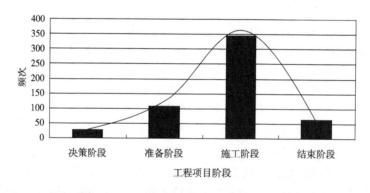

图 3.4　工程项目冲突事件的整体分布状态

从图 3.4 可以看出，冲突事件的分布曲线从准备阶段开始，曲线斜率陡增，即冲突事件从准备阶段开始，爆发频率很快提高，在施工阶段达到高峰。这与各阶段冲突事件在工程项目中的表现强度有着较好的吻合度。因此，这一分布规律从另一角度再次说明，要想大幅降低工程项目中冲突事件的发生，必须减小曲线斜率，即准备阶段的所有工作必须尽可能地提前完善，才有可能避免或减少冲突事件在施工阶段的发生。

2）母体分布状态的数学描述

在冲突事件母体容量统计分析中已知，作为子样的冲突事件在数理统计理论中是一个随机变量，在事件的全体集合中，如果母体的分布函数是 $F(x)$，则子样 x_i 的分布函数就有

$$F(x_1, x_2, \cdots, x_i) = F(x_1)F(x_2)\cdots F(x_i)$$

当母体为离散分布情形时，其概率分布也具有这样的特征。因此，对于具有类似特

征的冲突事件，就可以将概率论中具有这一特点的随机变量 ξ 引入工程项目冲突事件的研究中，并借用概率论中随机变量 ξ 的分布函数对工程项目中的冲突事件进行数学分析和描述，为进一步刻画工程项目冲突事件的分布特征提供理论依据。

在概率论中，具有上述特点的随机变量 ξ 都有一个共同的特性，即这些随机变量 ξ 在随机事件整体上都具有以函数 $\varphi(x)$ 为密度的数学分布，即

$$\varphi(x) = \frac{1}{\sqrt{2\pi}\sigma}\exp\left[-\frac{(x-a)^2}{2\sigma^2}\right]$$

其中，a、σ 为常数，$\sigma > 0$。

并且随机事件的数学期望 $E(\xi)$ 可表示为

$$E(\xi) = \int_{-\infty}^{+\infty}\frac{x}{\sqrt{2\pi}\sigma}\exp\left[-\frac{(x-a)^2}{2\sigma^2}\right]\mathrm{d}x$$

令 $t = \dfrac{x-a}{\sigma}$，则：

$$E(\xi) = \int_{-\infty}^{+\infty}\frac{x}{\sqrt{2\pi}\sigma}\exp\left[-\frac{(x-a)^2}{2\sigma^2}\right]\mathrm{d}x = \int_{-\infty}^{+\infty}\frac{a+\sigma t}{\sqrt{2\pi}}\mathrm{e}^{-\frac{t^2}{2}}\mathrm{d}t$$

$$= \frac{a}{\sqrt{2\pi}}\int_{-\infty}^{+\infty}\mathrm{e}^{-\frac{t^2}{2}}\mathrm{d}t + \frac{a}{\sqrt{2\pi}}\int_{-\infty}^{+\infty}t\mathrm{e}^{-\frac{t^2}{2}}\mathrm{d}t = \frac{a}{\sqrt{2\pi}}\cdot\sqrt{2\pi} = a$$

在概率论中，$\sigma^2(\xi)$ 描述了随机变量 ξ 的分布状况，并以 $\left[\xi - E(\xi)\right]^2$ 来表示 $\sigma^2(\xi)$，由上式已知，$E(\xi) = a$，同时已设 $t = \dfrac{x-a}{\sigma}$，则：

$$\sigma^2(\xi) = E\left[\xi - E(\xi)\right]^2 = E\left[\xi - a\right]^2$$

$$= \int_{-\infty}^{+\infty}\frac{(x-a)^2}{\sqrt{2\pi}\sigma}\exp\left[-\frac{(x-a)^2}{2\sigma^2}\right]\mathrm{d}x$$

$$= \int_{-\infty}^{+\infty}\frac{\sigma^2}{\sqrt{2\pi}}t^2\mathrm{e}^{-\frac{t^2}{2}}\mathrm{d}t$$

$$- \frac{\sigma^2}{\sqrt{2\pi}}\int_{-\infty}^{+\infty}\mathrm{e}^{-\frac{t^2}{2}}\mathrm{d}t + \frac{\sigma^2}{\sqrt{2\pi}}\int_{-\infty}^{+\infty}t\mathrm{e}^{-\frac{t^2}{2}}\mathrm{d}t$$

$$= \frac{\sigma^2}{\sqrt{2\pi}}\cdot\sqrt{2\pi} = \sigma^2$$

由这一分析结果可以得知，随机事件分布密度 $\varphi(x)$ 中的 a 与 $E(\xi)$ 相等，σ^2 与 $\sigma^2(\xi)$ 相等。因 $E(\xi)$ 在概率中表达了随机变量 ξ 的平均值，$\sigma^2(\xi)$ 描述了随机变量 ξ 的分布状态，因此，在工程项目冲突事件的整体描述中，a 就表达了冲突事件在工程项目中发生量的平均值，σ^2 就描述了冲突事件在工程项目中的离散状态。由此可知，这两个参数值对了解和掌握工程项目中冲突事件的整体分布状态是非常重要的，并且这一结果将是对工程项目中冲突事件整体分布状态进行数学特征分析的重要理论依据。

3）母体分布的数学特征

（1）平均数和中位数。

在数理统计中，子样的平均数和中位数刻画了子样的位置特征。由图 3.4 可知，母体样本的平均数为

$$a = \frac{1}{n}\sum_{i=1}^{n} a_i = \frac{1}{4} \times (27 + 108 + 344 + 64) = 135.75$$

因样本数量为偶数，故中位数 M_e 对应值为 344。由此可以得出，在工程项目中发生冲突事件的均值时段是准备阶段即将与施工阶段衔接并倾向于施工阶段的那段时期。

（2）极差、方差与标准差。

同样由图 3.4 可知，母体四个子样值中 $\max(a_i) = 344$，$\min(a_i) = 27$，故其极差为

$$R = \max(a_i) - \min(a_i) = 317$$

方差为

$$\sigma^2 = \frac{1}{n}\sum_{i=1}^{n}(a_i - a)^2$$
$$= \frac{1}{4} \times \left[(27 - 135.75)^2 + (108 - 135.75)^2 + (344 - 135.75)^2 + (64 - 135.75)^2 \right]$$
$$= 15\,278.188$$

标准差为

$$\sqrt{\sigma^2} = 123.605$$

在数理统计中，子样极差、方差与标准差刻画了子样的分散特征，由此可以说明，在工程项目中，冲突事件的发生贯穿于工程项目的始终。

3.4.3　工程项目冲突事件的内在机理分析

1. 项目各阶段内部发生冲突事件的机理分析

在工程项目管理中，为了便于对工程项目进行管理，时常将工程项目整体划分为若干个子项，每一个子项的实施都要经过启动、计划、执行、控制和结束这五个步骤。实际上，这五个步骤也是工程项目每个子项由计划变为现实的过程，而工程项目中的冲突事件也正是在此过程中伴随着项目的启动而产生，随着项目的结束而结束。

从工程项目的阶段内部来看，内部各子项之间具有相互依存、互为基础的关系。工程项目中的任何一个子项并不能独立地实现该阶段的最终目标，该阶段最终目标的实现是阶段内所有子项累积的结果。一般来讲，所有子项间的关系有先后和并列两种，依据工程项目工序的逻辑关系加以确定，通过施工组织计划予以实施。在正常情况下，下一子项的启动通常是在上一子项实现的基础上进行的；在这一基础上，子项结合其在工程项目中所承担的作用，制订相应的计划，然后按照上述步骤开始执行计划。如果全部计划顺利完成，则进入下一子项；如果在实施的过程中，由于某种原因而发生变化，则需要对原有计划进行调整和再执行，如此循环，直至完成该阶段的所有子项任务，实现该阶段的预定目标。建筑工程项目各阶段内部所有子项所形成的螺旋式循环过程描述参见

图 3.5。

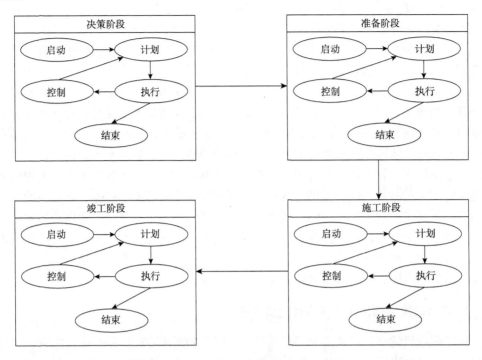

图 3.5　建筑工程项目各阶段内部子项流程图

在实际工程项目中，项目一旦启动，便在原定计划的指导下向着项目预定的目标前进。若在初始制订工程项目计划时就考虑得非常完善，满足了后期执行项目计划时的所有约束条件，则工程项目的原定计划应该是可以顺利完成的。但事实上是，工程项目计划是工程项目决策者在主观分析下的提前预测，常常假定的前提条件是资源满足、天气正常、设备良好、资金到位等情况。但客观世界唯一不变的就是变化，因而最客观、最真实的反而是在工程项目实施中原有计划与现实的偏离。这种偏离一旦产生，便会引起项目原定计划的改变、设计的变更、材料的替代、工序的调整、资源的变换等一系列项目波动行为，而这一系列项目波动行为就需要人与人之间、部门与部门之间的充分协调，并最终取得一致意见后预定目标方可顺利实现。因此，在协调期间，如果相关方相互之间的意见不统一，便有可能产生冲突，并由于每个子项实施条件和当时所处环境的不同而以多种多样的外在形式表现出来。

因此，在某种意义上讲，工程项目各阶段内部各子项计划、执行、控制的循环过程实际上也是不断解决和处理冲突事件的过程，并且由于工程项目环境条件的不断变化，时常发生计划与现实的偏离，并且这种偏离在工程项目的实施过程中总是不同程度地对正在实施的项目产生影响。因此，在工程实际中，工程项目就以不同的冲突表象体现出这些偏离对项目的影响。对于这些影响，为了使工程项目高效地运行并实现预定的目标，就需要项目管理者对工程项目计划进行动态性的控制，而不是僵化的管理，更重要的是应对工程项目计划提前赋予其必要的弹性，以充分的准备来应对和调整这些偏离。当然，在工程项目中，管理者希望发生的冲突事件越少越好，但是对于那些不可避免的冲突事件，所希望的是原定计划与现实的偏离尽可能小，尽可能地处于管理者能够调整和控制的范围之内，以便促使冲突双方或多方尽快达成协议，取得一致意见，实现工程项目的正常运行。

通过以上分析可知，工程项目中冲突事件的产生是工程项目实施中的过程伴随，没有工程项目的实施过程也就必然没有冲突事件的发生。对于阶段内部在项目实施过程中计划与现实的这种偏离，应说明的是，它们仅仅是冲突事件产生的必要条件，而不是充分条件。如果工程项目当时所具备的条件满足了项目实施的约束条件，那么这个冲突事件的过程伴随便不再产生，即使发生了计划与现实的偏离，也能得到及时的回归。同时，通过对工程项目各阶段内部冲突事件发生机理的分析还可以进一步地认识到，在工程项目的每个阶段，尽管阶段内部各子项实施的步骤基本相同，但工程项目实施过程中的内涵却有着很大的差别，这种差别与各子项在工程项目中所承担的任务、所具备的条件、当时的内外环境、项目实施者的素质等都有着直接的关系。并且在工程项目的实施过程中，可能会因为这些内外条件的不同给工程项目带来不同程度的影响；当这种影响累积到一定程度时，便可能导致不同种类的冲突事件，这样一来，在工程项目的不同阶段，便呈现出数量不同、外在表象多种多样的冲突事件。

2. 项目阶段之间发生冲突事件的机理分析

从工程项目的全过程来讲，工程项目具有鲜明的系统特征，是按项目决策、准备、施工和结束的顺序依次进行的。但从各阶段的角度来看，它们之间却存在着相互依存、前后衔接的关系，这种相互依存关系尤其表现在上一阶段完成的工作是下一阶段工作的基础，下一阶段的工作开展则是上一阶段工作成果的深化和延续。而且，每一阶段都以某种可交付的成果作为该阶段结束的标志，并且这种成果在工程项目中担负着承上启下的作用。例如，决策阶段要交付可行性研究报告或立项批文，准备阶段要依据这一批文办理相关工程建设手续，委托工程规划设计；而施工阶段只有在这些手续和设计图纸完善的基础上才能更加顺利地开展各项工作。但也正是由于各阶段之间这种相互依存、紧密衔接的关系为冲突事件的跨阶段发生提供了条件，一些上一阶段没有被彻底解决的冲突事件遗留问题可能会在其他阶段当条件具备时以其他的方式再一次爆发出来。例如，在工程项目的初始阶段，项目的投资者、决策者或后期的使用者由于非专业的原因很难对项目的工作内容和范围具体化，缺乏具体准确的定义和量的描述，因而更多地采用了文字方式进行说明和解释，而这些容易引起多义性的语言描述就常常会造成项目相关者对项目目标理解上的不一致。如果这些不一致在项目设计期间没有得到充分的交流并达成共识，设计人员在没有完全了解项目投资者意图的情况下就绘制完施工图，则有可能埋下冲突的隐患。特别是在施工阶段，随着投资者对工程实体的逐渐明晰，便开始要求设计者进行若干设计变更，更改方案，相互之间便可能产生一些抱怨甚至指责；在条件没有被满足的情况下，还可能在项目验收时拒绝接收，再次引发前一阶段隐藏和遗留下来的冲突事件。冲突事件在各阶段之间遗留发生的这种延续性还可以通过下面三个方面的分析得到进一步的认识。

（1）在工作内容方面，由于多种原因，一个阶段的工作内容包含了属于其他阶段工作内容的部分内容,各阶段的工作内容出现交集,交集部分对双方或多方都具有约束力,并通过交集内容相互约束和反馈。

(2)从利益和责任方面讲,工程项目的不同阶段有不同的管理者对项目实施的内容重点负责。由于工作的职责,他们必须关心和重视与自身利益紧密相关的不同阶段的工作内容和成果,从而也引起他们在不同阶段的介入跨度不同,如图 3.6 所示。这些管理者都希望通过对其他阶段相关子项的干涉,使工程项目朝着有利于自身利益的方向发展,这种干涉在对方不接受的情况下便可能产生冲突。

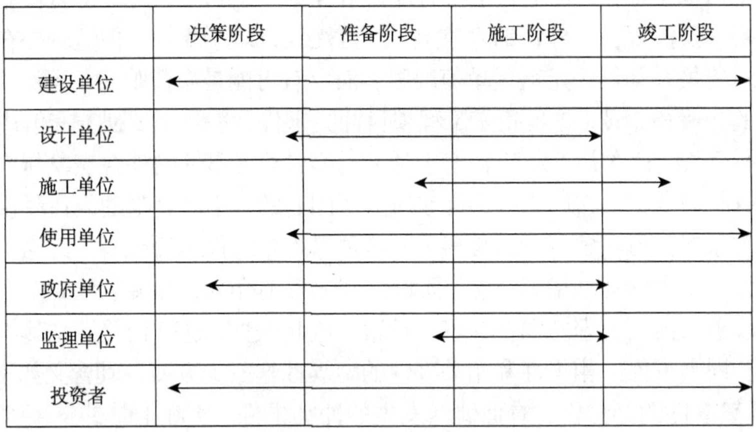

	决策阶段	准备阶段	施工阶段	竣工阶段
建设单位				
设计单位				
施工单位				
使用单位				
政府单位				
监理单位				
投资者				

图 3.6　不同的利益者在项目不同阶段的介入跨度图

(3)从时间方面讲,由于工程项目中若干工作需要相互交叉和紧密配合,各阶段已没有特别明确的工作起点和终点。也就是说,在工程实际中,各阶段的相互关系并不完全是在上一阶段的工作都完成后才进行下一阶段的工作,而有可能不等到上一阶段的 N 项工作内容全部完成,可能就会有 H 项提前进入了下一阶段($H \leqslant N$),在此称之为提前介入。这种提前介入大多是具有前置性的,尤其在并行工程项目中频繁发生。由于这种提前介入必然要占用该阶段相应的资源,至少占用空间资源,而这种资源本来是不属于提前介入方的。因此,这种提前介入便导致了下一阶段的非正常启动,也使各阶段之间的关系更加复杂化。如果这种提前介入是在被上一阶段相关者认可并无其他约束的条件下进行的,这种介入便有可能实现,否则,就有可能发生类似资源竞争的冲突事件,给工程项目的实施带来不利影响。

但工程实际也同时证明,并非项目中所有的提前介入都会产生冲突。例如,若下一级早已准备好对上一级完成阶段成果的承接,如果上一级未按时完成,下一级可能就会有所怨言而发生冲突;而当下一级还没有做好承接上一阶段成果的准备时,可能即使上一级未按时完成,下一级也不会有所追究,从而避免了原本可能发生的冲突事件。从这一点可以看出,在工程项目中,项目参与各方之间的相互协调是多么的重要。

在工程项目中,冲突事件对工程项目产生的影响在时间上的表现可能是点集,也可能是段集,当然绝对的作用点或影响点实际上都是一个时间段,或几天或几小时,只不过它们对工程项目所产生的影响和持续作用的时间相对于阶段或项目生命期来讲太短,进而可视为点。因而，段集就既可能存在于工程项目的同一个阶段内，也可能跨越项目的不同阶段。由此可以认识到，在实际工程中，为什么会有一些既与上一阶段有关也与下一阶段相连的跨阶段冲突事件存在。因此，阶段之间冲突事件的发生常常是在上一阶段冲突事件没有完善的情况下，随着工程项目可交付的成果的转移而转移的。

3. 研究思考

通过对工程项目冲突事件外在表象和内在机理的分析以及对冲突事件表现强度和整体分布的分析可以得知，工程项目中任何冲突事件的发生都与其所在的阶段有着紧密的关系，这种关系不仅体现在其外在的表象上，而且受其机理所支配。但这种外在表象与内在机理之间的对应关系却不一定就是单值映射，而更有可能是多值映射。当然，这种思想还需要进一步的分析和论证，这也正是工程项目冲突事件下一步需要研究和解决的主要问题之一。但这一问题的存在并不意味着无法对工程项目冲突事件的外在表象与内在机理之间的关系进行分析与研究，它们之间那种本质上所固有的、不可分割的内在联系为研究二者之间的相互关系提供毋庸置疑的思维模式，这种思维模式提示研究者，无论工程项目是在阶段内部项目实施中的计划偏离，还是阶段之间的提前介入，冲突事件的发生都寓意着冲突事件外在表象与内在机理之间存在着一种紧密的相关性，这种相关性尤其体现在偶然事件的必然性、同类事件的相关性和相关事件的隐续性这三个方面，其含义如下。

（1）偶然事件的必然性：看似偶然发生的冲突事件，实际上是冲突事件以另一种方式表现，此时在项目中已具备了产生这种冲突事件的条件；而在项目中一旦具备了这种条件，某一类冲突事件便可能爆发。

（2）同类事件的相关性：每一类冲突的产生不仅与其所在阶段的主题有着紧密的联系，而且也有其最直接相关的根源，如设计的不完善必然导致施工阶段的大量变更，工程项量的增减必然导致成本的变化，组织制度的不完善也必然带来管理上的混乱，等等。

（3）相关事件的隐续性：如果某一冲突事件在某一阶段未被处理完善，其隐藏的问题可能还会在项目的其他以其他方式再次表现出来。

由此表明，工程项目中的冲突事件并不完全就是工程项目管理者所感觉到的那样随机，而是与其所在阶段与所处环境及其当时所具备的条件紧密相关的。更重要的是，这种冲突事件的相关性提示和告诫项目管理者，只有从工程项目一开始就高度重视工程项目的各项工作，特别是准备阶段的各项工作，并重点对施工阶段的冲突事件加强管理，才有可能避免和减少冲突事件的发生以及给工程项目带来的损失。了解和掌握这一规律，对工程项目管理者在工程实践中预测项目冲突、把握项目全局、提高工程项目管理水平将发挥重要的作用。

3.4.4　工程项目冲突事件的属性调查与分析

通过对建筑工程项目冲突事件的随机性研究可以得知，任何工程项目冲突事件的外在表象都有其相应产生的机理，但问题是，仅仅了解产生这些冲突事件的机理对有效解决工程项目冲突事件而言还是远远不够的，更需要了解和掌握引发这些冲突事件的根源，而且也只有发现引发这些冲突事件的根源，才能在相关理论的正确指导下提出有效解决工程项目冲突事件的针对性方法。

在问题根源的分析中，问题的属性分析是一种最常用的分析手段。研究对象的属性可以将研究对象的性质及其所属类别很好地联系在一起，因此，若能预先明确问题根源的性质或属性，那么，通过属性分析，就可以将研究对象的性质与其问题根源有效地联系在一起，为发现问题的根源提供有益的参考。

1. 冲突事件的属性调查及其结果统计

在对建筑工程项目冲突事件调查结果进行初步分析的基础上，为了进一步寻找和发现引发工程项目冲突事件的根源，针对第一次调研所得出的所有冲突事件的外在表象，研究人员又进行了冲突事件的二次调查，被调查的 12 家单位 96 人都是多年从事建筑工程项目的管理人员，调查中所涉及被调查对象的数量、工作类别和调查地点见表 3.12，表中数据的直观描述如图 3.7 所示。

表 3.12　建筑工程项目冲突事件属性调查对象统计表（单位：人）

被调查单位或工程现场名称	被调查人员类别及数量			
	监理人员	现场施工管理员	设计人员	预结算人员
××建设集团分公司（施工现场）	3	4	0	1
××建设集团工程公司（施工现场）	2	5	0	1
××监理公司	1	0	0	0
××大学建筑设计研究院	0	0	8	0
××煤炭建设监理公司	2	0	0	0
××大学实验楼施工现场	3	6	1	2
××建筑工程公司（施工现场）	3	5	0	0
××市房地产开发第四公司	4	4	2	1
××房地产开发公司	2	2	1	1
××住宅建设开发公司	3	5	1	2
××房产开发公司	4	4	2	2
××房地产开发有限责任公司	2	3	2	2
合计：共计 12 家单位，96 人	29	38	17	12

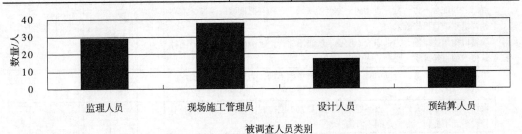

图 3.7　冲突事件属性调查对象直方图

对每种冲突事件产生的原因，被调查者结合自己多年的实践经验提出了各自的观点，并对每个阶段每种冲突事件产生的原因给予了必要的简述。通过对此次调查结果的汇总和统计发现，工程项目中所有冲突事件产生的根源可以归结为六大类，即协调类、组织类、资源类、优先权、客观类和其他类，其中，其他类是指明显不属于前五类，且具有较强综合性的极少数冲突事件。若将这六类定义为引发工程项目冲突事件的根源属性，则这六类属性所代表的含义见表 3.13，调查统计结果见表 3.14。

表 3.13　冲突事件六类属性所代表的含义

属性类别	属性的含义
协调类	泛指由于人与人之间、部门之间互不沟通、缺乏交流、关系不融洽等行为而引发的矛盾
组织类	泛指由于缺乏规章制度或由于规章制度不完善、不足以约束项目相关者的行为而引发的矛盾
资源类	泛指由于人力、物力、财力、时间、空间、技术、信息等物质缺乏或配置不合理引发的矛盾
优先权	泛指冲突某一方在项目实施中优先享用资源的权利
客观类	泛指由于天气、意外事故等人力所不及的原因导致的冲突
其他类	不属于以上五类的冲突事件

表 3.14　建筑工程项目冲突事件属性调查结果统计表

阶段	冲突描述	冲突所属类别					
		协调类	组织类	资源类	优先权	客观类	其他类
决策阶段	外部因素干扰（如政策调整、市场需求变化、价格波动等），缺乏足够的信息，影响决策	31	22	20		72	
	制订方案时相关部门间合作性差，交流少，有利益倾向，方案制订时间长、意见不一	82	42				
	方案制订者的个性、素质、能力不同，以及前期调研效果差异，对方案的决策带来不同程度的影响	57	79				
	业主不易清晰表达设计意图，思想波动大，设计者与业主相互交流少或不易沟通，方案反复修改	89	41				
	上下级之间沟通少，决策层意见不一，决策时间长，给项目的后期实施带来不便	35	30	32	69	53	
准备阶段	外部因素干扰（如市政相关手续难办、居民干扰、资金缺乏、现场条件不具备等），不能开展开工准备的相关工作	92	41				
	资金短缺，影响相关工作的开展（如办理工程相关手续、购买设备），须多方协调筹集资金	47	50	85			
	部门之间配合不力，有利益倾向，办事效率低下，相互之间缺乏沟通，不易抽调组建项目机构的人员	85	42				
	项目机构组建缓慢，内部职责不明确、机制不完善，上级领导没有明确项目地位，项目经理缺乏明确的优先权	56	78				
	甲乙方地位不平等，合同中有不对称条款或考虑不周，为后期发生争议留下隐患	91	41				
	设计与业主意图有差异，方案经常调整，导致不能按时出图；设计与现场不符或图纸不配套，专业之间不协调	90	41				
	招投标中有不正当竞争，领导干预，或施工单位为中标而压价，可能导致后期项目超支或质量下降而引发冲突	60	82				8

阶段	冲突描述	冲突所属类别					
		协调类	组织类	资源类	优先权	客观类	其他类
施工阶段	资金短缺，不能及时支付工程款，影响购买材料、支付相关费用或开展相关工作	46	50	84			
	由于天气不佳、人员不足、居民干扰、意外事故发生、方案频繁变更、质量返工、前期准备工作和手续不完善等影响工程进度	32	24	23		73	
	部门之间配合不力，成员之间沟通少，考虑个人利益，办事效率低下，相互推诿扯皮，给工程的正常进行带来影响	84	42				
	因业主要求、设计与现场不符、图纸不完善、材料替代等原因频繁变更方案，或方案久拖不决等设计相关问题影响工程正常进行	50	61	38		29	
	因施工不符合规范要求、与图纸不符、材料不合格、施工队技术水平较低等引发的质量争议	53	64	36		33	
	工序交叉，专业之间发生矛盾，为各自利益而互不相让，抢占资源等，没有明确相对优先权	32	35	30	76	50	
	因发生意外，如地质条件异常、挖断管线进行抢修、市场价格波动、设计变更等原因而增加费用或费用超支	33	26	21		76	
	材料供应不到位或所供材料与需求不符、缺乏相应的施工设备而影响工程施工	48	51	86			
竣工阶段	因项目即将结束，人心涣散，项目成员工作推诿，缺乏责任心，效率低下，影响相关工作	58	80				
	因项量、材差、现场签证、定额套用、计算方法等意见不同，或考虑个人利益发生结算争议，费用超支	57	66	40		36	
	甲方不能按规定付款或长期拖欠，引起诉讼和利息索赔等	19	17	12		65	
	部门之间配合差或考虑个人利益、乙方资料漏缺、质量问题、业主提出的问题未解决等原因导致验收不畅	83	42				

2. 冲突事件的属性分析

从建筑工程项目冲突事件属性调查结果统计表中可以看出，任何一种冲突事件都具有多种属性，即发生任何一种冲突事件的根源都具有两种或两种以上，而没有任何一种冲突事件只由单一原因就可引发。因而，这就可能意味着工程项目中冲突事件的产生可能是由多种因素共同作用的结果，而非单一因素的失衡就会导致冲突事件的发生。如果引发冲突事件的根源的确如此，这就意味着冲突事件的外在表象与内在机理是一种多值映射关系，那么，对工程项目冲突事件的研究就不能同目前大多数从单因素方面来分析和处理冲突事件的方法一样来分析和研究工程项目中的冲突事件，而应在全面了解和掌握引发某一冲突事件所有根源的基础上，进一步探究引发该冲突事件的主次根源，从而采用新的思想和方法来有效解决工程项目中的冲突问题。

对于这样的问题，尤其是在判定和分析引发冲突事件的主次根源问题方面，仅仅依据调查中所获得的大量定性信息并通过定性的分析方法来实现这一目的是非常困难的，这主要是由于判断者之间常常存在着知识和经验的差别，这一差别使他们对同一问题产生不同的观点，无法用明确的界限将冲突的主次关系识别出来，从而使研究者对产生冲突事件根源的认识具有了模糊性，而这种模糊性又将会对冲突事件根源多属性的主次分析带来歧义性影响，并最终可能导致采用定性的分析方法不能有效解决这一问题。因此，试图采用定性方法对冲突根源进行分析的思想便不再成为一种理想的选择，从而自然地将研究问题的思路转移到对问题的量化分析上来，以寻求解决问题的其他有效途径。

大量的研究成果业已表明，问题的量化分析将有助于信息更准确地描述，并且必要的量化分析可以使研究者在研究工作中在充分利用以往经验的基础上更多地依赖于知识，而非主观臆测，这也正是为了避免研究者本人在研究冲突事件根源的过程中过多地介入个人主观意识、专门对工程项目冲突事件的根源进行二次调研的主要原因。但与此同时，实践经验也间接地启示，尽管某一冲突事件具有多属性，不易于研究者的直接判断和取舍，但客观事实是，只要判断者不故意曲解或倾向于某一冲突事件中的某一属性，通过一定量的调查反映，其问题的主要归属还是可以表现出来的，即引发某一冲突的根源越接近于某一类属性，就会有越多的人将其划归为此类。因此，这种划归的倾向程度就可以利用被调查者对某一冲突事件诱发根源的认可百分率来表示。

对于这个百分率，如果从模糊数学的理论角度来分析，就存在一个与之相关的冲突事件属性隶属度问题。但就单纯隶属度的求取问题而言，已不再是数学上难以解决的问题，并且已有多种解法，其中，非结构性模糊分析方法就是有效的方法之一。非结构性模糊分析方法的特点是，根据研究对象的调查结果，在对所有调查信息进行综合统计的基础上，充分应用人的知识和经验，通过对大量定性因素进行相互比较并将研究对象的相关值转换在[0，1]范围内，来实现研究问题的量化转换，并以此来获得所研究对象的属性隶属度，在此基础上实现对研究问题的量化分析，进而识别和寻找出引发冲突事件的主次根源。因此，在对冲突事件的主次根源进行分析和研究之前，就需要先对所有冲突事件的属性隶属度进行分析，并获得所有冲突事件属性隶属度的量化值。

若设 X_{ij}^k 代表冲突事件的属性隶属度，按照以上分析，则有

$$X_{ij}^k = X \div N$$

其中，X 是指在工程项目冲突事件属性调查中，有 X 人认为 k 阶段的 i 冲突事件应归于 j 类；N 为被调查总人数；k 取 A、B、C、D，分别对应工程项目的决策、准备、施工和结束四个阶段；j 取 1、2、3、4、5、6，分别对应每一类冲突事件的属性。这样，根据属性隶属度分析式和工程项目冲突事件属性调查结果，就可确定出工程项目各阶段各种冲突事件的属性隶属度 X_{ij}^k。各个阶段每种冲突事件的 X 和 X_{ij}^k 值分别见表 3.15 和表 3.16。

表 3.15　各阶段冲突事件的 X 值

阶段	编号	冲突事件属性值					
		协调类	组织类	资源类	优先权	客观类	其他类
决策阶段	A1	31	22	20	0	72	0
	A2	82	42	0	0	0	0
	A3	57	79	0	0	0	0
	A4	89	41	0	0	0	0
	A5	35	30	32	69	53	0

续表

阶段	编号	冲突事件属性值					
		协调类	组织类	资源类	优先权	客观类	其他类
准备阶段	B1	92	41	0	0	0	0
	B2	47	50	85	0	0	0
	B3	85	42	0	0	0	0
	B4	56	78	0	0	0	0
	B5	91	41	0	0	0	0
	B6	90	41	0	0	0	0
	B7	60	82	0	0	0	8
施工阶段	C1	46	50	84	0	0	0
	C2	32	24	23	0	73	0
	C3	84	42	0	0	0	0
	C4	50	61	38	0	29	0
	C5	53	64	36	0	33	0
	C6	32	35	30	76	50	0
	C7	33	26	21	0	76	0
	C8	48	51	86	0	0	0
竣工阶段	D1	58	80	0	0	0	0
	D2	57	66	40	0	36	0
	D3	19	17	12	0	65	0
	D4	83	42	0	0	0	0

表 3.16 各阶段冲突事件的 X_{ij}^{k} 值

阶段	编号	冲突事件属性值					
		协调类	组织类	资源类	优先权	客观类	其他类
决策阶段	A1	0.322	0.229	0.208	0	0.75	0
	A2	0.854	0.438	0	0	0	0
	A3	0.721	0.822	0	0	0	0
	A4	0.927	0.427	0	0	0	0
	A5	0.364	0.313	0.333	0.718	0.552	0
准备阶段	B1	0.958	0.427	0	0	0	0
	B2	0.489	0.521	0.885	0	0	0
	B3	0.885	0.437	0	0	0	0
	B4	0.583	0.813	0	0	0	0
	B5	0.947	0.427	0	0	0	0
	B6	0.937	0.427	0	0	0	0
	B7	0.625	0.854	0	0	0	0.083

续表

阶段	编号	冲突事件属性值					
		协调类	组织类	资源类	优先权	客观类	其他类
施工阶段	C1	0.479	0.521	0.875	0	0	0
	C2	0.333	0.250	0.239	0	0.760	0
	C3	0.875	0.438	0	0	0	0
	C4	0.521	0.635	0.395	0	0.302	0
	C5	0.552	0.666	0.375	0	0.343	0
	C6	0.333	0.364	0.313	0.791	0.521	0
	C7	0.344	0.271	0.219	0	0.791	0
	C8	0.500	0.531	0.896	0	0	0
竣工阶段	D1	0.604	0.833	0	0	0	0
	D2	0.721	0.687	0.416	0	0.375	0
	D3	0.198	0.177	0.125	0	0.677	0
	D4	0.864	0.437	0	0	0	0

从表 3.16 中的 X_{ij}^k 值可以看出，没有任何一种冲突的 X_{ij}^k 值在冲突事件属性的某一类等于 1，而在其他类为 0，即表明该冲突事件完全是由此类单一原因造成的。而实际结果是，每一种冲突事件都有两个或两个以上 X_{ij}^k 值，每个 X_{ij}^k 值都分别描述了该冲突事件归于某类属性的隶属程度。这一结果明确表明，工程项目中的冲突事件具有明显的多属性特征，并且通过大量的数据说明，工程项目中的冲突事件并不是项目中单一因素的失衡导致的，而是若干因素综合作用的结果。这一结果与目前许多相关文献通过对单因素进行分析就提出解决该冲突事件的思想是不一致的。同时，这一结果也从另一角度间接地解释和说明了通过单因素分析提出的冲突事件解决方法在工程实际中缺乏明显效果的原因。

更有价值的是，这一结果在证明工程项目冲突事件具有多属性这一特征的同时，实际上也表明了工程项目冲突事件的复杂性和冲突事件外在表象与内在机理的多值映射关系，而这一复杂性正是多属性之间相互映射的结果。由于冲突事件同时具有多个属性值，那么在诱发工程项目冲突事件的过程中，这多个属性值必然发挥着不同程度的作用。因此，若要从根本上探究和辨识引发工程项目冲突事件的主次根源，就需要对工程项目冲突事件多属性之间的相互关系进行更深入的理论分析和研究。

3. 属性的相关度和相关矩阵

1) 相关度和相关矩阵的建立

系统相关分析理论认为，若两事件 p、q 的属性具有较强的一致性，那么这两个事件的相关程度也相应较高，若用欧氏距离来描述它们之间的这种相关程度，那么它们之间的距离值就应越小。根据欧氏距离定义，它们之间的相关程度可通过如下公式所获得的分析值来表示。

$$D_{pq} = D\left(X_p^k, X_q^{k^*}\right) = \sqrt{\sum\left(X_{pj}^k - X_{qj}^{k^*}\right)^2}$$

$$= \sqrt{\left(X_{p1}^k - X_{q1}^{k^*}\right)^2 + \left(X_{p2}^k - X_{q2}^{k^*}\right)^2 + \cdots + \left(X_{p6}^k - X_{q6}^{k^*}\right)^2}$$

其中，D_{pq} 代表两事件 p、q 的相关度；X_p、X_q 分别代表某冲突事件的属性隶属度，在此研究中，就等同于表 3.16 中各种冲突事件的 X_{ij}^k 值。因此，根据欧氏距离公式，并依据各阶段所有冲突事件的 X_{ij}^k 值，便可得到 $24 \times 24 = 576$ 个 D_{pq} 值（参见表 3.17），同时，还可由此 576 个 D_{pq} 值建立起一个工程项目所有冲突事件的属性相关矩阵，见图 3.8。

2）项目各阶段之间的相关分析

通过工程项目冲突事件的机理分析已知，各阶段出现的冲突事件不仅与其所在阶段的主题有着紧密的关系，而且在项目各阶段之间还呈现出一定的承接性和延续性，而且这种承接性和延续性必然会对工程项目的实施带来持续性的影响。因此，若要寻找和发现诱发问题的根源，有必要对各阶段之间的这种关系进行必要的相关性分析。

从理论上讲，如果工程项目的四个阶段两两产生映射，则共有 6 种相关组合，它们分别是 AB、AC、AD、BC、BD 和 CD，必然就应有 6 个相关的值来表示出它们之间的相互关系。如果我们用相关度这一概念来代表它们之间存在的这 6 种相互关系，那么现在的问题就是如何获得这 6 个相关度值。

针对这一问题，通过对工程项目所有冲突事件的属性相关矩阵（图 3.8）进行观察和分析即可发现，由于这个相关矩阵包含了所有冲突事件之间的相关度，那么从理论上讲，共同包含某两个阶段所有冲突事件的交集矩阵的理论值就应是这两个阶段所对应的相关度值。据此，研究者即可通过对某两个阶段所有冲突事件的交集矩阵的分析，求取代表这两个阶段的相关度值。

（1）当求取决策阶段 A 与准备阶段 B 的相关度时，可按如下步骤进行。

第一，建立 AB 阶段的相关矩阵 U_{AB}。

$$U_{AB} = \begin{pmatrix} 1.024 & 0.104 & 0.460 & 0.031 & 1.138 \\ 1.064 & 0.960 & 0.963 & 0.991 & 1.088 \\ 0.982 & 0.030 & 0.418 & 0.043 & 1.103 \\ 1.007 & 0.462 & 0.138 & 0.516 & 1.108 \\ 1.017 & 0.093 & 0.455 & 0.020 & 1.133 \\ 1.011 & 0.083 & 0.450 & 0.010 & 1.128 \\ 1.046 & 0.555 & 0.130 & 0.529 & 1.139 \end{pmatrix}$$

第二，计算矩阵 U_{AB} 的各列均值 d_j。

设 $d_j = \sum u_{ij}$，其中，u_{ij} 表示矩阵 j 列 i 行的所有值，为此：

$$d_j = (1.022, 0.327, 0.431, 0.306, 1.120)$$

表3.17　所有冲突事件的相关度值

冲突事件编号	A1	A2	A3	A4	A5	B1	B2	B3	B4	B5	B6	B7	C1	C2	C3	C4	C5	C6	C7	C8	D1	D2	D3	D4
A1	0																							
A2	0.965 59	0																						
A3	1.056 70	0.406 89	0																					
A4	1.005 48	0.073 65	0.445 49	0																				
A5	0.760 98	0.939 27	1.148 11	1.123 03	0																			
B1	1.024 43	0.104 43	0.460 65	0.031 00	1.138 89	0																		
B2	1.064 89	0.960 99	0.963 15	0.991 92	1.088 13	1.005 99	0																	
B3	0.982 85	0.030 90	0.418 47	0.043 17	1.103 66	0.073 68	0.973 19	0																
B4	1.007 15	0.462 73	0.138 33	0.516 67	1.108 64	0.537 81	0.936 50	0.481 88	0															
B5	1.017 64	0.093 49	0.455 08	0.020 00	1.133 19	0.011 00	1.000 91	0.062 80	0.530 19	0														
B6	1.011 53	0.083 56	0.450 20	0.010 00	1.128 08	0.021 00	0.996 38	0.052 95	0.523 38	0.010 00	0													
B7	1.046 52	0.555 92	0.130 90	0.529 63	1.139 94	0.547 90	0.958 94	0.498 46	0.101 90	0.541 28	0.535 39	0												
C1	1.057 03	0.955 67	0.956 45	0.987 50	1.081 98	1.001 95	0.014 14	0.968 25	0.928 12	0.996 74	0.992 08	0.951 20	0											
C2	0.040 29	0.970 27	1.054 73	1.009 40	0.756 63	1.027 95	1.045 32	0.987 11	1.006 79	1.021 30	1.015 32	1.044 90	1.037 72	0										
C3	0.977 26	0.020 90	0.414 19	0.053 05	1.099 03	0.083 66	0.969 12	0.010 01	0.475 28	0.072 76	0.062 88	0.492 89	0.964 06	0.981 65	0									
C4	0.663 41	0.630 23	0.567 62	0.674 78	0.842 93	0.693 87	0.587 64	0.647 25	0.531 58	0.687 00	0.680 84	0.559 41	0.579 97	0.646 27	0.641 52	0								
C5	0.661 37	0.633 84	0.557 83	0.675 29	0.849 28	0.692 99	0.634 62	0.649 31	0.529 81	0.686 60	0.680 90	0.553 06	0.627 70	0.642 96	0.644 06	0.063 27	0							
C6	0.841 06	1.127 71	1.164 08	1.162 58	0.101 60	0.178 72	1.128 66	1.142 28	1.121 80	1.172 92	1.167 72	1.152 01	1.122 27	0.837 38	1.137 52	0.888 39	0.894 67	0						
C7	0.063 35	0.980 72	1.058 15	1.018 90	0.766 72	1.036 95	1.073 94	0.997 07	1.012 03	1.030 48	1.024 65	1.048 70	1.066 45	0.043 82	0.991 76	0.659 00	0.651 69	0.846 27	0					
C8	1.076 44	0.967 96	0.967 65	0.997 98	1.097 01	1.011 63	0.018 49	0.979 73	0.942 84	1.006 70	1.002 30	0.964 22	0.031 34	1.056 46	0.975 80	0.594 53	0.640 33	1.137 27	1.084 69	0				
D1	1.024 75	0.467 94	0.117 52	0.518 81	1.122 34	0.538 66	0.945 41	0.485 57	0.029 35	0.531 49	0.525 10	0.088 18	0.937 33	1.023 74	0.479 44	0.541 59	0.537 46	1.134 98	1.028 27	0.951 23	0			
D2	0.743 54	0.627 41	0.576 11	0.650 94	0.906 33	0.661 40	0.664 81	0.634 88	0.590 32	0.657 54	0.654 17	0.598 09	0.661 38	0.721 85	0.632 18	0.220 17	0.178 06	0.955 29	0.726 33	0.666 48	0.590 50	0		
D3	0.174 06	0.986 04	1.033 39	0.787 61	1.113 08	1.055 49	1.113 08	1.006 74	1.012 94	1.047 59	1.040 47	1.059 07	1.103 69	0.208 42	1.000 07	0.726 37	0.733 82	0.859 28	0.227 60	1.126 63	1.033 99	0.842 33	0	
D4	0.970 97	0.009 09	0.410 70	0.063 79	1.093 90	0.094 53	0.964 83	0.021 00	0.469 00	0.083 60	0.073 68	0.487 83	0.959 64	0.975 53	0.011 01	0.635 67	0.638 79	1.132 28	0.985 82	0.971 67	0.473 73	0.629 79	0.992 53	0

	A1	A2	A3	A4	A5	B1	B2	B3	B4	B5	B6	B7	C1	C2	C3	C4	C5	C6	C7	C8	D1	D2	D3	D4
A1	0																							
A2	0.9656	0																						
A3	1.0567	0.4069	0																					
A4	1.0055	0.0737	0.4455	0																				
A5	0.7610	0.9393	1.1481	1.1230	0																			
B1	1.0244	0.1044	0.4606	0.0310	1.1389	0																		
B2	1.0649	0.9610	0.9631	0.9919	1.0881	1.0060	0																	
B3	0.9829	0.0309	0.4185	0.0432	1.1037	0.0737	0.9732	0																
B4	1.0072	0.4627	0.1383	0.5167	1.1086	0.5378	0.9365	0.4819	0															
B5	1.0176	0.0935	0.4551	0.0200	1.1332	0.0110	1.0009	0.0628	0.4851	0														
B6	1.0115	0.0836	0.4502	0.0100	1.1281	0.0210	0.9964	0.0530	0.5234	0.0100	0													
B7	1.0465	0.5559	0.1309	0.5296	1.1399	0.5475	0.9589	0.4985	0.1019	0.5413	0.5354	0												
C1	1.0570	0.9557	0.9564	0.9875	1.0820	1.0019	0.0141	0.9683	0.9281	0.9967	0.9921	0.9512	0											
C2	0.0403	0.9703	1.0547	1.0094	0.7566	1.0279	1.0453	0.9871	1.0068	1.0213	1.0153	1.0449	1.0377	0										
C3	0.9773	0.4142	0.0209	0.0530	1.0990	0.0837	0.9691	0.0100	0.4753	0.0728	0.0629	0.4929	0.9641	0.9817	0									
C4	0.6634	0.6302	0.5676	0.6748	0.8429	0.6939	0.5876	0.6472	0.5316	0.6870	0.6808	0.5594	0.5800	0.6463	0.6415	0								
C5	0.6611	0.6338	0.5578	0.6753	0.8493	0.6930	0.6346	0.6499	0.5298	0.6866	0.6809	0.5531	0.6277	0.6430	0.6441	0.0633	0							
C6	0.8411	1.1277	1.1641	1.1626	0.1016	1.1787	1.1287	1.1423	1.1218	1.1729	1.1677	1.1520	1.1223	0.8374	1.1375	0.8884	0.8947	0						
C7	0.0634	0.9807	1.0582	1.0189	0.7667	1.0370	1.0739	0.9971	1.0120	1.0305	1.0247	1.0487	1.0665	0.0438	0.9918	0.6590	0.6517	0.8463	0					
C8	1.0764	0.9680	0.9676	0.9980	1.0970	1.0116	0.0185	0.9797	0.9428	1.0067	1.0023	0.9642	0.0313	1.0565	0.9758	0.5945	0.6403	1.1373	1.0847	0				
D1	1.0247	0.4679	0.1175	0.5188	1.1223	0.5387	0.9454	0.4856	0.0293	0.5315	0.5251	0.0882	0.9373	1.0237	0.4794	0.5416	0.5375	1.1350	1.0283	0.9512	0			
D2	0.7435	0.6274	0.5761	0.6509	0.9063	0.6614	0.6648	0.6349	0.5903	0.6575	0.6542	0.5981	0.6614	0.7218	0.6322	0.2202	0.1781	0.9553	0.7263	0.6665	0.5905	0		
D3	0.1741	1.0787	1.0334	0.7876	1.0129	1.0555	1.1131	1.0067	1.0129	1.0476	1.0405	1.0591	1.1037	0.2084	1.0001	0.7264	0.7338	0.8593	0.2276	1.1266	1.0340	0.8423	0	
D4	0.9710	0.0099	0.4107	0.0638	1.0939	0.0945	0.9648	0.0210	0.4690	0.0836	0.0737	0.4878	0.9596	0.9755	0.0110	0.6357	0.6388	1.1323	0.9858	0.9717	0.4737	0.6298	0.9925	0

图3.8　冲突事件的属性相关矩阵

第三，计算矩阵 U_{AB} 的相关度 ξ_{AB}。

定义 $\overline{d}_{kk^*} = \sum d_j / n$，$\xi_{kk^*} = 1/\overline{d}_{kk^*}$，其中，$k$、$k^* \in$ A、B、C、D 中的任一值，$j \in n$，n 为该矩阵的列数，则 $\overline{d}_{AB} = \sum d_j / n = 3.206/5 = 0.641$，　$\xi_{AB} = 1/0.641 = 1.56$。

（2）当求取决策阶段 A 与施工阶段 C 的相关度时，可按如下步骤进行。

第一，建立 AC 阶段的相关矩阵 U_{AC}。

$$U_{AC} = \begin{pmatrix} 1.057 & 0.955 & 0.956 & 0.987 & 1.081 \\ 0.040 & 0.970 & 1.054 & 1.009 & 0.756 \\ 0.977 & 0.020 & 0.414 & 0.053 & 1.099 \\ 0.663 & 0.630 & 0.567 & 0.674 & 0.842 \\ 0.661 & 0.633 & 0.557 & 0.675 & 0.849 \\ 0.841 & 1.127 & 1.164 & 1.162 & 0.101 \\ 0.063 & 0.980 & 1.058 & 1.018 & 0.766 \\ 1.076 & 0.967 & 0.967 & 0.997 & 1.097 \end{pmatrix}$$

第二，计算矩阵 U_{AC} 的各列均值 d_j。

$$d_j = (0.672,\ 0.786,\ 0.843,\ 0.823,\ 0.825)$$

第三，计算矩阵 U_{AC} 的相关度 ξ_{AC}。

$$\overline{d}_{AC} = \frac{\sum d_j}{n} = \frac{3.948\,5}{5} = 0.789\,7,\quad \xi_{AC} = \frac{1}{0.789\,7} = 1.266$$

（3）当求取决策阶段 A 与竣工阶段 D 的相关度时，可按如下步骤进行。

第一，建立 AD 阶段的相关矩阵 U_{AD}。

$$U_{AD} = \begin{pmatrix} 1.024 & 0.467 & 0.117 & 0.518 & 1.122 \\ 0.743 & 0.627 & 0.576 & 0.650 & 0.906 \\ 0.174 & 0.986 & 1.078 & 1.033 & 0.787 \\ 0.970 & 0.009 & 0.410 & 0.063 & 1.093 \end{pmatrix}$$

第二，计算矩阵 U_{AD} 的各列均值 d_j。

$$d_j = (0.728\,5,\ 0.522\,7,\ 0.546,\ 0.566\,5,\ 0.977\,5)$$

第三，计算矩阵 U_{AD} 的相关度 ξ_{AD}。

$$\overline{d}_{AD} = \frac{\sum d_j}{n} = \frac{3.341\,2}{5} = 0.668\,2,\quad \xi_{AD} = \frac{1}{0.668\,2} = 1.497$$

（4）当求取准备阶段 B 与施工阶段 C 的相关度时，可按如下步骤进行。

第一，建立 BC 阶段的相关矩阵 U_{BC}。

$$U_{BC} = \begin{pmatrix} 1.001 & 0.014 & 0.968 & 0.928 & 0.996 & 0.992 & 0.951 \\ 1.027 & 1.045 & 0.987 & 1.006 & 1.021 & 1.015 & 1.044 \\ 0.083 & 0.969 & 0.010 & 0.475 & 0.072 & 0.062 & 0.492 \\ 0.693 & 0.587 & 0.647 & 0.531 & 0.687 & 0.680 & 0.559 \\ 0.692 & 0.634 & 0.649 & 0.529 & 0.686 & 0.680 & 0.559 \\ 1.178 & 1.128 & 1.142 & 1.121 & 1.172 & 1.167 & 1.152 \\ 1.036 & 1.037 & 0.997 & 1.012 & 1.030 & 1.024 & 1.048 \\ 1.011 & 0.018 & 0.979 & 0.942 & 1.006 & 1.002 & 0.964 \end{pmatrix}$$

第二，计算矩阵 U_{BC} 的各列均值 d_j。

$$d_j = (0.841,\ 0.684,\ 0.798,\ 0.818,\ 0.834,\ 0.828,\ 0.846)$$

第三，计算矩阵 U_{BC} 的相关度 ξ_{BC}。

$$\overline{d}_{BC} = \frac{\sum d_j}{n} = \frac{5.649}{7} = 0.807, \quad \xi_{BC} = \frac{1}{0.807} = 1.239$$

（5）当求取准备阶段 B 与竣工阶段 D 的相关度时，可按如下步骤进行。

第一，建立 BD 阶段的相关矩阵 U_{BD}。

$$U_{BD} = \begin{pmatrix} 0.538 & 0.945 & 0.485 & 0.029 & 0.531 & 0.525 & 0.088 \\ 0.661 & 0.664 & 0.634 & 0.590 & 0.657 & 0.654 & 0.598 \\ 1.055 & 1.113 & 1.006 & 1.012 & 1.047 & 1.040 & 1.059 \\ 0.094 & 0.964 & 0.021 & 0.469 & 0.083 & 0.073 & 0.487 \end{pmatrix}$$

第二，计算矩阵 U_{BD} 的各列均值 d_j。

$$d_j = (0.587\,5,\ 0.922\,1,\ 0.537,\ 0.525,\ 0.580,\ 0.573,\ 0.558)$$

第三，计算矩阵 U_{BD} 的相关度 ξ_{BD}。

$$\overline{d}_{BD} = \frac{\sum d_j}{n} = \frac{4.282}{7} = 0.612, \quad \xi_{BD} = \frac{1}{0.612} = 1.634$$

（6）当求取施工阶段 C 与竣工阶段 D 的相关度时，可按如下步骤进行。

第一，建立 CD 阶段的相关矩阵 U_{CD}。

$$U_{CD} = \begin{pmatrix} 0.937 & 1.023 & 0.479 & 0.541 & 0.537 & 1.134 & 1.028 & 0.951 \\ 0.661 & 0.721 & 0.632 & 0.220 & 0.178 & 0.955 & 0.726 & 0.666 \\ 1.103 & 0.208 & 1.000 & 0.726 & 0.733 & 0.859 & 0.227 & 1.126 \\ 0.959 & 0.975 & 0.011 & 0.635 & 0.638 & 1.132 & 0.985 & 0.971 \end{pmatrix}$$

第二，计算矩阵 U_{CD} 的各列均值 d_j。

$$d_j = (0.916,\ 0.733,\ 0.531,\ 0.531,\ 0.522,\ 1.02,\ 0.742,\ 0.929)$$

第三，计算矩阵 U_{CD} 的相关度 ξ_{CD}。

$$\overline{d}_{CD} = \frac{\sum d_j}{n} = \frac{5.906}{8} = 0.738, \quad \xi_{CD} = \frac{1}{0.738} = 1.355$$

根据以上计算结果，可得各阶段之间的相关度：$\xi_{AB} = 1.56$ ，$\xi_{AC} = 1.266$ ，

$\xi_{AD}=1.497$, $\xi_{BC}=1.239$, $\xi_{BD}=1.634$, $\xi_{CD}=1.355$ ，据此可以看出项目各阶段之间的相关程度。

4. 冲突事件的聚类分析

从数学角度来看，要从所有工程项目冲突事件的属性中寻找出引发冲突事件的主次根源，就需要建立从高维空间到低维空间的映射，并且这种映射还必须保持样本在高维空间原有的结构特性。对于此类问题，许多科学研究成果已经表明，采用非结构性的模糊聚类方法将有助于此类问题的深入研究和最终解决。因为聚类分析的本身就是对客观事物进行归类，并以某一类事物所共有的主要特征来表明此类事物所具有的共性特征的一种科学方法。因此，通过聚类分析，可以从研究对象错综复杂的关系中找到主要因素，从而在有效利用大量的调查资料进行定量分析的基础上，揭示出冲突事件属性之间的内在关系，得到研究对象的主要特征，并最终达到预期的研究目的。

1）聚类过程分析

根据聚类分析的最短距离法则可知，如果所有事件集合中的若干子项具有相同的属性，那么它们理想的属性值应该是在同一类属性中都为 1，而在其他类为 0，同时，这若干个子项的距离值也应为 0。若用矩阵的形式表示，则其标准的判断矩阵就应该是如下形式：

$$\begin{pmatrix}1\\0\\0\\0\\0\\0\end{pmatrix} \text{ or } \begin{pmatrix}0\\1\\0\\0\\0\\0\end{pmatrix} \text{ or } \begin{pmatrix}0\\0\\1\\0\\0\\0\end{pmatrix} \text{ or } \begin{pmatrix}0\\0\\0\\1\\0\\0\end{pmatrix} \text{ or } \begin{pmatrix}0\\0\\0\\0\\1\\0\end{pmatrix} \text{ or } \begin{pmatrix}0\\0\\0\\0\\0\\1\end{pmatrix}$$

但在实际过程中，由于多种因素的影响，大量事件只能以相似的方式来表现它们之间较为相近的关系，而很少有理想的同属性状态。因而，一种事件与其他多个事件之间就有了多个不同的距离值，并用这些值代表它们之间的相关程度。而聚类分析就是要通过对这些不同距离值的分析，将所研究的对象进行分类，并寻找出研究对象的内在本质及其所包含的内在规律。

设 R 为事件 p 集合和 q 集合组成的新集合，在集合的聚类分析过程中，类与类之间的相近选择和最短距离求取具有如下递推关系：

$$R \subseteq \left[(p \cap q) \cap (1,2,3,\cdots,m \mid p,q \notin m) \mid p,q,m \in n \right]$$

$$(p \cap q) \overset{\text{def}}{=} D_{pq} = \min (D_p \cap D_q)$$

$$R \overset{\text{def}}{=} D_{pq} \cap \min (D_1, D_2, D_3, \cdots, D_m)$$

$$= \min (D_p \cap D_q) \cap \min (D_1, D_2, D_3, \cdots, D_m)$$

$$= \min \left[(D_p \cap D_1) \cap (D_q \cap D_1) \right], \min \left[(D_p \cap D_2) \cap (D_q \cap D_2) \right] \cdots$$

$$\min \left[(D_p \cap D_m) \cap (D_q \cap D_m) \right]$$

其中，n 为事件集合中所有的子项总数。

　　这种递推关系在工程项目冲突事件的聚类分析中，其实际意义的解释如下：如果某两种冲突事件的属性比这两种事件以外的其他任何一种事件的属性都接近，那么二者的 D_{pq} 值应该在工程项目所有冲突事件属性相关矩阵中是最小的；尽管可能有个别属性值分散在其他类，但并不代表此类事件属性的主流。因此，按照以上递推关系对工程项目所有冲突事件的属性相关矩阵进行分析，就可得出所有冲突事件的聚类阈值。根据所得的聚类阈值，便可描绘出工程项目冲突事件的聚类结果。聚类阈值汇总表见表 3.18，聚类分析结果图见图 3.9。

表 3.18　聚类阈值汇总表

F1=A2+D4=0.010	F2=B3+C3=0.010	F3=A4+B5+B6=0.010
F4=F1+F2=0.011	F5=F3+B1=0.011	F6=B2+C1=0.014
F7=F6+C8=0.018	F8=B4+D1=0.029	F9=A1+C2=0.040
F10=F4+F5+A5=0.043	F11=F9+C7=0.044	F12=C4+C5=0.063
F13=B7+F8=0.088	F14=F10+C6=0.102	F15=A3+F13=0.118
F16=F11+D3=0.174	F17=F12+D2=0.178	F18=F14+F15=0.407
F19=F17+F18=0.529	F20=F7+F19=0.579	F21=F16+F20=0.643

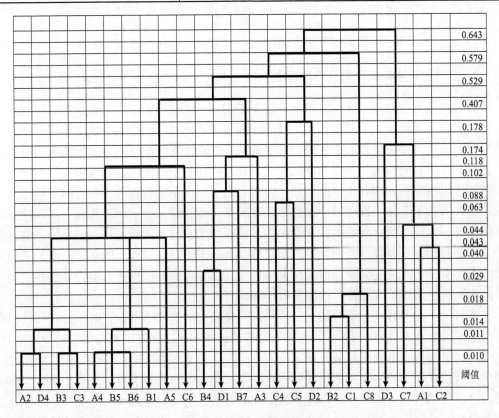

图 3.9　聚类分析结果图

2）聚类结果分析

以表3.18和图3.9为依据，通过分析可以得出以下结论。

（1）在阈值 $D=0.010$ 处，A2与D4、B3与C3、A4与B5、B6合为一类。根据表3.15，A2、D4、B3、C3都属于项目内部成员之间的协调问题，A4、B5、B6属于项目外部成员之间的协调问题；在 $D=0.102$ 处，将A5和C6合并后形成了具有协调特征的一大类。

（2）B4与D1在阈值 $D=0.029$ 处合为一类，并在阈值逐步提高的基础上，将具有相近属性的B7和A3也包含进来，在 $D=0.118$ 处形成具有组织特征的一大类。

（3）在 $D=0.407$ 处，以上两大类合并，并在 $D=0.529$ 处将C4、C5、D2包含进来。这表明，类似C4、C5、D2这样的冲突事件须在项目具有良好的组织和协调机制基础之上才有可能得到有效的解决。

（4）在 $D=0.018$ 处，B2、C1、C8合并，并形成具有项目资源特征的一大类。

（5）在 $D=0.579$ 处，以上三类合为一体。

（6）在D3、C7、A1、C2合并后，当 $D=0.643$ 时，项目的所有冲突事件全部合并。这说明类似D3、C7、A1、C2这样的冲突事件带有较强的综合性，须以有效的协调方法、健全的组织制度和合理的资源配置为基础，在工程项目多种管理手段的综合作用下方有可能得到有效的解决。

3.4.5　工程项目冲突事件的互适性理念及其内涵

1. 工程项目冲突事件的互适性理念

通过聚类分析可知，在工程项目冲突事件的六个属性中，源于协调、组织和资源三方面的问题才是引发工程项目冲突事件的主要根源。同时，从聚类分析的阈值和结果图还可看出，所有冲突事件的产生最初源于冲突各方缺乏相互交流而导致的协调问题，并且随着工程项目的发展和客观条件的变化，在工程项目中可能还会出现项目资源配置不合理和组织制度不完善等方面的问题，尤其在组织制度不完善和冲突各方缺乏相互交流与协调的情况下，在工程项目中就会形成冲突事件多属性并存空间。在此空间，冲突事件的不同属性相互组合和叠加并交互影响，在工程项目的不同阶段和不同条件下就引发了项目的多种冲突事件，并使产生的冲突事件具有了多属性特征。因此可以说，工程项目中冲突事件的产生主要就是由于冲突事件多属性并存及其随机动态组合导致在工程项目的不同阶段出现了不同种类的冲突事件并具有了随机性特征。

同时，工程项目冲突事件的这一特征及其聚类分析研究结果也表明，工程项目冲突事件是多因素累计并发而生的，并非单一因素的失衡就足以引发工程项目中的冲突事件，因而，冲突事件就不能仅靠某一种方式去解决，必须从多方面进行综合处理。处理的过程中应当包含有效的协调方法、健全的组织制度和合理的资源配置。也就是说，工程项目冲突事件的解决必须在一种合理、健全和有效的工程项目管理机制下进行。若要通过这种机制有效解决工程项目中的冲突事件，这种机制就应当具有一种特有的性质和综合能力，这种性质和综合能力在工程项目发生冲突事件后对项目冲突各方既能约束又能激励，并能促使冲突各方从相互竞争、相互约束、相互影响转化为相互理解、相互支持进而相互促进与合作，这种性质在本书中称为互适性，也就是说，具有互适性的工程项目管理机制才能有效解决工程项目中的冲突事件。

2. 工程项目冲突事件的互适性内涵

从工程项目冲突事件的互适性概念中可以看出，在以互适性思想解决工程项目冲突事件的过程中，必须实现冲突事件的两个转化：一是使冲突各方从相互竞争、相互约束、相互影响转化为相互理解和相互支持；二是从相互理解和相互支持进而转化为相互促进与合作。并且这两个转化过程都是一个以有效的协调方法、健全的组织制度和合理的资源配置为基础，对冲突事件进行集成管理的过程。

通过对工程项目冲突事件的属性分析可知，在工程项目中，冲突的根本在于工程项目参与各方之间的利益之争，而工程项目管理的整体性却要求对工程项目进行整体化管理，必须确保项目整体利益和目标的实现，不允许项目参与各方各自行事，只顾自身的利益和个体目标的实现。因而，为实现工程项目的整体目标，解决工程项目中出现的冲突问题时，就必须让冲突各方实现冲突转向，尽快达成协议，并取得一致意见，以确保工程项目的正常进行。因而，这种转向也就成为冲突各方渐进协调的过程，过程的推进仅靠冲突各方的自觉性是不够的，更需要来自外部的能量，这种能量就需要一个能量反应堆来产生，而这个能量反应堆就是具有互适性的工程项目管理新机制。

若要在工程项目中建立这种具有互适性的工程项目管理新机制，就必须在工程项目中采用一种新的组织形式。这种组织形式不仅要具有职能型、项目型和矩阵型项目组织的各自优点，而且还应通过这种新的项目管理方式，对工程项目中的不确定因素实施强有力的约束和控制。当工程项目中发生冲突事件时，能促使冲突各方及时主动地进行交流和相互沟通，并在有关原则的指导下尽快解决冲突问题。

在工程项目管理方面，需要对现有的工程项目管理方式注入新的管理思想，这一思想应以和谐管理为主题，并在项目中建立起一种和谐氛围，这种氛围以相互合作为基调，任何一个只追求自身利益而不顾项目整体利益的行为都是不允许的。这种管理方法应积极鼓励项目各方相互支持与帮助，允许项目各方在完成自身任务的同时实现个人的价值，使项目各方在工作中相互理解，相互接受，相互信任，并在信任中融合，在融合中发展，最终形成一个和谐发展的项目共同体，而不是冲突的集合体。

同时，资源方面的冲突也是工程项目中的主要冲突之一，其主要是由有形资源的短缺造成的，因此，为尽可能避免源于资源配置不当而发生的冲突事件，就必须解决好项目资源的约束问题。在充分了解和掌握工程项目资源负载的情况下，以工程项目整体利益为前提，对项目资源进行整体的优化与配置，以确保项目资源供给的连续性和稳定性。

在以上三方面相互结合形成具有互适性的建筑工程项目管理机制基础上，还应根据冲突事件发生的具体情况，采用灵活的权变方法，在确保项目整体利益不受损害的前提下尽可能地顾及冲突各方的利益，使冲突事件得到有效的解决。这就是工程项目冲突事件的互适性思想内涵。

可以说，工程项目冲突事件互适性概念的提出和在这一概念基础上构建的具有互适性的工程项目管理新机制，不仅为解决工程项目中的冲突事件提供了一种新的思想，更为今后提高工程项目管理水平提供了一条新的途径。但要将工程项目冲突事件互适性的这一思想形成一个完整的思想体系并对有效解决工程项目中的冲突事件具有实际指导意义，还需要对其进行深入的理论分析和系统的研究。其中最为重要的就是要构建起具有互适性的工程项目管理体制和运行新机制。

3.4.6　具有互适性的工程项目组织模式

工程项目冲突事件的理论研究结果表明，引发工程项目冲突事件的主要根源之一是工程项目组织制度的不完善和组织模式的不健全，使工程项目组织内部各部门和各成员之间从项目一开始就缺乏明确的职责界限，对项目成员缺乏必要的监督，导致项目成员之间相互交流甚少、协调不畅、办事效率低下等问题。因此，若要有效地解决工程项目中源于项目组织方面的冲突事件，就必须建立一种新的项目组织模式。

1. 现行的工程项目组织模式及其特点

在现行的工程项目组织模式中，具有代表性的项目组织模式有职能型、项目型和矩阵型，这三种模式各自的特点和适用范围见表 3.19。

表 3.19　现行的项目组织模式的特点及其适用范围

组织形式	优点	缺点	适用范围
职能型	·项目成员具有较强的专业知识 ·项目结束后不存在项目成员的去留问题	·各部门之间相互配合较差，决策速度慢 ·对工程中出现的问题反应迟缓，不能以项目为中心，多考虑部门自身利益	规模较小、时间较短的技术性较强工程
项目型	·组织结构稳定，职能部门大而全 ·一切工作以工程项目为中心	·部门职责存在交叉，界限不清 ·项目机构固定，缺乏灵活性，不易沟通 ·资源浪费	复杂的、工期较长的大型、特大型项目
矩阵型	·项目成员的目标单一明确 ·避免资源重置 ·项目成员无后顾之忧	·项目成员受双重领导，不易协调 ·职能部门领导与项目经理易发生争执 ·相互之间交流少、协调性差	规模适中、技术相对复杂的中小型项目

从表 3.19 中可以看出，现行的三种项目组织模式各有所长且适用于不同的范围，但这三种组织模式也存在一些共性问题，特别是当项目中发生冲突事件后，如何促进冲突各方进行有效的交流与沟通、如何对冲突各方的工作进行有效的监督、如何督促冲突各方认真地实施冲突各方所共同制订的解决问题的方案等方面仍存在着许多的不足，而正是这些组织模式的缺陷给工程项目的正常实施带来了这样或那样的问题，引发了项目中的冲突事件。这说明，现有的项目组织模式还需要紧密结合工程项目的发展现状进行针对性的调整和完善，以促进工程项目组织模式的不断完善和管理水平的不断提高。

2. 建立互适性组织模式需要考虑的两个客观约束

一个有效的工程项目组织模式一定是一个与工程实际紧密结合并符合客观实际的组织模式。特别是为有效解决工程项目冲突事件而建立的模式，更需要重点考虑那些可能引发冲突事件的客观约束，以便在建立工程项目组织模式之初就有相应的对策和方法来消除这些客观约束给工程项目带来的不利影响。因此，这些客观约束也就成为研究和建立工程项目管理新机制所应考虑的因素之一。当然，可能给工程项目带来不利影响的客观因素有很多，但与冲突事件直接相关的客观因素主要有两条，具体如下。

（1）人的有限理性。其含义是人的行为一般都是有意识的理性行为，但这种理性却是有限的。当人们处理与自身利益紧密相关的问题时，会由于不同的人生观和世界观提出不同的处理问题的方法，并且都有一套较为固定的、习惯性的思维方式和处理问题的方式。当别人的意见或建议与自己的期望或想法不一致时，并不一定就会完全采用别人的意见，最终选择的处理方式主要看是否对自己有利。

（2）人的机会主义行为倾向。即人具有自我利益的考虑和追求，并具有随机应变的思想和行为。在无外部约束条件下，还有为自己谋取更多利益的思想倾向和行为倾向。这一假设对那些在工程中为出现对自己有利的决策而采取的一些不正当行为能给出合理的解释。

这两条客观约束非常明确地告诉工程项目管理者，在工程项目中出现冲突事件之初，冲突各方首先考虑的并不是合作，而是从自身利益出发，提出解决问题的方案和建议。因此，工程项目中冲突事件的产生并非都来自于工程项目外部的不确定因素，还有项目参与者自身的缺陷和思想意识与行为的不对称。因此，若要建立一个有效的工程项目组织模式，就必须考虑到并处理好这两条客观约束，建立的工程项目组织模式就必须在对工程项目中的冲突各方具有强有力的约束力的同时，还能促使冲突各方能够相互沟通、相互信任、增进理解，克服自身的不足和机会主义行为，在发生冲突事件后能对冲突各方的行为最大限度地加以约束并促其保持理性。

3. 具有互适性的工程项目管理组织结构模型

根据工程系统管理理论可知，工程项目管理系统是一个开放的系统。在这个系统中，人员的流动、资源的调配、环境的变化、方案的变更等变化给这一系统增加了许多不确定因素，而正是这些来自项目内外的不确定因素引发了工程项目中的多种冲突事件。因此，为保障工程项目持续稳定地发展，就必须对这些不确定因素加以约束和管理，使之能够在工程项目遇到各种问题或发生冲突事件时，可以迅速召集工程项目中的有关部门和人员并能够调集解决冲突问题所需的相关材料、设备和能源等一切资源。这就意味着，必须在工程项目中建立一种对项目各部门、各成员都具有约束力的项目组织模式，在这种组织模式和相应的组织制度约束下，冲突各方都能各司其职，快速反应并能及时协调配合，迅速解决工程中出现的问题。也许这一要求在以前是难以实现的，但今天遍及世界每一个角落的互联网却为实现这一新的想法和建立这一组织模式提供了必要的条件。

具体地说，就是在对每一个工程项目实施管理、组建项目管理机构的同时，就必须为这个项目建立一个满足上述要求的工程项目管理系统，而且这个系统必须与互联网相连接。通过这一系统，不仅能将工程项目中的各部门、各成员联系起来，也能对工程项目实施动态管理，并使工程项目的各个环节形成一个有机的统一体。在工程项目中，项目各方除了能在施工现场进行有时间、空间约束的实接触、实交流外，还可以通过这一系统进行多时段、跨空间的虚接触和虚交流，这为项目各方相互之间进行充分的交流与沟通提供了必要的软环境和硬条件。但更重要的是，这一系统在给工程项目各方提供良好交流环境的同时，与这种组织形式相配套的组织制度、项目资源配置、各部门和各项目成员的工作范围与职责等一切项目相关信息也在这一系统中同时予以公示，使所有的项目人员可以随时查阅，信息共享，如图 3.10 和图 3.11 所示。这样一来，按这一组织模式实施的工程项目管理，一旦在项目中发生冲突，属于哪一方的责任便可通过有关文件和相关信息予以查询并易于确定。同时，这种公示作用也给项目各方带来了一定的约束，更给项目各方尤其是冲突各方带来了一定程度的心理压力。这种压力促使工程项目中的冲突各方当工程项目中发生与己相关的冲突事件时，必须主动与冲突各方协调与联系，共同解决所面临的问题。如果冲突方始终以对抗或抵触的方式出现，那么，他们的不良思想和行为将被发现而受到项目公众的谴责，甚至处罚，严重时还将会影响到他们的前途和未来。因而这将促使冲突事件的相关部门与人员改变自我，以项目集体利益为核心，在完成本职工作的前提下积极主动地帮助他人，以获得良好的外部形象。但也正是由于这种压力，才使项目冲突各方不论是为了自身利益还是为了缓解外部压力都必须至少完成属于自己职责范围的工作，并在不损害自身利益的前提下尽可能做出一些必要的、额外的贡献或退让，表现出一种良好的合作姿态，以树立自己的形象。在处理冲突事件的过程中，不论他们的这一行为动机出自何处，这正是建立这种项目管理方式和组织模式所期望达到的目的。这样，这种工程项目组织模式不仅使项目冲突各方的思想和行为具有了自调节、自适应、自平衡的特点，而且这些行为都表现出互适性的特征。这一建立在网络基础上的工程项目组织新模式在本书中称为网络互适性平衡模式。

图 3.10　项目管理系统界面示意图（一）

图 3.11　项目管理系统界面示意图（二）

同时，为了确保工程项目的顺利进行，克服现行工程项目组织模式中的不足之处，在工程项目初始，项目经理就被上级领导授予了比各职能部门领导高"半级"的优先权。事实上，正是这高"半级"的优先权，才使项目经理在工程项目中发生冲突事件后，能够有权从各职能部门抽调项目所需的人员和调配项目所需的资源，协调相关职能部门领导，使工程项目的顺利发展优先得到保障。这样，基于以上思想所建立的新的工程项目管理组织结构模型如图 3.12 所示。

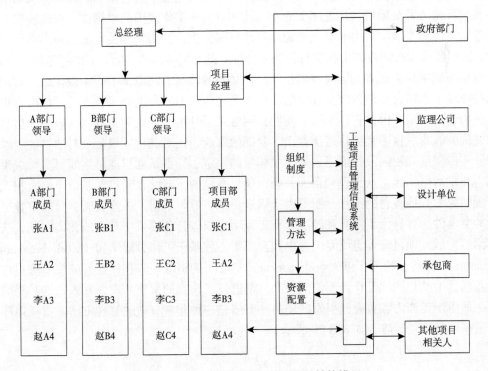

图 3.12　具有互适性的项目管理组织结构模型

4. 互适性平衡模式运行的前提条件及其若干规定

若要使这一新的工程项目组织模式在工程项目的冲突管理中充分发挥其特殊作用，就必须建立与之相配套的管理规章制度，这些规章制度的建立是确保这一组织模式良好运行的前提条件。这些条件如下。

第一，统一工作的原则和标准。

既然这一组织管理模式是开放式的、公开化的组织模式，那么对每一位项目公众的工作监督与评价就应有一个明确的、事先共同认可的工作原则和评价标准，避免任何一方的主观意识和个人偏见对项目成员带来负面影响，从而引发相互之间的矛盾。在这一组织模式中，工程项目所涉及的上级领导、项目经理、项目部成员、职能各部门及其领导、项目投资者、承包商、使用者、政府有关部门及其有关人员等都被统称为项目公众。

之所以明确这一原则和标准，其目的有二，一是使所有项目公众明确今后相互协调工作的指导方针，二是设立对其工作效果评价的依据。同时，信息的公开化、制度的明确化和责任的具体化都将促使项目公众履行他们所担负的责任和兑现他们的承诺。

第二，明确项目公众的职责、权力和工作范围。

在现行的项目组织模式中，工作职责、权力和工作范围的明确主要集中在项目机构内部成员和部门之间，而从大量的相关文献和冲突调研结果中可以看出，工程项目中的许多冲突都是工程项目中工作内容和范围的不明确引起的。特别是在工程项目的实施过程中，工程项目管理者对项目的具体工作内容和范围没有具体化，缺乏具体准确的定义和量的指标，对工程项目的若干任务或工作更多地采用文字进行说明和描述，从而引起一些项目相关者对项目目标理解上的不一致和对自身工作范围的模糊性，而这种模糊性的蔓延会逐渐蚕食项目中的有限资源，导致资源危机，并引发相关类型的冲突事件。因此，这些经验和教训告诫工程项目管理者，在定义工程项目的目标、工作内容和范围时，不仅要明确项目实施者具体应该做什么，在必要的情况下还应该明确不做什么。特别是那些容易引起项目实施者歧义理解的、误认为已包含但实际上并未包含的工作内容更要给予明确的提示。因此，针对这一问题，网络互适性组织不仅对工程项目内部成员和部门之间的职责、权力和工作范围做出了明确的规定，还对其他项目公众对项目的干涉范围、干涉程度和权力及其责任也做出了相应的规定，特别是项目成员之间可交付成果也标得非常清晰明确。从工程项目一开始，项目系统的运行便在明确的职责、权力和工作范围指导下开展各自的工作，避免由于职责不清、界限不明、工作交叉、目标重叠等引发冲突事件。并且为了克服和解决现行工程项目组织管理模式中存在的此类问题，基于网络的互适性项目管理组织专门提出和采用了一种基于工作分解结构（work breakdown structure，WBS）和工作包（work package，WP）的责任矩阵项目任务分配方法，它将工程项目中的每一项工作，不论其大小，都进行了认真的落实并责任到人，这对提前避免一些由于工作内容重叠而引发的项目冲突将是一种非常有效的管理方法。责任矩阵方法所采用的责任矩阵表如表 3.20 所示。

表 3.20　责任矩阵表

任务　＼　责任人	主要责任人	次要责任人	主要相关人	次要相关人	其他相关人
任务一					
任务二					
任务三					
任务四					
任务五					
任务六					
备注说明					

通过此表，不仅可将项目的每一项任务具体化，而且明确了每项工作的相关责任人及其相应的职责与权力，并对此项工作负有主次责任的相关人进行了由高到低的逐级排序，在分配项目利益的同时，也带给了项目相关人相应的压力。

第三，项目公众的分级授权。

由于基于网络的这一组织形式所特有的高度开放性，因而，容许多项目公众在工程项目的不同时空共同进入工程项目管理系统并对工程项目进行监督与管理。但该网络在带来高度的开放性的同时，也带来了对项目公众的监督性与被监督性。然而，这种监督性与被监督性并不是所有项目公众都非常愿意接受的，特别是对于那些有自私意识和行为的人常希望将系统中一些与己不利的公示信息删除掉，甚至有时希望项目管理系统不能正常运行，以减少项目公众对自己的监督与约束。因此，为了避免工程项目管理系统被有意或无意地干扰或破坏，确保工程项目系统的稳定运行，就必须对进入工程项目管理系统的项目公众实施分级授权，统一编排授权密码和用户名，使项目公众通过授权密码和用户名进行相应的系统操作，以避免恶意干扰行为的产生。项目公众的分级授权表如表 3.21 所示。

表 3.21　项目公众的分级授权表

权级	允许操作内容	获权者
Ⅰ级	有权修改系统内容	系统管理员
Ⅱ级	容许复制所有项目信息，提报项目信息资料，设有专用信箱，提出意见或建议	项目经理、项目部成员、监理人员
Ⅲ级	容许复制所有项目信息，提报项目信息资料，在公共留言栏提出意见或建议	承包商、职能部门领导、投资者
Ⅳ级	允许查看系统网页，在公共留言栏提出意见或建议	用户、政府部门人员、其他项目相关者

第四，系统运行的若干规范化要求。

为了确保该组织模式运行的有效性，必须对系统的运行规则也做出相应的规定，这些规定主要包含有以下几个方面。

一是对工程项目信息实行定期通报制度，即将工程项目的每周进展、主要事件、存在问题、需求援助、冲突预报、相关建议、奖优罚劣等都要按规定的时间公布于众，以确保项目公众通过工程项目管理系统可以及时、准确地了解和掌握工程项目的最新实际状况，特别是资金拨付、资源供应等情况，以便工程项目管理人员及时把握工程项目的发展状况，对工程项目实施动态管理。

二是公示的所有项目信息必须按统一的格式、使用统一的系统软件进行编辑、提报、复制、打印、传送，必须按照统一的规定对信息进行分类和编码，防止信息在转换或传输中发生乱码，导致误解而引发冲突。

三是工程项目管理系统将给项目公众提供一个公开化的公示栏或信箱，项目各方对工程项目的意见或建议都可通过管理系统的公示栏或信箱随时进行传递，并在公示栏上明确提出相关要求，以督促各方提高工作效率。为此，工程项目部的每一位成员必须在工程项目规定的时间内完成自己的工作并按照项目管理的有关规定提报和公示有关信息。如果该项工作的相关者未尽心尽责地按时完成规定的任务或经常出错，都将被项目公众及时发现并承担相应的责任。因而，这将对所有的项目参与方产生较强的约束力，特别是对上级领导、项目经理和职能部门领导能进行更有效的监督，并将极大地促使他们快速决策，提高工作效率。同时，这一方法还将极大地提高工程项目信息的透明度，实现信息流的扁平化和工程项目管理的重心下移，并有利于项目参与各方及时进行信息交流与协作。

特别是在发生冲突事件后，冲突各方都可以提出自己认为好的方案进行公示，让冲突各方和上级决策者共同比较，让项目公众积极参与。这样，在外部环境的监督和约束下，冲突各方对问题的处理态度都将会是积极的、相互协商与配合的。这样，在冲突事件的处理过程中，不仅展示出冲突某一方良好的职业道德风尚，而且也给自己今后的发展留下了空间，并给项目公众留下了良好的印象，因而，这一组织管理模式给工程项目的顺利发展和冲突事件的及时、有效处理所带来的益处也是不言而喻的。

四是不论问题的相关者身在何处，这一组织管理模式都要求项目主要成员每一天在他们方便之时通过网络查看工程项目的进展情况，了解工程项目动态，并通过查看公示栏或信箱对属于自己的问题及时进行远程答复或采用网上"聊天"方式进行远程交流。尤其是在远程交流中所伴随的文字叙述、视频对话、图表说明和图纸修改演示等详细的答复方式，将会更加显示出这一管理模式的优越性。因此，这一组织管理模式就为实现快速高效地解决工程项目中出现的问题提供了极大的便利条件，并可以将位于不同时域的资源在同一时间内整合起来，尽可能地避免冲突事件的发生。

目前，在工程项目管理中，这种工作方式普遍被称为项目在线管理，它还包含在线讨论、在线请示和在线汇报等。事实上，在工程项目的实施过程中，由于项目管理人员在工程中所担负的任务不同，工作地点可能也会发生相应的变化，而不是始终处在同一地点，因而工程中的信息管理和传递就应充分考虑和利用远程数据通信和传输的方式，通过基于互联网或项目管理专用网站 PSW（project special websites）或 PIP（project information portal，即项目信息入口）来协助项目参与各方随时进行电子协同工作（e-collaboration），以便项目各方及时进行交流，缩短时差对项目带来的不利影响，使冲突各方更快地了解对方的意图和快速解决问题，避免由于长时间的搁置而导致误解或将矛盾进一步激化。因而，对工程项目实施在线管理不仅是重要的，而且是非常必要的。

对工程项目实施在线管理的同时，每一位项目成员的工作效率、工作作风也都被工程项目管理系统记录下来，这不仅关系到他们个人自身的利益和形象，而且还代表了该成员来自部门的形象。因此，这一组织管理模式对各职能部门领导也将产生一定的约束力，而这种约束力将更加有利于项目经理与各部门领导之间的相互协调与配合，为工程项目的顺利发展和冲突事件的高效处理提供有力的保障。

更为重要的是，通过这一管理系统，项目参与者进行的所有交流将为有效解决今后可能发生的冲突如结算冲突提供有利的证据，也可以避免一些类似现行工程项目管理中存在的一些过后说不清的问题。项目中所发生的一些行为，都将以信息文件的形式记录下来，它可以将当时的一些状况予以再现，因此，这些信息不仅是发生冲突时处理问题的重要依据，而且也是今后总结经验、提高工程项目管理水平的重要资料。这些都是现行项目管理方式所不及的，而该组织模式所特有的长处。

3.4.7　工程冲突问题研究所带来的启发

辩证唯物主义认为，世界是物质的，物质是运动的，运动是有规律的，而规律是可以被认识和掌握的。通过认识和掌握事物的运动变化规律，就可以利用它来解决实际工作中所面临的相关问题。从广义上讲，这一观点对工程项目冲突事件的研究也具有一定的指导意义。因此，可以说，对工程项目冲突事件的调查、分析以及深入、系统的研究，对提高工程项目管理水平和经济效益、确保工程项目的健康发展、实现工程项目的预定目标都具有十分重要的意义。同时，这一研究还具有以下几个方面的意义。

（1）在理论方面，通过对工程项目冲突事件的系统分析，不仅可以全面揭示出冲突事件在工程项目生命期的发生、发展和分布规律及其相互间的关系，揭示出冲突事件的外在表象与内在机理，充实和完善建筑工程项目管理理论，而且通过与工程实际的紧密结合，还能为提前预测工程项目中的冲突事件、建立冲突事件预警管理系统模型奠定理论基础，并为其他工程项目冲突事件的研究提供参考。

同时，由于冲突事件的研究是一个多学科的综合性研究，不仅与工程项目管理直接相关，而且还涉及心理学、组织行为学、决策理论、多元化统计分析、物理学、计算机信息管理学、系统工程学等学科，因此，这一研究将是理论与实践、定性与定量、工程技术与管理科学、自然科学与社会科学等相结合的产物。同时，在研究工程项目冲突事件的过程中还将扩大其他学科的应用范围，对其他学科的发展也将起到积极的推动作用。

（2）自工程项目发展以来，工程项目管理实践活动得到了巨大的延伸，并为社会发展做出了巨大贡献。但实践也证明，它还存在其他方面的一些问题，如何找到一个兼有各组织模式的优点、能约束工程项目中有关方的不良行为，并具有自组织、自适应、自寻优的项目管理新模式，仍然是工程项目管理者今后不断努力研究的方向。因此，在实践方面，通过对冲突事件的实证研究，可以发现现行工程项目管理中存在的不足之处，并通过对这些问题的针对性研究，进行相应的优化和改善，提出能够进一步保障工程项目顺利实施、有效解决工程项目冲突事件、提高工程项目管理水平的新思想、新方法和新机制。

实践已证明，在工程项目管理中引入这一新机制后，可以在工程项目中构筑出一个和谐的工程项目发展新环境，并通过对工程项目的和谐管理，避免和大幅减少工程项目中冲突事件的发生和由之而带来的损失；在努力提高工程项目经济效益的同时也带来了良好的社会效益，使企业在发展过程中充满生机与活力，并为加快建筑业的发展、提高工程建设企业竞争力、优化工程项目组织结构等战略决策提供科学的理论依据和切实有效的政策建议。

（3）工程项目的前期决策是在假设各种资源都满足项目要求的前提下制定的，这些决策常常带有较强的主观性和前提假设性，因而在工程项目的实施中，一旦发生计划与实际不符的情况，就有可能诱发冲突事件。冲突事件的产生，不仅可能会增加工程项目的显性成本，更容易引发隐性成本的上升，最终导致工程项目经济效益的下降。因此，基于工程实际的工程项目冲突事件这一研究成果也可为今后工程项目的正确决策提供有力的理论依据。

（4）在工程项目中，工程管理者总认为冲突是有害无益的，尽可能地回避冲突和矛盾。但从哲学角度讲，任何一个事物都有其损益两个方面，现实世界本身就是一个充满矛盾的统一体，矛盾既可能给事物的发展带来障碍，又可能促进事物的发展。因此，从某种意义上讲，事物的发展是离不开冲突和矛盾的。正是为了解决冲突和矛盾，才促使工程项目管理者提出更好、更完善的方案，才促使管理者进行更多的思考与分析，深入事物的本质，全面、正确地看待和分析每一个问题，挖掘其根源。因此，从这一点来看，工程项目中冲突问题的出现还可以引导工程项目管理者更客观理性地去看待工程中出现的问题，并正确地指导工程实践活动。

【本章拓展材料】

第4章

基于倍效理论的工程质量管理新方法

▄ 4.1 创新点

（1）提出质量倍效因素和倍效效应新概念。
（2）提出识别和分析质量倍效因素及其倍效效应的新方法。
（3）提出有效解决倍效问题的工程质量管理新方法。

▄ 4.2 创新背景

工程质量问题始终是工程项目管理方面一个永恒的议题，究其原因，主要还是工程项目在其实施过程中经常受到来自项目内外各种因素的影响，这些影响因素使工程项目具有了偏离预定质量目标的倾向性。如果这种倾向性累积到一定程度并超越了工程项目管理者的管控能力，那么，工程质量就有可能出现若干不可预测的问题。

以最为普通、最为常见的住宅工程为例。近些年来，随着我国国民经济的快速发展和人民生活水平的不断提高，我国开展了大规模住宅工程建设，以满足人民生活水平不断提高的要求。从住宅工程质量的角度来看，人们对住宅的质量要求已不仅仅局限于居住面积的大小和住宅内部设备设施的完善，更注重住宅内外居住环境的舒适度，尤其对住宅环境质量、所用材料、周围基础设施等多个方面提出了更高的要求。然而，就现实情况来看，尽管近几年来国家和各级政府十分重视住宅工程质量，并且随着我国经济建设的快速发展，就住宅工程的建设程序、技术标准、法律法规、队伍建设、组织管理、材料检验、质量监察等诸多方面进行了一系列的改进和完善，使住宅工程质量稳中有升，但在住宅工程建设中，由于各种不利因素的干扰和影响，工程建设质量状况并不尽如人意。特别是一些商品房和保障房工程，工程质量监管松懈，开发商存在急功近利的心理，仍有许多规章制度得不到有效的落实，使一些住宅工程出现了"楼歪歪，楼倒倒，楼脆脆，楼薄薄"等非常严重的工程质量问题。这些问题的发生不仅给企业带来一定的经济损失，更给国家和人民群众的生命财产带来更大的损失，并造成了严重的不良社会影响。

同时，在处理这些问题的过程中，很多问题未能得到及时有效的解决，而这些问题直接关系到居住者的切身利益，关系到人民群众的安居乐业，关系到社会的稳定和和谐社会的构建，进而引发了更多的冲突和矛盾，甚至一些问题还被诉诸法律层面去解决。因此，住宅工程的质量问题也就成为百姓十分关注的重点问题之一，并成为人民代表大会上多次被提议研究的热点问题之一。鉴此，作为从事工程项目管理的研究者，对这一问题的关心和重视也就成为必然。而如何发现这些问题的根源并提出针对性的工程质量管理新方法也就成为工程项目管理中需要研究和解决的一个重要现实问题。

4.3 创新构思

目前，就如何抓好工程质量和提高工程质量管理方法而言，国内外已有大量的相关研究成果，可以说是内容丰富，方法多样，举不胜举。从这些研究成果所阐述的内容可以得知，既有从工程质量具体问题角度对工程所现问题进行的详细分析和探讨，也有分别从工程设计、招标、施工、监理、材料、监测等不同管理角度对工程质量进行的分析和论证，还有以工程实例为分析对象进行的理论剖析与研究。但如果对这些研究成果和所提出的解决问题的方法进行系统、全面和深入分析就会发现，这些研究都存在以下几个方面的共性问题。

（1）对工程质量问题的分析大多是一些概括性的或经验性的定性分析，研究中对质量问题的分析仅是泛性层面的简述，而非有理有据的科学论证。

（2）个别研究中所引用的数据和文献多是一些较为陈旧的数据或是文献，没有充分反映出研究对象在工程质量方面出现的新情况和新问题。

（3）虽然有若干基于工程实际数据的研究成果，但所获得的样本数量远低于实证研究所需数据量。样本数量不足以成为分析工程质量问题根源的充分依据。

（4）一些基于工程实例的研究成果，仅是集中在工程质量问题的表象阐述方面，而没有对质量问题的分布状态、分布特征及发生机理进行深入系统的分析与研究。

（5）工程质量中存在哪些新问题，具有哪些新特点，呈现哪些新情况，这些问题中哪些是突出的、严重的或是主要的，哪些是带有普遍性的，产生这些问题的主要原因是什么等类似这样的问题还未得到有效的解决，还缺乏必要的、系统的理论分析和深入的实践探索。

（6）研究中所采用的方法多是引用性和思辨性的，不仅不符合国际上所倡导的基于工程实际数据的实证性研究方法，而且也未出现过基于循证医学的研究方法，研究成果所得出的结论存在较多的质疑之处。

然而，通过对循证科学的论述可知，对于此类问题，采用基于循证科学的方法是最具有针对性和实效性的。如果能够按照循证科学解决问题的技术路径，通过基于工程实际的大样本举证，来全面系统地寻找和发现工程质量问题所在，那么，就能提出具有针对性的且能有效解决工程质量问题的新方法和新思路，为有效解决工程质量问题提供更为科学有效的新工具。为此，本章以我国住宅工程质量问题为例，就如何开展此类问题的科学研究给出相应的范例。

▌4.4　内容阐述

4.4.1　我国住宅工程质量的总体现状

按照循证研究所提出的方法，若要有效解决工程项目中的质量问题，就必须获得大量的、来自于工程实际的、能充分有效地反映工程实际问题的信息和数据。但问题是，在获取此类信息方面，我国至今还没有像循证管理中专门为循证研究而建立的 Cochrane Collaboration 数据库，这样就给专门获取此类信息和数据带来一定的不便。在实际中，为了解决此类问题，就常常通过调研的方式来获取此类相关信息。就调查方法而言，在本书第 3 章中，已以工程项目冲突事件为例进行了详细的论述，并就如何开展科学的调查且获取相应的研究数据进行了详细阐述，故在此就调查结果直接展开分析和论述。

1. 住宅工程质量检查结果

众所周知，住房和城乡建设部（简称住建部）是专门管理我国工程建设及其相关工作的最高权力机关，也是制定工程建设指导方针和相关政策的主管部门，由此发出的通报不仅具有权威性，而且具有真实性和可靠性。因此，为了确保研究成果的真实性和有效性，将住建部定为获取调查有效证据的首选对象和渠道。

根据住建部《全国建设工程质量监督执法检查分析报告》和全国稽查办 2013~2015 年的住宅工程专案调查报告以及房地产市场监管司的有关住宅方面的统计分析报告得知，住建部近年来已通过多次全国性的大检查，对我国 81 个城市包括 4 个直辖市、27 个省会城市、27 个地级市和 23 个县级市的 115 个住宅样本、33 件住宅工程专案进行了调查与分析，受检面积累计已达 400 万平方米以上。根据检查后的统计结果可以得知，在被检查的 115 个住宅项目中，综合质量评价为"好"的有 57 个项目，占 50%；综合质量评价为"中"的有 43 个项目，占 37%；综合质量评价为"差"的有 15 个项目，占 13%。

在住宅工程勘察质量方面，115 个住宅项目中被评为"好"的有 57 项，占 50%；勘察质量被评价为"中"的有 49 个项目，占 43%；勘察质量被评价为"差"的有 9 个项目，占 8%。在住宅工程设计质量方面，115 个住宅项目中只有 2 个项目的设计质量被评为"差"；设计质量被评为"好"的达 70 个项目。在工程施工质量方面，施工质量被评为"好"的只有 32 个项目。这 115 项住宅工程质量综合评价的结论以及相应的勘察、设计、施工评价结果如表 4.1 所示。

表 4.1   住宅工程质量评价结果统计表

评价结论	综合质量评价			勘察质量评价			设计质量评价			施工质量评价		
	好	中	差	好	中	差	好	中	差	好	中	差
项目数量/个	57	43	15	57	49	9	70	43	2	32	75	8
所占比例/%	50	37	13	50	43	8	61	37	2	28	65	7

2. 各地区住宅工程质量总体状况

由于住建部对全国住宅工程质量检查的范围较大，为了便于开展检查工作，在检查中结合我国的地区分布特点，将检查范围划分为六个地区，这六个地区分别为华北、华东、东北、中南、西南和西北。其中，华北地区包括山西、天津、北京、内蒙古和河北；华东地区包括山东、江西、福建、安徽、浙江、江苏和上海；东北地区包括黑龙江、吉林和辽宁；中南地区包括河南、湖南、湖北、广东、广西和海南；西南地区包括重庆、贵州、云南和四川；西北地区包括陕西、甘肃、宁夏、新疆和青海。从检查的结果来看，中南地区抽查的住宅工程最多，共 33 个项目，综合被评价为"好"的有 15 个项目。华东地区抽查的 30 个住宅工程中，有 20 个综合评价为"好"，整体质量较好。而东北地区抽查的住宅工程较少，但质量较高，没有综合评价为"差"的工程。华北地区抽查的住宅工程较多，20 个项目中被评价为"好"的占到 65%，被评价为"差"的占到 25%，只有 10%评价为"中"，说明华北地区住宅工程质量的两极分化严重，各省之间发展很不平衡。但总体上来看，华北、华东被评价为"好"的比例都在 65%以上（含），华北、西南被评价为"差"的比例较高。我国各地区住宅工程质量评价统计结果如表 4.2 所示。

表 4.2   我国各地区住宅工程质量评价统计结果

地区	综合评价			勘察评价			设计评价			施工评价		
	好	中	差	好	中	差	好	中	差	好	中	差
华北	13	2	5	13	5	2	15	5	0	9	8	3
华东	20	7	3	23	7	2	17	13	1	8	20	1
东北	2	7	0	2	7	0	7	2	0	0	8	0
中南	15	15	3	15	13	2	13	18	0	11	22	0
西南	5	7	3	2	13	0	13	2	0	1	10	4
西北	2	5	1	2	4	3	5	3	1	3	7	0
合计	57	43	15	57	49	9	70	43	2	32	75	8

3. 住宅工程质量方面存在的问题

根据住建部近几年来对我国住宅工程质量检查结果的统计分析报告可知，尽管我国近几年来的住宅工程质量总体上有了较大的提高，但依旧存在着大量的问题，这些问题中既有建筑工程项目普遍性的质量通病问题，又有住宅工程方面独有的个性问题，尤其是以下几方面的问题较为突出。

（1）部分住宅工程过于注重外表的美观和华丽，而对于住宅质量和性能的提高不愿意有更多的投入。特别是开发商，为了更好地销售住宅，往往以漂亮的水景、雕塑、大面积的草地为出发点来吸引消费者，而对于住宅工程所使用的主体材料的质量以及主体的抗震性能、抗风性能等重视不够；对于工程质量，也仅限于满足国家强制性规范，不积极主动地鼓励施工企业建造优质工程。

（2）由于住宅工程的施工与管理基本上仍是由农民工组成的基础单元为施工主体，因此，对住宅工程质量的控制和管理水平常常处于国家有关规范规定的合格水平状态。砂浆强度不足、梁板裂缝和渗漏、局部抗震性能不足、钢筋保护层厚度不足、钢筋间距误差大等结构方面的住宅质量通病仍然存在。

（3）梁、板、墙裂缝依然存在。随着房屋建筑中对多孔板的全面禁用，住宅现浇钢筋混凝土楼板无疑以其独特的优越性在提高建筑结构的整体性、抗震性、抗渗漏等方面发挥了重要作用。但施工单位抢进度现象较为普遍，在浇制混凝土楼板时没有达到足够强度前就上人操作和堆积重载，使其产生了过大的变形；又加上时常发生不能保证浇水养护次数等问题，故导致属于主体结构件的混凝土楼板出现了不同程度的裂缝，并且这一问题带有一定的普遍性，特别是在高层住宅楼中，这种问题出现得更多。

（4）外墙粉刷层开裂，楼板水泥砂浆层空鼓或疏松，室内地面空鼓、起砂，内墙和顶棚出现大面积空鼓或脱落等质量问题依然存在。

（5）一层地面或基础有下沉现象。

（6）工程材料问题较多，室内异味严重，这一问题的普遍性相当大，问题也最为突出。

（7）管道、下水道堵塞或不畅通。

（8）电话、闭路、网络、通话器、楼道开关或电气线路漏电或不通。

（9）小区道路损坏、垃圾道堵塞、雨水井堵塞、路灯不着等公共设施问题较多。

（10）屋面、地下室、厨房、卫生间、外墙、门窗等处的雨水渗漏问题经常发生。

（11）住宅配件质量低劣，如卫生间和厨房水阀管件质量差、电气插座质量差、门窗变形、缝隙不严、雨水管件漏水、门窗锁件易坏等。

（12）住宅内部装修质量问题种类繁多，问题突出。

近几年来，居民对住宅室内装修和配套设备设施的质量投诉数量逐年增长，反映的状况主要是在住户居住进去之后，人们逐渐感到极度的不适。针对这些问题，有关专业部门通过实际检测后发现，虽然住宅工程中采用的装饰材料中有害物质含量都符合我国制定的限量标准要求，但对其室内空气质量的检测结果却远远超过了控制范围的限量。经分析，主要有三个方面的原因：一是释放有害物质的装饰装修材料用量比较多，虽然单个材料质检合格，但所有材料累计起来所产生的污染会超标；二是室内的通风换气量不足；三是施工时对某些释放有害物质的材料应采取封闭处理的措施没有做到位。因此，居住者对工程质量产生了质疑。

与此同时，更为重要的一个问题是，通过对近几年来我国住宅工程中出现问题的汇总和分析后发现，若与我国 2000 年以前住宅工程中质量问题的有关历史数据相对比，近些年来，住宅工程中出现的质量问题总量并未下降反而还有所上升，这不能不引起工程项目管理者和决策者的高度重视。究其原因，这一问题主要源于我国住宅工程规模建设的不断扩大，虽然随着科学技术水平的提高，工程项目管理水平有了很大的提高，单体工程的工程质量总体上也有所下降，但由于建设规模总量的增加，工程中出现的质量问题数量依然非常巨大。同时，这一问题还与消费者维权意识以及对生活品质要求的提高也有直接的关系。

总之，通过对我国近年来住宅工程质量的调查和统计分析可以得知，住宅工程中的质量问题不仅在数量与种类上发生了变化，而且随着时代的发展也融入了新的内容；人们对住宅质量的要求也不仅限于安全和可靠，更逐步向追求健康的居住环境和生活环境过渡，特别是那些为满足视觉和精神需求的公共设施、绿化环境已经成为人们住宅质量理念中的一个重要组成部分。同时，通过对这些调查结果的分析，研究者可以初步了解和掌握我国当前住宅工程中所出现质量问题的新情况、新特点和新趋向，这为研究者进行更为深入的分析和研究并探索有效解决这些问题的途径奠定了基础，提供了充分的实证性依据。

4.4.2　住宅工程质量问题调查结果的统计与分析

通过对我国近年来住宅工程质量问题的调查与分析，尽管可以初步了解和掌握我国目前住宅工程质量问题的总体概况，但更需要分析和思考的问题是导致这些问题的原因有哪些，这些原因的影响因素有哪些，形成这些问题的机理是什么等类似问题。由于这些问题涉及了工程质量问题的根源与实质，因此，只有将这些问题全面、深入地了解和掌握，才有可能以此为依据，制定出有效解决住宅工程质量问题的针对性方法。

1. 调查结果的统计

在对我国住宅工程质量现状进行调查的过程中，为了以循证科学为指导，遵循大样本实例举证原则并获取满足这一研究的足量数据，研究者不仅调查和收集了有关我国住宅工程质量方面的信息和数据，同时还调查和收集了那些能够详细反映我国住宅工程质量状况的具体问题，这些具体问题的来源既有工程现场实际检测的详细记录，又有住建部在工程质量大检查后汇总和统计的权威性分析报告。通过对这些问题的汇总，可以初步得出这些问题的具体名称和反映这些问题的频次（表 4.3），各种问题在调查结果中所占比例如图 4.1 所示。

表 4.3　近年来住宅工程质量问题统计表（单位：次）

序号	问题描述	反映次数累计
1	墙面、地面、屋面等处出现裂缝	17 712
2	屋面、外墙、卫生间或厨房地面漏水	15 545
3	阳台栏板与墙体脱开、有裂缝或阳台板根部断裂	4 314

续表

序号	问题描述	反映次数累计
4	供水供暖煤气管道、阀门或配件质量不合格	3 051
5	供水供暖煤气管道或设施堵塞或漏水、漏气	5 320
6	外墙、室内抹灰层脱落、裂缝或粉刷层起皮	2 732
7	电视、电话、网络、对讲、报警等设备设施故障	11 817
8	电气线路漏电或不通	3 451
9	门窗损坏、松动、变形、开关不灵	8 753
10	门窗气密性差，水密性差	5 004
11	门窗、隔墙、楼板隔音防噪性能差	8 783
12	墙体、门窗保温隔热效果差	7 001
13	室内空气污染物超标，异味严重	14 787
14	阳台、厨房、卫生间地面坡度不当，污水倒流或雨水倒灌	3 247
15	地面、墙面、卫生间或厨房墙面瓷砖空鼓	2 073
16	地下室底板或外墙渗水	1 007
17	墙面、地面返潮、长霉斑	523
18	地面或墙面面砖脱落	3 215
19	烟道串气或不通，垃圾道、通气孔堵塞	1 253
20	楼板挠度过大，影响美观	129
21	室内设备设施安装不牢固	154
22	工程主体和装潢中使用劣质建材	13 432
23	卫生间返臭	1 321
24	电视、电话、网络、通信等信号不好	3 787
25	室内外没有预留合理的设备安装位置	287
26	楼房电梯运行不正常	1 742
27	日照时间不足	183
28	室外道路、照明、井盖、雨水管道、下水管道等公共设施损坏	5 024
	小计	144 334

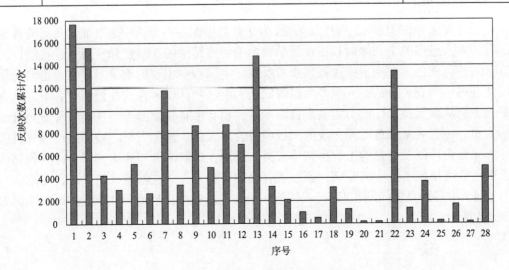

图 4.1 　住宅工程质量问题数量对比分析图

2. 调查结果的分类分析

通过对调查结果的初步统计可以得知，目前我国住宅工程质量方面存在的具体问题有 28 种，这 28 种从不同方面反映了住宅工程中不同方面存在的主要问题。为了便于对这些问题进行更为深入的研究，了解与掌握我国近年来住宅工程质量方面的具体情况，还需要对其进行必要的分类分析。

目前，分类的方法有很多种，既可以依据问题的原因进行分类，也可以从问题的表象方面分类，还可以从问题的性质及属性等方面进行分类。为了便于对今后问题原因的分析，在此，本章拟从这些问题的属性方面进行分类分析。从表 4.3 中可以看出，若从问题的属性方面来看，这些问题从总体上可以分为以下 11 类。

（1）结构类问题，如屋面或墙体裂缝、阳台板裂缝等。

（2）给排水、采暖方面的问题，如管道或设施堵塞或漏水漏气、污水倒流等。

（3）电气方面的问题，如线路漏电或不通等电气线路故障。

（4）装饰方面的问题，如抹灰层脱落或粉刷层起皮、瓷砖空鼓、楼板挠度变形过大等。

（5）部件质量问题，如门窗损坏、松动、变形、开关不灵等。

（6）设备设施问题，如管道、阀门或配件质量不合格等。

（7）功能方面问题，如门窗气密性差、水密性差、隔音防噪性能差、保温隔热效果差、信号不好等。

（8）施工管理问题，如垃圾道、通气孔堵塞等。

（9）建材类问题，如使用劣质建材，室内空气污染物超标，异味严重等。

（10）公共设施类问题，如电梯、室外道路、照明、下水管道等公共设施损坏等。

（11）综合性问题，如地下室渗水、屋面漏雨、卫生间地面渗漏等。

3. 质量问题原因的调查与分析

针对表 4.3 中的住宅工程质量问题，为了究其根源并在分析中尽可能避免研究者在研究中融入过多的个人倾向和主观臆断，影响研究结果的正确性和客观性，在制订调查计划时，就已考虑到了应在被调查者反映住宅工程中出现的质量问题时，也同时尽可能获得被调查者对这一问题产生原因的个人看法和认识。在这些被调查者中，既有来自专门从事质检工作的工程质量检测专家，也有来自住建部专门从事工程质量管理的人员，还有大量来自工程一线的工程项目管理人员、施工人员、监理人员和材料供应、工程设计以及少量的工程预结算人员。因此，这就为分析和研究以及提高研究结果的可信度奠定了坚实的基础，创造了有利的客观条件。在将调查结果进行汇总后，与表 4.3 中各种具体问题相对应，我国近年来住宅工程中出现的具体质量问题的原因如表 4.4 所示。

表 4.4　我国近年来住宅工程中出现的具体质量问题的原因

序号	具体问题	被调查者的观点
1	墙面、地面、屋面等处出现裂缝	1.地基沉降不均；2.板墙自身强度不足；3.施工工艺错误；4.施工方法不当；5.设计考虑不周；6.施工管理失控；7.楼板负荷超载；8.住户装修破坏；9.基层处理不好；10.建材不合格；11.材料自身收缩；12.后期缺乏养护
2	屋面、外墙、卫生间或厨房地面漏水	1.结构层有裂缝；2.防水层被损坏；3.材料选用不当；4.住户装修破坏；5.防水材料劣质；6.施工工艺错误；7.施工方法不当；8.构造设计错误；9.施工管理不严；10.施工环境不好；11.构造处理不好；12.施工工序漏缺；13.乱改水暖管线；14.设备设施失效
3	阳台栏板与墙体脱开、有裂缝或阳台板根部断裂	1.构造处理不好；2.楼板负荷超载；3.施工管理不善；4.设计计算错误
4	供水供暖煤气管道、阀门或配件质量不合格	1.材料自身原因；2.施工管理不善；3.住户装修破坏；4.材料选用不当
5	供水供暖煤气管道或设施堵塞或漏水、漏气	1.建材不合格；2.住户使用不当；3.住户装修破坏；4.施工管理不善
6	外墙、室内抹灰层脱落、裂缝或粉刷层起皮	1.施工工序错误；2.基层处理不好；3.后期养护不好；4.选用材料不当；5.受到外部振动；6.结构基层变形；7.冬季施工受冻
7	电视、电话、网络、对讲、报警等设备设施故障	1.住户装修破坏；2.设备本身问题；3.施工管理不善
8	电气线路漏电或不通	1.住户装修破坏；2.设备本身问题；3.施工管理不善
9	门窗损坏、松动、变形、开关不灵	1.施工管理不善；2.缺乏保护措施；3.锚固连接不牢；4.安装方法错误；5.门窗本身质量
10	门窗气密性差，水密性差	1.施工安装不合格；2.门窗本身质量；3.施工管理不到位
11	门窗、隔墙、楼板隔音防噪性能差	1.设计考虑不周；2.产品自身原因；3.构造布置不当
12	墙体、门窗保温隔热效果差	1.设计考虑不周；2.产品自身原因；3.构造布置不当
13	室内空气污染物超标，异味严重	1.使用劣质建材；2.通风不畅；3.污水管道渗漏
14	阳台、厨房、卫生间地面坡度不当，污水倒流或雨水倒灌	1.施工方法不当；2.排水口堵塞；3.构造处理不好；4.设计考虑不周
15	地面、墙面、卫生间或厨房墙面瓷砖空鼓	1.施工操作不当；2.黏结材料不当；3.基层处理不好
16	地下室底板或外墙渗水	1.材料配比不当；2.设计考虑不周；3.施工管理不严；4.材料不合格；5.构造处理不当；6.施工工序错误；7.后期养护不当；8.施工过程漏项

序号	具体问题	被调查者的观点
17	墙面、地面返潮、长霉斑	1.设计考虑不周；2.施工方法不当；3.外墙保温不合格；4.防潮层失效；5.内外温差较大
18	地面或墙面面砖脱落	1.施工操作不当；2.黏结材料不当；3.基层处理不好
19	烟道串气或不通，垃圾道、通气孔堵塞	1.孔道内有杂物；2.构造布置不合理；3.施工管理不善；4.设计考虑不周
20	楼板挠度过大，影响美观	1.过早拆除模板；2.支撑模板变形；3.堆放物品过多；4.操作方法错误
21	室内设备设施安装不牢固	1.管理不到位；2.设计考虑不周
22	工程主体和装潢中使用劣质建材	1.施工管理不严；2.没有进行检测；3.采购劣质建材；4.设计选用错误
23	卫生间返臭	1.构造措施不当；2.下水存水弯损坏；3.下水管道破裂漏水
24	电视、电话、网络、通信等信号不好	1.线路有故障；2.设计布局不合理
25	室内外没有预留合理的设备安装位置	1.设计考虑不周
26	楼房电梯运行不正常	1.管理不到位；2.质量不合格
27	日照时间不足	1.设计考虑不周；2.外部有遮挡物
28	室外道路、照明、井盖、雨水管道、下水管道等公共设施损坏	1.管理不到位；2.质量不合格

除表 4.4 中所列出的与工程主体质量问题直接相关的原因外，一些来自我国工程建设主管部门的被调查者还结合他们各自的工作经验和体会，反映了工程建设法律、法规和实施程序等方面给工程质量带来影响的一些观点。他们认为，给我国当前住宅工程质量带来明显影响的主要因素如下。

第一，工程建设中的违规违纪行为。近年来，随着住宅工程建设规模的不断扩大，建设单位尤其是房地产开发商的违法违规违纪问题有所上升，出现了较多的先开工后补办施工许可证、变更设计不及时、进行施工图设计补审、未竣工验收先投入销售等多种多样的不良现象。在工程开发建设手续的办理过程中，很多建设单位不等完全办好必备的工程建设手续就开始施工建设，致使许多工程建设失去了必要的监督。例如，某直辖市的某住宅小区建设工程，在无房地产开发资质、无城市规划许可证、无土地建设许可证、无施工许可证、未办理质量监督手续的情况下，擅自进行房地产开发建设；同时，该公司所用的施工图纸在施工时尚无审图机构对全套图纸的审查意见。为了逃避检查和处罚，还弄虚作假。事实上，在对该工程进行较为全面的质量检查中也的确发现了大量的工程质量问题，特别是阳台板根部裂缝问题的发生率达到了 31.4%。

然而，在建设单位违反建设程序的同时，这些违规违纪问题也与各工程建设相关机构紧密联系起来，一些设计、监理、施工、能源供应管理等部门在工程建设单位缺少必备的工程建设手续前提下，也不同程度地为这些违规行为从不同角度提供了便利。这些违规行为主要表现在以下几个方面。

一是一些能源供应主管部门在工程建设单位缺少有关手续的前提下，通过其他渠道，给建设单位办理了有关能源供应手续，使这些手续不完善的工程项目也能正常实施。

二是设计单位在设计中考虑不周全或存在漏项，部分单位的设计人员对规范要求不熟悉，设计文件深度不够，参数提供不齐全。这些问题突出表现在：设计说明不齐全、不完善；结构要求未说明，甚至导致一些概念错误，忽视一些细部构造和要求，特别是在节能、环保等方面未能严格按照国家相关技术标准要求进行设计。部分县级的勘察、设计单位存在越级承担设计任务，以图纸会审纪要代替设计变更以及存在套用旧标准、旧图集或使用已经限制、淘汰的建材等类似问题。

三是近年来，部分监理单位竞相压价，恶性竞争，监理费过低，导致监理人员收益较低，从而在工程中责任心不强，监管不力，监督不到位或在位不履行职责的现象时有发生。在工程施工中，监理工作流于形式，未按规定及监理计划对工程关键部位、施工工序进行旁站或旁站记录不全面，部分监理工作记载不规范，不能全面反映监理的实际工作状况，对施工组织设计、专项方案审批不认真；对进场原材料控制把关不严，不能及时发现和纠正工程建设中存在的质量问题和安全隐患，监理措施没有针对性，可操作性差，不能对施工质量进行有效的过程控制；等等。

四是一些检测机构未能严格执行见证取样的送检管理办法及其相关规定，检验过程流于形式，甚至个别检测机构管理不规范，出具不真实的检测报告，在一定程度上影响了检测市场的权威性和公正性。

五是部分施工单位，特别是一些中小型企业，质量保证体系不健全，质量管理制度不落实。一些工程的施工组织设计未经审批就指导工程施工，工程中存在不按工程技术规范、标准进行施工，原材料、成品、半成品、构配件质量证明文件和进场复试报告不全或未按要求进行材料或部品验收，工程施工质量的过程控制存在薄弱环节等现象。同时工程中还存在着部分施工企业资质不够，垫资承包，人员素质低，技术力量不足，施工组织设计方案针对性差，施工方案与现场脱节，施工中存在不按设计施工，不执行施工操作规程，再加上施工过程中疏于管理，使工程质量得不到根本性的保障等现象。同时，由于在我国现有建筑施工队伍中，绝大多数是农民工，他们没有经过专门的培训，既缺乏建筑工程方面的基本专业知识，又缺乏基本的操作技能，因而，存在大量的无证上岗现象，这些因素都将直接或间接地给住宅工程质量带来影响。

六是目前我国建筑市场的管理仍然存在一些问题。例如，建筑市场主体行为不规范，建设单位任意压低价格，承包商盲目低价竞标，肢解发包、转包、违法分包、越级或挂靠承包工程等问题仍时有发生；建材市场准入和生产、销售监管存在漏洞，特别是有些施工企业和勘察设计单位，存在资质不够就承担工程施工建设任务的现象，给工程质量带来了很大的影响。

从总体上讲，在工程的前期手续办理中，建设单位违规行为较多，而在工程设计、勘察和施工过程中，勘察单位和施工单位违规行为较多。因此，勘察和施工质量仍将是今后住宅工程质量监管中的重点内容之一。但许多工程项目管理专家在陈述这些问题的同时也深刻指出，勘察和施工单位的许多违规行为多是建设单位的不合理要求而导致的，因此，这一情况应该引起有关部门的特别注意和高度重视。

第二，重利益轻质量。在工程项目的实施过程中，一些工程建设主管单位、施工单位、材料供应单位甚至设计、监理和预结算等单位人员在经济利益的影响下，屡次出现偷工减料、以次充好、监管放松等违法违纪行为。一旦发生问题后，由于制度不落实，相互之间又存在这样或那样的关系，或碍于面子或检查者与责任者存在着私人关系等，相关责任人常常得不到应有的处罚或处罚力度不够，很多责任问题不了了之。尤其是在工程装修过程中，由于多采用包工包料形式或总费用一次包死的方式来开展施工建设，因此，为了达到自身的经济利益，一些承包单位时常与有关系的经销商串通一气，以次充好，使用假冒伪劣的建材，从中取得回扣。因而，有害物质超标而导致室内空气受到污染的问题也就在工程中普遍存在，特别是在当前房地产过度升温、市场过热的情况下，重利益轻质量的现象已成为影响住宅工程质量的主要因素之一。

第三，对住宅工程重视不够。住宅工程质量方面出现的问题还与建设单位投资不足、随便挪用工程建设费用、不重视施工监督、仍以传统的管理方法即经验型和粗放型的管理方式进行施工管理等有着紧密的关系。特别是一些监理和施工单位，由于他们在思想上存在住宅工程不复杂、不需要什么高技术等看法，再加上若干建设单位追求速度，搞一些献礼工程、政绩工程，从工程建设一开始就只追求速度、只顾效益，没有高度重视工程质量，而按期完工、尽可能地多获得收益却成为他们承揽住宅工程的主要目标。因而，住宅工程中时常出现大量的质量问题也就不足为怪。

第四，在竣工的住宅工程中，公建部分甩项较多，二次装饰不主动报建，使工程的部分内容缺乏必要的质量监督。如果质检部门人力有限或管理条件有限，不能及时对在建工程进行经常性的现场检查，全面了解和掌握工程项目的实施状况，那么，质量监督也就流于形式。

第五，目前，由于对住宅装修缺乏严格的市场管理，许多装修公司无证经营，装修人员无证上岗，而这些人员又缺乏水、电、暖、煤气等方面必要的专业知识，在装修中按照住户的意见擅自改动，因而就有可能给住宅质量留下隐患。装修完毕后，短期内就出现质量问题也就成为普遍现象。再加上消费者质量意识薄弱，也常常自己去寻找装修单位、装潢队伍，所以，在住宅装修中，一旦出现质量问题则责任难以认定，更无法律保障。

第六，工程建设管理制度存在缺陷。违章违规的问题时常出现在工程建设单位，这也反映出我国工程建设管理制度方面存在许多问题。在此次调查中就发现，尽管工程中出现很多质量问题，但很多地区的工程建设主管单位却未对工程质量责任主体单位进行处罚。从某种意义上讲，这反映了某些地区存在着监督不力、执法软弱的现象。事实上，法律法规能否得到有效的落实、能否对建筑企业产生威慑力，执法的力度及其效果是非常重要的。

第七，其他一些综合性的问题。除以上几项因素外，还有一些客观因素也给工程质量带来不同程度的影响，如由于工程建设规模的不断扩大和工程结构形式的逐渐复杂化与多样化，工程项目的施工难度也在不断增加。但由于我国住宅工程的施工主体主要是一些施工资质较低的单位，且这些单位的施工人员主要是一些缺乏专业技术的农民工，因而，工程质量的保障难度也就不断地增大。同时，随着经济体制改革的逐步深入和建筑市场的不断发展，建设工程投资主体也日益多元化，工程项目组织形式也日趋多样化，工程建设管理主体也越来越多，管理和控制的中间环节也相应增多，这些问题的出现都不同程度地给工程质量的保障带来一定程度的负面影响。

4.4.3　群因素分析的理论基础

通过对住宅工程质量问题及其原因的进一步分析可以得知，导致工程质量问题的因素不仅种类繁多，而且非常复杂，这些因素相互交织，相互影响，共同形成一个给工程质量带来不利影响的因素群。很显然，面对这一较为复杂的因素群，如果工程项目管理者不能对它进行有效的识别和判断，从中找出影响工程质量的主次因素，那么，即使提出解决问题的对策，也可能缺乏针对性，在工程实际中也未必会有显著的处理效果。因此，若要达到有效解决工程质量的目的，就需要对这些群因素进行科学的分析。

1. 群因素及其分析方法

群因素是指在分析和研究某一问题或对象时，一组与研究对象具有较高相关性的因素所组成的群体。在这个群体中，不仅包含着导致研究对象出现问题最直接、最主要的因素，而且还包含着间接的次要因素以及起辅助作用的相关因素。如果在问题的分析过程中需要寻找产生问题的根源，那么，就必须获取群因素。

一般来讲，获取群因素的方法与研究的对象和内容直接有关。如果是纯理论研究，群因素多是通过理论分析和系统推证来获得。如果是实证性研究，群因素就常通过实证性资料获得，但这些实证性资料一般是通过现场调研得来的，因此，获取的群因素就有两种状态：一种是定性群因素；一种是定量群因素。定性群因素常以语言文字的形式来表述、解释和定义；定量群因素常以符号、数字为参数的形式来表示。由于这两种因素外在形式的差异，在群因素的分析过程中就出现了两种方法：一种是定性分析法；另一种是定量分析法。

1）定性分析法

定性分析法亦称非数量分析法，主要是依靠研究人员的实践经验以及主观判断和分析能力来推断出研究对象的性质、特征、状态及发展趋势。定性研究具有探索性、诊断性和预测性等特点，它并不追求精确的结论，而只是了解问题所在，摸清情况，得出感性认识，因此，它属于一种基础性的预测分析方法。这类方法主要适用于一些没有或不具备完整的研究资料和数据的研究对象。

目前，定性分析主要有三种方式：一是基于逻辑分析的归纳法；二是基于编码的方法；三是基于言语的方法。

基于逻辑分析的归纳法是基于少数个案的列举归纳，通过对个案的深入研究获得有关总体的一般属性及其决定性关系以及这些属性出现的必要条件。由于分析归纳法强调命题的普适性，因而，反例就显得十分重要。一旦出现反例，就需要对目前的命题进行修正。在此情况下，一般有两种选择：第一种是重新界定待解释的现象，使之和因果条件相符合，或者使反例不属于待解释现象的范围之内；第二种是调整因果条件，使所有个案包括反例，均支持新的因果机制。这个过程一般包括七个步骤：①确定待解释的现象；②形成初步定义；③形成一个工作假设来解释现象；④研究个案；⑤询问这个个案中的事实是否符合初始假设；⑥如果答案是肯定的，继续研究第二个个案，否则，考虑修订现象的定义或者修订最初的工作假设；⑦重复步骤⑥，直到所形成的理论能解释所有个案。在这个研究过程的终点，研究者不仅需要对理论有清晰的描述，而且对理论的范围及其适用情形也需要有清晰的界定。但在实际中，分析归纳法存在一个逻辑悖论，它只能考察现象出现的个案，即只有满足特定条件时，所研究的现象才会出现，因此，在实际问题的研究中，仅作为辅助性的研究方法。

基于编码的方法最初来自于社会调查中对开放问题的处理，后来扩展到处理半结构化的访谈材料。研究对象的多样化和海量化，使在研究对象的分析中必须通过编码分类，才能达到类别合并的目的和种类的准确划分，使研究对象的解耦框架条理清晰。

基于言语的方法受语言学的影响较大，包括框架分析、叙事分析、会话分析和话语分析。框架分析用来分析所有问题后面的基本假定。叙事分析是通过被访者叙事的方式来考察他们对问题的诊释。这种叙事是特定社会、历史与文化语境的社会产物，包含着他们对问题的基本认识和看法。每一个认识和看法都是一个诊释装置，人们透过它来表述自己对研究对象的观点。具体分析方法包括措辞分析、语序分析、谦让分析等。会话分析是通过对会话的语气、语态来剖析问题的方法；话语分析则是在语法的指导下，对所获得的话语进行分析，以找到发现问题的方法。

在定性研究中，研究者常通过对研究对象一系列的观察和阐释让研究对象表象具体化，因此，定性研究注定就是多种研究方法、研究视角、不同研究者和知识分析的集成，其研究过程就是一个典型的三角测量过程，即通过不同的方法试图对现象获得深度理解。三角测量是验证之外的一种研究策略，而非验证方法，它把不同的方法、经验材料、观点和观测者组合在一个研究中，以增加研究的宽度、深度和广度以及严谨性和丰富性。

2）定量分析法

与定性分析法相对应，定量分析法则是用数量来描述研究对象或者对其他可以转化为数量形式的数据进行分析和处理的方法，这种分析法所得出的结果一般都被量化。在对问题的定量分析中，通过运用适当的数学方法对有关数据进行初步加工，以建立能够反映有关变量之间规律性联系的各类预测模型，并确切地分析研究所需的一切假设和条件。为了保障研究结果的可靠性，有时还要进行必要的验证。在定量分析中，很多信息都是用数字来表示和描述的。在对这些数字进行处理和分析时，要明确这些信息资料是依据何种尺度进行测定与加工的。这些尺度一般可分为四种类型，即名义尺度、顺序尺度、间距尺度和比例尺度。名义尺度所使用的数值可用于表现它是否属于同一个对象；顺序尺度所使用的数值大小与所研究对象的特定顺序是相对应的，常常表示研究对象之间的程度或层次关系；间距尺度所使用的数值不仅可以表示测定对象所具有的量，还可表示它们的大小程度；比例尺度是分析和描述研究对象之间相对关系的，但其所表示的含义却具有绝对性。

在定量分析中，定量分析方法将随着研究对象的不同而不同。用于管理学问题研究的方法常有层次分析法、主成分分析法、因素分析法（factor analysis approach）等。当研究所获得的数据呈现出不同的特征时，所采用的方法也就具有了较大的差异性。

（1）层次分析法。

层次分析法是一种将研究对象数量化、系统化、层次化后，对研究对象内部所包含的群因素相互关系进行分析的方法。该方法是在 20 世纪 70 年代中期，由美国运筹学家托马斯·塞蒂（T. L. Satty）正式提出的。这种方法的特点是在对复杂问题的影响因素及其内在关系等进行初步分析基础上，利用较少的定量信息使决策的思维过程数学化，从而为多目标、多准则或无结构特性的复杂问题提供科学的决策依据。

采用层次分析法分析问题时，一般需要四个步骤：一是建立层次结构模型；二是构造比较矩阵；三是计算权向量；四是对结果进行一致性检验。在建立层次结构模型中，需将群因素按照不同属性分解成若干层次，并建立起一个多层次结构。然后，在明确各因素的判断分析基准后，比较同一层次中各因素的相对重要性，根据相互判断结果构造比较矩阵。在此基础上，将比较矩阵进行归一化处理，并计算出矩阵的最大特征根及对应的特征向量，利用一致性指标进行一致性检验。若检验通过，则可成为分析研究对象的理论依据。

运用层次分析法分析问题时，最主要的工作有两项：一是要科学明确地建立群因素之间相对关系的判定标准；二是将所有矩阵中的数量因素标准化和归一化，否则就不具备一致性和可比性。若没有明确的判定标准，则判定值的初定可以参考 Satty 模式，按下述标度进行赋值。

当因素 i 与因素 j 的重要性在相同层次上时，$a_{ij}=1$。

当因素 i 的重要性比因素 j 略重要时，$a_{ij}=3$。

当因素 i 比因素 j 重要时，$a_{ij}=5$。

当因素 i 比因素 j 较重要时，$a_{ij}=7$。

当因素 i 比因素 j 很重要时，$a_{ij}=9$。

其中，a_{ij} 为构成判断矩阵的元素。在完成所有因素的相互比较之后，a_{ij} 就可构建成 $A=(a_{ij})_{n \times n}$ 矩阵。矩阵的特征向量计算比较简单，但获得的计算结果必须进行一致性检验，其步骤是首先计算矩阵不一致程度的指标 CI：$CI=(\lambda(A)-n)/(n-1)$，然后从有关资料查出只与矩阵阶数有关的检验矩阵一致性的标准 RI，通过 RI 与 CI 的比值，即可获得一致性比率 CR。当 CR<0.1 时，可判定成矩阵 A 所表示的研究对象状态或事实是可以接受的，否则不可接受。

在归一化处理方面，一般常用几何平均法或规范列平均法。几何平均法的步骤是计算判断矩阵中各行各个元素的乘积，计算乘积的 n 次方根，对向量进行统一对比处理。规范列平均法的步骤是计算判断矩阵中各行各个元素的和，将和均值化，对向量进行统一对比处理。

（2）主成分分析法。

主成分分析法是一种数学变换的方法，它把给定的一组相关变量通过线性变换转成另一组不相关的变量，这些新的变量按照方差依次递减的顺序排列。在数学变换中保持变量的总方差不变，使第一变量具有最大的方差，称为第一主成分；第二变量的方差次大，并且和第一变量不相关，称为第二主成分。依次类推，n 个变量就有 n 个主成分。由此可以看出，主成分分析法是一种用较少的变量或称为新因素去解释和描述原有对象相互关系的一种方法。由于选出的变量或新因素比原始变量或因素个数少，因此，主成分分析法实际上是一种降维分析方法。

实证问题研究中，为了全面、系统地分析问题，常常必须考虑众多影响因素，即群因素。这些涉及的因素有时也被称为指标，在多元统计分析中也被称为变量。由于每个变量都在不同程度上反映了所研究问题的某些信息，并且指标之间彼此有一定的相关性，因而所得的统计数据反映的信息在一定程度上就会有重叠。在用统计方法研究多变量问题时，变量太多会增加计算量及分析问题的复杂性，因此，研究者就希望在进行定量分析的过程中涉及较少的变量，而主成分分析法正是适应这一要求而产生的。

主成分分析法借助于正交变换，将其分量相关的原随机向量转化成其分量不相关的新随机向量。这在代数上表现为将原随机向量的协方差阵变换成对角形阵，在几何上表现为将原坐标系变换成新的正交坐标系，使之指向样本点散布在 p 个正交方向，然后对多维变量系统进行降维处理，使之能从较高维度转换成低维变量系统，再通过构造适当的价值函数，进一步把低维系统转化成一维系统。这样，即可直接找到最主要的因素。主成分分析法的计算步骤如下。

第一步是对原始指标数据进行标准化采集，p 维随机向量的 n 个样品为 $X_i = (x_{i1}, x_{i2}, x_{i3}, \cdots, x_{ij}, \cdots, x_{ip})^{\mathrm{T}}$，标准化的一般方法为 $(x_{ij} - x_{\text{mean}})/\delta$，其中，$x_{ij}$ 为样品 j 的第 i 个指标；x_{mean} 和 δ 为第 j 个指标的平均值和标准偏差，标准化的好处是可以消除不同指标间的量纲差异和数量级差异。

第二步是构造指标间的相关矩阵。通过相关矩阵，可以确定具有高度相关性的指标。这些指标间的协方差可以通过另一个变量予以替代，这个变量叫做第一成分。去掉第一成分后，计算残留相关阵，通过残留相关阵，第二组高度相关的变量也可以被发现，它们的协方差可以用第二成分替代。第二成分和第一成分是正交的。去除第二成分对原始数据的贡献后，可以提取第三成分。此过程一直继续，直到原始数据的所有方差都被提取后结束。此时，原数据就可转化成同样数量的新变量，这些新变量之间也一定是正交的。对相关矩阵进行如下标准化变换后，即可得到标准化阵 Z。

$$Z_{ij} = \frac{x_{ij} - \overline{x}_j}{s_j} \left(i = 1, 2, \cdots, n; j = 1, 2, \cdots, p \right)$$

$$\overline{x}_j = \frac{\sum_{i=1}^{n} x_{ij}}{n}$$

$$s_j^2 = \frac{\sum_{i=1}^{n}(x_{ij} - \overline{x}_j)^2}{n-1}$$

获得标准化阵 Z 后，按下式求相关系数矩阵。

$$R = \left[r_{ij} \right]_p \ xp = \frac{Z^{\mathrm{T}} Z}{n-1}$$

$$r_{ij} = \frac{\sum z_{ki} \bullet z_{kj}}{n-1}(i, j = 1, 2, \cdots, p)$$

解样本相关矩阵 R 的特征方程 $\left| R - \lambda I_p \right| = 0$ 后，根据 p 个特征根确定主成分。

按 $b_j^o \sum_{j=1}^{m} \lambda_j \Big/ \sum_{j=1}^{p} \lambda_j \geqslant 0.85$ 确定 m 值，得单位特征向量 b_j^o。

将标准化后的指标变量转换为主成分，$U_{ij} = z_i^{\mathrm{T}} b_j^o, j = 1, 2, \cdots, m$，$U_1$ 称为第一主成分，U_2 称为第二主成分，U_p 称为第 p 主成分。最后，对主成分进行加权求和，即得最终评价值，权数为每个主成分的方差贡献率。通常要求提取的主成分的数量应大于 0.85。据此，研究者即可根据特征根及其特征向量解释主成分的物理意义。

（3）因素分析法。

因素分析法是一种在分析多种因素影响事物的变动时，为了观察某一因素变动后给研究对象整体所带来的影响程度而将其他因素固定下来，逐项分析、逐项替代来分析该因素影响程度的方法。它将分析指标先分解为各个可以计量的因素，并根据各个因素之间的依存关系，顺次用各因素的比较值替代基准值，据此来测定各因素对分析指标的影响。

因素分析法的一般程序是先确定需要分析的指标，再确定影响该指标的各因素以及与该指标的关系，最后计算确定各个因素影响的程度数额。常用的因素分析方法主要有二因素分析、多因素分析、差额分析法、定基替代等方法。其中，二因素分析是在分析其中一个变动因素时，将另一因素先固定下来，然后分别对其分析的方法；多因素分析是假定只有该因素变动，而其余所有的因素都固定不变，然后进行逐项分析的方法；差额分析法是利用各个因素的比较值与基准值之间的差额，来计算各因素对分析指标影响的方法；定基替代法是分别用分析值替代标准值，测定各因素对预定指标的影响的方法。这些分析方法的具体步骤在有关文献中都可获取到，因此，本书不再赘述。

但当采用因素分析法时，要注意因素分解的关联性、因素替代的顺序性和顺序替代的连环性及计算结果的假定性。因素分析法计算各因素变动的影响数，会因替代计算的顺序不同而有差别，即其计算结果只是在某种假定前提下的结果，一旦假定条件发生变化，其结果就可能发生变化，为此，在具体运用此方法时，应力求使这种假定是合乎逻辑的，是与实际意义相一致的。

2. 群因素间的结构关系分析

在工程质量管理中，群因素是一组具有较高相关性的因素族群，因素之间不仅存在着紧密的相关性，而且还可能存在着彼此间的约束性，这两种特性都可以以某种逻辑关系来完成映射。所有因素之间的映射形成关系模式。因此，关系模式一般被认为是对因素之间关系的形象描述。

但在群因素的关系模式描述中，这种描述不同于一般性的文字描述，它有严格的数学基础，抽象级别比较高，并且概念单一规范。一般地，关系模式可以形式化地表示为 $R(U, D, dom, F)$。其中，R 为关系名；U 为组成该关系的属性名集合；D 为属性组 U 中属性所来自的域；dom 为属性向域的映象集合；F 为属性间的数据依赖关系集合。同时，在关系模式中，对描述的关系有一些规范性的限制，即关系中每一个属性值都是不可分解的，关系中不允许出现相同的元组，不考虑元组间的顺序。

1）结构关系模型

在对群因素进行分析的过程中，群因素常常通过相互间的关系构建成一个系统，这个系统既体现了因素间相互作用的关系，又表达了因素间的层次关系。因此，要研究一个群因素整个系统给研究对象带来的影响，就需要了解群因素组成的这个结构关系及结构层次，并通过适当的形式把它们之间的关系描述出来，以便于观察和分析。

在理论研究中，描述群因素结构关系及结构层次常常通过建立系统结构关系模型的方式来实现。系统结构关系模型是一种结构模型化技术，它将复杂的系统分解为若干子系统要素，然后利用人们的实践经验和理论知识以及计算机的帮助，构成一个多级递阶的结构模型。但此模型属于概念模型，仅可以把模糊不清的思想、看法转化为直观的具有良好结构关系的模型，因此，特别适用于变量众多、关系复杂而结构不清晰的系统分析，也可用于研究方案的排序分析以及模糊言语结构的初定等方面。因此，在揭示系统结构关系方面，这一模型具有独特的优越性。

建立系统结构关系模型的基本流程是先抽取和设定关键因素，然后选择构成影响系统关键问题的因素并确定各个因素之间的直接关系。按照层次分类将所有因素排列成若干个等级，再用有向弧线标出各级因素间的关系，这样就得到所有因素形成的关系图。据此，在系统结构关系模型的构建中，即可利用有向图形来直接表达各种因素在研究者思维模式中存在的抽象概念，并使这种抽象通过直观的有向图形描述出来。有向图形由节点和边两部分组成，节点就是利用一个圆圈代表系统中的一个要素，圆圈中标有该要素的符号；边是带有箭头的线段，它表示要素之间的影响，箭头代表影响的方向。这样，点线就构成了一个有向图。

2）关系结构的数学表示

为了更好地避免研究者的主观意识干扰，让具有严格的数理推证逻辑作为分析的客观基础，在群因素关系分析中，一般都会通过条件约定把有向图转换为结构关系矩阵。这个约定条件如下：当要素 S_i 对 S_j 有影响时，矩阵元素 a_{ij} 为 1；当要素 S_i 对 S_j 无影响时，矩阵元素 a_{ij} 为 0。由此可以看出，基于这种关系建立的矩阵是群因素相互关系的一个邻接矩阵。在邻接矩阵中，如果第 j 列元素全部都为 0，则这一列所对应的要素 S_j 可确定为该系统的输入端。如果第 i 行元素全部都为 0，则这一行所对应的要素 S_i 可确定为该系统的输出端。如果 A 矩阵元素中出现 $a_{ij}=1$，则表明从系统要素 S_i 出发，经过 k 条边可

到达系统要素 S_j。这时即可说系统要素 S_i 与 S_j 之间存在长度为 k 的通道。对于含有较多因素的矩阵，由于其分析过程比较烦琐，一般可借助于计算机进行分析，其结果会自动生成并给出结果提示。

3）群因素间的结构关系判定

在关系矩阵 A 分析中，如果一个矩阵仅其对角线元素为 1，其他元素均为 0，这样的矩阵称为单位矩阵，用 I 表示。根据布尔矩阵运算法则，可以证明：$(A+I)^2 = I + A + A^2$，同理可以证明，$(A+I)^k = I + A + A^2 + \cdots + A^k$。同样，如果一个表示系统关系的矩阵 A 满足条件：$(A+I)^{k-1} \neq (A+I)^k = (I+A)^{k+1} = M$，则称 M 为 A 的可达矩阵。例如，当矩阵 A 表示某一群因素的如下结构关系时，其可达矩阵可通过布尔矩阵运算法则来获取。

$$A = \begin{bmatrix} 0 & 0 & 1 & 1 & 1 \\ 0 & 0 & 0 & 0 & 1 \\ 0 & 1 & 0 & 0 & 0 \\ 0 & 1 & 0 & 0 & 0 \\ 0 & 0 & 0 & 0 & 0 \end{bmatrix} \qquad A+I = \begin{bmatrix} 1 & 0 & 1 & 1 & 1 \\ 0 & 1 & 0 & 0 & 1 \\ 0 & 1 & 1 & 0 & 0 \\ 0 & 1 & 0 & 1 & 0 \\ 0 & 0 & 0 & 0 & 1 \end{bmatrix}$$

$$(A+I)^2 = \begin{bmatrix} 1 & 1 & 1 & 1 & 1 \\ 0 & 1 & 0 & 0 & 1 \\ 0 & 1 & 1 & 0 & 1 \\ 0 & 1 & 0 & 1 & 1 \\ 0 & 0 & 0 & 0 & 1 \end{bmatrix} \qquad (A+I)^3 = \begin{bmatrix} 1 & 1 & 1 & 1 & 1 \\ 0 & 1 & 0 & 0 & 1 \\ 0 & 1 & 1 & 0 & 1 \\ 0 & 1 & 0 & 1 & 1 \\ 0 & 0 & 0 & 0 & 1 \end{bmatrix} = (A+I)^2 = M$$

这个可达矩阵 M 的意义显示了整个系统各个因素所存在的连接路径。

（1）由 S_1 出发可以抵达 S_3、S_4、S_5，其意义表示 S_1 对因素 S_3、因素 S_4 和因素 S_5 的干扰都将会对系统产生直接的影响。

（2）由 S_2 出发可以抵达 S_5，其意义表示因素 S_2 与 S_5 具有直接的反应。

（3）由 S_3 出发可以抵达 S_2 和 S_5，其意义表示因素 S_3 直接作用于因素 S_2 并使因素 S_5 产生反应。

（4）由 S_4 出发可以抵达 S_2 和 S_5，其意义表示因素 S_4 不仅直接影响因素 S_2，也会使 S_5 产生反应。

（5）由 S_5 出发只能抵达自身，其意义表示它是整个系统的输出端。

如果把矩阵中的各个因素具体化，即各个因素在工程质量管理中所代表的含义明确化，那么，根据可达矩阵，即可分析出群因素之间的准确关系。

4.4.4　住宅工程质量问题的群因素分析

1. 群因素的分类分析

通过对住宅工程质量问题原因调查结果的统计与分析，可以看出，给住宅工程质量带来影响的因素是多方面的，但从总体来看，表 4.4 所汇总统计的住宅工程质量问题可以初步分成以下几类。

1）源于勘察设计方面的原因

勘察设计质量的高低与工程质量紧密相关，特别是在工程设计中，只有进行严谨、细致、认真、全面的建筑构造设计和结构设计，才能为有效预防工程质量问题的发生提供有力的保障，奠定坚实的基础。然而，在实际工程设计中，存在着工程现场勘察不认真，钻孔间距过大或钻探深度不够，勘察报告不详细、不准确，设计方案不当、设计计算错误如荷载取值偏小、与实际情况有较大差别，设计时没考虑到施工建造的可行性，各种沉降缝、伸缩缝设置不合理，屋面防水节点、门窗防风防水节点、卫生间排水管道与地面接口等节点构造设计不合理，或设计存在失误，考虑不周，缺少细部大样图等原因就可能会导致工程出现裂缝、漏水、隔音防噪性能差等各种工程质量问题。例如，由于一些地区冬、夏季节温差和昼夜温差较大，而以混合结构为主的住宅建筑中，钢筋混凝土比砖砌体的温度膨胀系数大一倍以上，因此，常常在钢筋混凝土与砖砌体接触处会出现裂缝，如果在设计中对此考虑不周，没有采取有效措施，就会出现质量问题。同样，如果工程设计的深度不够，所选的材料和性能落后甚至是淘汰产品，也会给住宅工程质量造成不利影响。

此外，在工程设计方面还存在着设计质量落后于人们对住宅质量要求的情况，特别是传统的住宅设计格局落后于现代住宅的美观性、节能性、采光性、布局的合理性等方面的要求。这些设计方面存在的不足不仅给住户的二次装修带来不便，而且还造成大量的资源浪费，严重时还会危及住宅的整体结构安全。

2）源于施工管理方面的原因

与其他类型的工程项目相比，不论是在工程结构方面还是施工技术复杂程度方面，住宅工程都相对较为简单。正因如此，很多工程项目管理者从工程建设之初，就在心里没有对工程质量给予足够的重视。因此，在工程施工中时常发生施工单位不严格执行施工工序和有关规定、不按设计施工或随意更改设计方案，建设单位没有做好技术交底、没有将工程质量责任制落实到位等问题。或在施工过程中，操作人员不遵守施工规范，没有严格执行施工规范规定的操作程序，或在施工中粗心大意，在结构构件的局部堆积过多荷载，作业人员踩踏钢筋、振捣不密实、材料配比计量不准、使用不合格材料、没有及时进行材料委托检测、施工产品缺少养护、保护措施不当，或在材料、构件的运输过程中保管不善、乱堆乱放，或不重视分项工程的质量检查和隐蔽项目的验收工作等。还存在着施工方案考虑不周、施工工序错误、技术组织措施不当、各专业之间缺乏协调配合等问题，类似工程质量通病问题则出现得更多。可以说，工程中出现的漏水、裂缝、电气线路故障、管道堵塞、门窗密闭性差、抹灰脱落、地面空鼓、瓷砖脱落等许多工程质量问题无一不与工程施工管理不到位有关。

3）源于建材及其制品方面的原因

在工程中，建材质量的不合格所导致的问题直接就是工程质量不合格，如水泥过期失效、砂石含泥量过大、砌块抗折强度不足、混凝土或砂浆配比不当等，都可能导致结构承载力下降，主体结构出现裂缝等问题。例如，卷材柔韧性差、耐久性较差、新型高分子防水材料质量不稳定等，就可能导致屋面、卫生间、地下室渗水或漏水等问题。又如，保温隔热材料不合格，容重和导热系数不达标，就可能导致屋面结构伸缩性较大而出现伸缩裂缝，影响住宅的使用功能或使结构受损。因此，建材及其制品方面存在的质量问题是导致工程质量问题的主要原因之一。

同时，在住宅工程中，由于建材使用品种较多、范围较广，但多数的建材又具有较强的普遍性，而我国目前建材市场仍存在着许多不完善之处，仍有不少伪劣产品存在，建材企业生产许可和建材市场准入制度仍然存在着不完善之处，生产技术监督管理也存在着管理不严格等问题，一些不合格建材通过不同渠道流入建筑市场，并在住宅工程中被大量使用。由此可知，如果住宅工程施工现场把关不严，建设单位、监理单位和施工单位的现场负责人没有严格地执行建材见证取样制度和规定，对建材产品不审查，在检测时以次充好甚至出具假证明，那么，出现工程质量问题也就成为必然。

在建材中，根据调查结果可知，装潢类新材料的质量问题已成为导致工程质量问题的主要原因之一。通常，新材料的质量控制是个难点：一方面是由于人们对新材料的性能、使用效果不甚了解，缺乏施工经验；另一方面是对于一些新材料的生产、加工和施工规范与标准，国家还没有公布并做出相应的规定。因而，在我国当前的住宅产业快速发展的情况下就出现了大量源于新型建材方面的工程质量问题，如新型轻体墙板、玻璃纤维增强水泥装饰欧式构件、新型聚苯板墙体保温材料、新型防水材料、新型管材等质量不稳定，这些材料的放射性元素含量较高、韧性或强度不满足安全使用要求、稳定性差、容易褪色等。虽然这些新材料具有很多优点，如重量轻、施工方便、可利用废料、节能环保、刚度强度都能满足工程设计要求等，但通过实践表明，这些新型材料也可能存在别的问题，如含有人体不适的有机化合物，因而有可能导致室内空气质量不合格。同时，工程中伪劣装潢建材的大量使用也是导致裂缝、渗漏、空气质量等问题的原因之一。

另外，由于工程施工进度的压缩，在混凝土施工中常常会添加一些外加剂，若发生外加剂添加的比例不当、计量不准等问题，也会出现混凝土强度降低、地面开裂等现象，因此，建材及其制品方面的质量问题也是造成当前住宅工程质量问题的直接原因。

4）源于项目参与人方面的原因

在工程项目中，项目参与人不仅包括工程项目的决策人员、设计人员、管理人员、预决算人员和施工人员，还包括那些为工程服务的监理人员、检测人员、材料供应人员、有关职能部门人员和住宅使用者等。

人对工程质量的影响主要源于人对工程直接或间接的干涉与控制，直接影响包含对工程项目的具体操作、工程设计、工程监理、技术指导等方面，间接影响包含购买次品材料、工程中失职渎职、疏于管理等方面。因此，正是由于在工程项目中有来自不同方面的人参与工程项目的决策、设计、施工、管理和材料供应等工作，工程质量受到人的影响才最为广泛。一般来讲，如果工程项目参与人的素质较高、技术能力较强、经验较为丰富，那么在解决工程实际问题、保障工程质量方面会有较高的可靠性；反之，如果工程项目管理者，特别是工程施工人员的技术水平低、能力差，缺乏基本的专业知识，不懂基本的操作规程，那么也会导致大量工程质量问题的发生。有关统计资料表明，构成我国建筑劳务从业人员主体的农民工大多来自经济文化相对落后的地区，受教育程度较低，90%以上的建筑农民工文化程度仍在初中及初中以下。尽管我国自 1994 年开始推行职业技能培训与鉴定制度，实施建设职业技能岗位证书制度，要求持证上岗，但施工人员的总持证上岗率仍然很低，难以满足全面保障工程建设质量和安全施工的要求。就当前来讲，我国职业技能培训的力度仍然未能满足建筑市场的需求，培训机构、鉴定机构数量也不能满足实际需求，而且全国培训的建筑劳务作业人员主要集中在砌筑、抹灰、钢筋、混凝土等少数工种，一些新技术、新工艺、新材料的使用培训几乎是空白的。因此，建筑劳务从业人员从整体上来看素质不高，缺乏基本的建筑知识和操作技能，这不仅导致一些建筑工程质量通病依旧存在，也给建筑工程若干新技术、新工艺和新材料的推广与应用以及新标准、新规程的贯彻与执行带来很大困难，并导致新的工程质量通病的产生。

同时，从近几年来住宅工程质量源于人的方面的因素来看，还有一个不容忽视的问题就是由于住宅使用者使用不当给住宅带来的问题。特别是在住宅装潢的过程中，我国对住户在房屋使用方法方面的知识宣传教育力度不够，住户又缺乏建筑常识，使住户在其装潢过程中对墙体任意改变，在墙上随意开门打洞，更有甚者去掉部分或整道墙体以增加空间。有的住户随意扩大原有的门窗尺寸，建拱门、艺术窗等，这些破坏性的装潢大大降低了建筑物的结构安全性。同时，有的住户在铺设地板中使用砂浆较多，增大了楼面的负荷；屋面安装设备设施中，破坏了防水层；有些住户在加设灯饰、吊装风扇和天花板时，在空心楼板或浇板上随意钻孔打洞，凿钻楼板，致使楼板严重受损，甚至切断了楼板中的受力钢筋，破坏了其结构性能；还有些居民为增加使用面积，在阳台上安装封闭窗，且封闭窗远大于阳台尺寸，并在阳台上摆满花盆，堆积杂物；有的住户改变了阳台的功能，将其改成厨房等现象层出不穷。这样一来，楼板、阳台等构件的荷载过大，且大大超过了设计要求，导致楼板变形过大，屋面抹灰脱落、地砖开裂的现象时有发生。在电气装饰中，有些用户敷设线路时不按规定施工，到处乱设，并增加电器负荷的数量，极易造成负荷导线的接头发热、线路漏电、短路或防护不当而引起火灾事故。还有的住户在卫生间、厨房随意更换管道、改动排水设施，破坏了卫生间、厨房现浇楼面的防水层，导致排水不畅，管道穿越楼板处时常发生渗漏水的现象，致使一些房屋结构和公共设施受到严重损坏，给房屋的结构安全和使用功能也带来危害，更给居住安全埋下隐患。因此，人的不良行为已成为导致工程质量问题的另一个主要因素。

5）源于技术方法方面的原因

工程中的技术方法包含两个方面：一是工程中的硬技术，即具体的操作方法和施工工艺；二是工程中的软技术，即管理方法、组织措施和施工方案等手段。

从此次调查结果来看，完全源于技术方法本身而造成的工程质量问题非常少，这说明在我国住宅工程建设中所使用的工程硬技术还是能够满足工程建设所需的，在硬技术方面还是有保障的。但在软技术方面出现的问题较多，如时常发生施工方案与现场不符，技术措施缺乏针对性，组织设计不严谨，现场组织方法不当，施工工序错误等问题。如果这些管理技术上的失误发生在屋面卷材工程，地下防水工程，阳台、厨房、卫生间等地面施工中，就可能会导致漏水、渗水、污水倒流、雨水倒灌等问题，而这些问题的出现都与现场技术指导不当有着直接或间接的关系。

6）源于工程资金方面的原因

由于住宅工程建设的资金主要来自于银行贷款、楼房预售、自筹资金等方面，并且住宅工程建设所得到的部分利润还必须用于偿还贷款利息，因此，住宅工程建设方、投资方就常常将经济利益摆在首位，一切以经济利益为中心。这种思想的潜意识存在，使工程项目管理者产生了不求优质只求合格的管理思想。为此，那些处于可用可不用的劣质建材就常常被用于住宅工程当中，一些貌似原厂的假冒伪劣产品但不影响工程结构安全的配件、制品，如洗面池、坐便器、阀门、玻璃、门把手、窗台板、暖气片、电线、开关、灯具、插座等就被大量地使用在住宅工程当中。

7）源于工程进度方面的原因

同样，由于工程能否按期完工或提前完工都与工程费用紧密相关，所以许多建筑商便尽可能地压缩工期，省略工序，缩短流程，以便提前完工，及时销售产品，收回资金。但由于工程中一些项目的完成如混凝土的凝固、回填土的密实或砌体强度的增长等都需要必需的工期来保障，因此，不合理地缩减工期就必然会影响到工程质量。

8）源于施工作业环境方面的原因

除以上几方面因素外，工程质量还与施工作业环境有着紧密的关系。在工程项目的施工过程中，如果施工现场狭窄、现场作业面拥挤、通风照明条件不好、所需设施使用不便等也会对工程质量带来一定程度的影响。

9）源于工程设备机具方面的原因

在工程中，正确和有效使用相关设备与机具也是保障和提高工程质量的有效手段之一。例如，通过有效的检测设备可以确保使用的材料符合标准，通过现代化的张拉设备可以使结构所需的应力达到质量规定的预定要求。因此，工程设备机具是否在性能上可靠、操作上方便、使用上灵敏准确等都与工程质量有着紧密的关系。因此，在工程中，一旦所用设备发生问题，就可能会导致检测错误、搅拌不匀、压力不足等问题，并导致工程出现质量问题。

在此方面，特别是在住宅装潢质量的监测方面，我国目前的工程质量管控水平还与国外有着较大的差距，也正因如此，住宅在装潢之后普遍出现室内空气污染物超标、异味严重、节能效果不达标、隔声隔热效果差等问题，这些问题的发生实际上与缺乏有效的检测设备而导致不能及时发现问题有着紧密的关系。

10）客观因素

很显然，工程质量也会受到许多来自客观方面的影响，如自然气候的影响、地理环境的影响、国家宏观政策调整的影响。

在自然环境里，工程地质状况、水文、天气、湿度、温度等都会直接影响到工程材料的化学反应或物理形成过程，也会影响到人的工作效率和操作效果。特别是时常变化的自然气候，尤其是在冬季、雨季、风季、酷暑季节施工时，更需要工程项目管理者提前制定相应的有效措施来避免自然因素给工程项目所带来的不利影响。

在此需要提及的另一项重要影响因素就是国家的宏观发展政策和经济建设发展状况。近几年来，为了满足人民生活水平不断提高的要求，国家投入了大量的工程建设资金，建设了大量的住宅工程。在此政策环境下，一些房地产开发商利欲熏心，为了获得巨大的利润，急于立项、急于开工、急于施工、不重质量只求早日完工而换取收益。因此，工程中出现的质量问题接连不断。同时，随着经济体制的改革和市场的不断发展，建设工程投资主体也日益多元化，工程项目组织形式也日趋多样化，工程建设管理主体也越来越多，工程中的管理和中间控制环节也相应增多，使工程实施过程中政出多门，相互牵制和约束，这些问题都不同程度地给工程项目的正常实施和质量保障带来一定的负面影响。

11）源于制度管理方面的原因

通过对我国住宅工程质量现状的调查可知，在目前的住宅工程项目建设过程中，依然存在着大量的建设单位不按建设程序办事、施工单位不按施工规范和操作规程施工、监理单位不严格执行有关监管制度、勘察设计单位越级承揽工程项目等违法违规违纪问题。在工程中，依然存在着先开工后补办施工许可证、进行施工图补审、未竣工验收先投入使用、进行假招标、行贿受贿或失职渎职等多种多样的不良现象。同时还存在着施工企业、监理企业的质量意识不强、住宅装修市场和建材市场管理混乱、监测单位不负责任、管理体系不完善、施工监督管理不严等问题。这些问题的存在不仅说明各建设主体的建筑工程质量责任制没有得到有效的落实，而且也反映出我国在工程管理制度方面存在许多问题。这些问题都不同程度地给工程质量带来影响。因此，源于制度管理方面的问题也会给工程质量带来不利影响。

通过对住宅工程质量问题的分类分析可以初步得知，引发住宅工程质量问题的各种因素可以归结为11类，这11类分别是设计不周、施工管理不严、制度管理不完善、建材不合格、施工器具使用不当、技术方法不正确、项目参与者缺乏责任心、受到作业环境的制约、来自客观因素的影响、项目资金不到位和项目进度与质量管理不协调。但这些因素的分类分析结果只给我们进一步分析引发工程质量问题缩小了范围，但这些因素中哪些是主要的，哪些是次要的，它们之间的相互关系如何，如何对工程质量产生作用等问题还需要进一步的分析和研究。

2. 群因素间的结构关系模型

在工程质量管理中，群因素是一组具有较高相关性的因素族群，根据群因素间的结构关系分析理论可知，若要探知这些因素间的相互关系，就需要构建起它们的结构关系模型。按照构建模型的步骤和方法，若把这11项因素作为引发住宅工程质量的群因素，那么，通过德尔菲方法即可构建起基于工程实践的有向图。在这一思想的指导下，研究者得出如图4.2所示的各因素之间相互关系的模型。

从这一结构模型可以看出，这11项因素既存在着相互之间的互馈与作用，又存在着相互之间的约束与关联。同时，这11种因素由于各自内涵的差异，呈现出明显的梯级关系。一些内涵较高、包含内容较多的因素不仅自身给工程质量带来影响，而且还通过其他因素发挥着不同程度的辅助作用。例如，项目参与人，不仅其自身的设计水平、施工技术、管理方法等直接对工程质量产生影响，而且还通过设备机具、材料采购、制度约束等对工程质量产生间接影响。反过来，一些简单、低内涵的因素如建材制品给工程质量带来的影响却很直接，而不像高内涵因素那样对质量产生较大的影响，但这类因素的

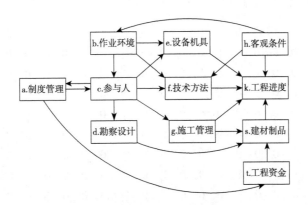

图 4.2　群因素结构关系模型图

受限程度较高，并与形成这些因素的初始条件或前提条件紧密相关。但不论这 11 项因素之间的关系程度如何，从这个关系结构模型中可以看出，它们不仅组成了一个影响工程质量的梯级层次网，而且描绘出了它们对工程质量的相对影响程度，并且它们相互之间的约束作用关系也较为清晰地表现出来，这为进一步深入分析和探究各个因素的主次关系、给工程质量带来的影响程度奠定了良好的基础，提供了有利的条件。

3. 群因素间的关系分析

根据群因素结构关系理论分析规则，当因素 S_i 对因素 S_j 有影响时，矩阵元素 a_{ij} 定义为 1；当因素 S_i 对因素 S_j 无影响时，矩阵元素 a_{ij} 定义为 0。这说明，当了解和掌握了因素间的相互关系时，根据这一定义就可建立起所有因素组成的邻接关系矩阵。据此，对于影响住宅工程项目质量的 11 个因素，在这一原则的指导下，依据图 4.2 所描述的这 11 项因素之间的关系，就可建立起这 11 项因素的邻接矩阵 A。

$$A = \begin{array}{c|ccccccccccc}
 & a & b & c & d & e & f & g & h & k & s & t \\
\hline
a & 0 & 0 & 1 & 0 & 0 & 0 & 0 & 0 & 0 & 0 & 1 \\
b & 0 & 0 & 1 & 0 & 0 & 1 & 0 & 0 & 0 & 0 & 0 \\
c & 1 & 0 & 0 & 1 & 1 & 1 & 1 & 0 & 0 & 0 & 0 \\
d & 0 & 0 & 0 & 0 & 0 & 0 & 0 & 0 & 1 & 0 & 0 \\
e & 0 & 0 & 0 & 0 & 0 & 0 & 0 & 0 & 1 & 0 & 0 \\
f & 0 & 0 & 0 & 0 & 0 & 0 & 0 & 0 & 1 & 0 & 0 \\
g & 0 & 0 & 0 & 0 & 0 & 0 & 0 & 0 & 1 & 1 & 0 \\
h & 0 & 1 & 0 & 0 & 0 & 1 & 0 & 0 & 1 & 0 & 0 \\
k & 0 & 0 & 0 & 0 & 0 & 0 & 0 & 0 & 0 & 0 & 0 \\
s & 0 & 0 & 0 & 0 & 0 & 0 & 0 & 0 & 1 & 0 & 0 \\
t & 0 & 0 & 0 & 0 & 0 & 0 & 0 & 0 & 0 & 1 & 0 \\
\end{array}$$

根据结构关系邻接矩阵 A，可以明显地看出 h 列全为 0，因此它就是系统的输入端；k 行全为 0，因此它就是系统的输出端。为了进一步分析它们之间的关系，根据群因素理论，就需要给 A 输入一个 I 阵，即进行 $A+I$ 运算，并定义 $A_1 = A+I$，则 A_1 即为如下结果。

$$
A_1 = A + I =
\begin{array}{c}
a \\ b \\ c \\ d \\ e \\ f \\ g \\ h \\ k \\ s \\ t
\end{array}
\begin{vmatrix}
0 & 0 & 1 & 0 & 0 & 0 & 0 & 0 & 0 & 0 & 1 \\
0 & 0 & 1 & 0 & 0 & 1 & 0 & 0 & 0 & 0 & 0 \\
1 & 0 & 0 & 1 & 1 & 1 & 1 & 0 & 0 & 0 & 0 \\
0 & 0 & 0 & 0 & 0 & 0 & 0 & 0 & 0 & 1 & 0 \\
0 & 0 & 0 & 0 & 0 & 0 & 0 & 0 & 1 & 0 & 0 \\
0 & 0 & 0 & 0 & 0 & 0 & 0 & 0 & 1 & 0 & 0 \\
0 & 0 & 0 & 0 & 0 & 0 & 0 & 0 & 1 & 1 & 0 \\
0 & 1 & 0 & 0 & 0 & 1 & 0 & 0 & 1 & 0 & 0 \\
0 & 0 & 0 & 0 & 0 & 0 & 0 & 0 & 0 & 0 & 0 \\
0 & 0 & 0 & 0 & 0 & 0 & 0 & 0 & 1 & 0 & 0 \\
0 & 0 & 0 & 0 & 0 & 0 & 0 & 0 & 0 & 1 & 0
\end{vmatrix}
+
\begin{vmatrix}
1 & 0 & 0 & 0 & 0 & 0 & 0 & 0 & 0 & 0 & 0 \\
0 & 1 & 0 & 0 & 0 & 0 & 0 & 0 & 0 & 0 & 0 \\
0 & 0 & 1 & 0 & 0 & 0 & 0 & 0 & 0 & 0 & 0 \\
0 & 0 & 0 & 1 & 0 & 0 & 0 & 0 & 0 & 0 & 0 \\
0 & 0 & 0 & 0 & 1 & 0 & 0 & 0 & 0 & 0 & 0 \\
0 & 0 & 0 & 0 & 0 & 1 & 0 & 0 & 0 & 0 & 0 \\
0 & 0 & 0 & 0 & 0 & 0 & 1 & 0 & 0 & 0 & 0 \\
0 & 0 & 0 & 0 & 0 & 0 & 0 & 1 & 0 & 0 & 0 \\
0 & 0 & 0 & 0 & 0 & 0 & 0 & 0 & 1 & 0 & 0 \\
0 & 0 & 0 & 0 & 0 & 0 & 0 & 0 & 0 & 1 & 0 \\
0 & 0 & 0 & 0 & 0 & 0 & 0 & 0 & 0 & 0 & 1
\end{vmatrix}
$$

$$
=
\begin{vmatrix}
1 & 0 & 1 & 0 & 0 & 0 & 0 & 0 & 0 & 0 & 1 \\
0 & 1 & 1 & 0 & 0 & 1 & 0 & 0 & 0 & 0 & 0 \\
1 & 0 & 1 & 1 & 1 & 1 & 1 & 0 & 0 & 0 & 0 \\
0 & 0 & 0 & 1 & 0 & 0 & 0 & 0 & 0 & 1 & 0 \\
0 & 0 & 0 & 0 & 1 & 0 & 0 & 0 & 1 & 0 & 0 \\
0 & 0 & 0 & 0 & 0 & 1 & 0 & 0 & 1 & 0 & 0 \\
0 & 0 & 0 & 0 & 0 & 0 & 1 & 0 & 1 & 1 & 0 \\
0 & 1 & 0 & 0 & 0 & 1 & 0 & 1 & 1 & 0 & 0 \\
0 & 0 & 0 & 0 & 0 & 0 & 0 & 0 & 1 & 0 & 0 \\
0 & 0 & 0 & 0 & 0 & 0 & 0 & 0 & 1 & 1 & 0 \\
0 & 0 & 0 & 0 & 0 & 0 & 0 & 0 & 0 & 1 & 1
\end{vmatrix}
$$

在矩阵的分析中，I 为单位矩阵。根据布尔矩阵运算法则，可以证明：$(A+I)^2 = I + A + A^2$。同理可以证明，$(A+I)^k = I + A + A^2 + \cdots + A^k$。通过对群因素理论的分析已知，如果系统 A 满足条件 $(A+I)^{k-1} \neq (A+I)^k = (I+A)^{k+1} = M$，则称 M 为系统 A 的可达矩阵。可达矩阵表示了从一个要素到另一个要素是否存在着连接的路径。据此，这一过程可通过如下分析来确定。

$$
A_2 = (A+I)^2 =
\begin{vmatrix}
1 & 0 & 1 & 0 & 0 & 0 & 0 & 0 & 0 & 0 & 1 \\
0 & 1 & 1 & 0 & 0 & 1 & 0 & 0 & 0 & 0 & 0 \\
1 & 0 & 1 & 1 & 1 & 1 & 1 & 0 & 0 & 0 & 0 \\
0 & 0 & 0 & 1 & 0 & 0 & 0 & 0 & 0 & 1 & 0 \\
0 & 0 & 0 & 0 & 1 & 0 & 0 & 0 & 1 & 0 & 0 \\
0 & 0 & 0 & 0 & 0 & 1 & 0 & 0 & 1 & 0 & 0 \\
0 & 0 & 0 & 0 & 0 & 0 & 1 & 0 & 1 & 1 & 0 \\
0 & 1 & 0 & 0 & 0 & 1 & 0 & 1 & 1 & 0 & 0 \\
0 & 0 & 0 & 0 & 0 & 0 & 0 & 0 & 1 & 0 & 0 \\
0 & 0 & 0 & 0 & 0 & 0 & 0 & 0 & 1 & 1 & 0 \\
0 & 0 & 0 & 0 & 0 & 0 & 0 & 0 & 0 & 1 & 1
\end{vmatrix}
\begin{vmatrix}
1 & 0 & 1 & 0 & 0 & 0 & 0 & 0 & 0 & 0 & 1 \\
0 & 1 & 1 & 0 & 0 & 1 & 0 & 0 & 0 & 0 & 0 \\
1 & 0 & 1 & 1 & 1 & 1 & 1 & 0 & 0 & 0 & 0 \\
0 & 0 & 0 & 1 & 0 & 0 & 0 & 0 & 0 & 1 & 0 \\
0 & 0 & 0 & 0 & 1 & 0 & 0 & 0 & 1 & 0 & 0 \\
0 & 0 & 0 & 0 & 0 & 1 & 0 & 0 & 1 & 0 & 0 \\
0 & 0 & 0 & 0 & 0 & 0 & 1 & 0 & 1 & 1 & 0 \\
0 & 1 & 0 & 0 & 0 & 1 & 0 & 1 & 1 & 0 & 0 \\
0 & 0 & 0 & 0 & 0 & 0 & 0 & 0 & 1 & 0 & 0 \\
0 & 0 & 0 & 0 & 0 & 0 & 0 & 0 & 1 & 1 & 0 \\
0 & 0 & 0 & 0 & 0 & 0 & 0 & 0 & 0 & 1 & 1
\end{vmatrix}
$$

$$=\begin{vmatrix}
1 & 0 & 1 & 1 & 1 & 1 & 1 & 0 & 0 & 1 & 1 \\
1 & 1 & 1 & 1 & 1 & 1 & 1 & 0 & 1 & 0 & 0 \\
1 & 0 & 1 & 1 & 1 & 1 & 1 & 0 & 1 & 1 & 1 \\
0 & 0 & 0 & 1 & 0 & 0 & 0 & 0 & 1 & 1 & 0 \\
0 & 0 & 0 & 0 & 1 & 0 & 0 & 0 & 1 & 0 & 0 \\
0 & 0 & 0 & 0 & 0 & 1 & 0 & 0 & 1 & 0 & 0 \\
0 & 0 & 0 & 0 & 0 & 0 & 1 & 0 & 1 & 1 & 0 \\
0 & 1 & 1 & 0 & 0 & 1 & 0 & 1 & 1 & 0 & 0 \\
0 & 0 & 0 & 0 & 0 & 0 & 0 & 0 & 1 & 0 & 0 \\
0 & 0 & 0 & 0 & 0 & 0 & 0 & 0 & 1 & 1 & 0 \\
0 & 0 & 0 & 0 & 0 & 0 & 0 & 0 & 1 & 1 & 1
\end{vmatrix}$$

$$A_3 = (A+I)^2(A+I) = A_2(A+I)$$

$$=\begin{vmatrix}
1 & 0 & 1 & 1 & 1 & 1 & 1 & 0 & 0 & 1 & 1 \\
1 & 1 & 1 & 1 & 1 & 1 & 1 & 0 & 1 & 0 & 0 \\
1 & 0 & 1 & 1 & 1 & 1 & 1 & 0 & 1 & 1 & 1 \\
0 & 0 & 0 & 1 & 0 & 0 & 0 & 0 & 1 & 1 & 0 \\
0 & 0 & 0 & 0 & 1 & 0 & 0 & 0 & 1 & 0 & 0 \\
0 & 0 & 0 & 0 & 0 & 1 & 0 & 0 & 1 & 0 & 0 \\
0 & 0 & 0 & 0 & 0 & 0 & 1 & 0 & 1 & 1 & 0 \\
0 & 1 & 1 & 0 & 0 & 1 & 0 & 1 & 1 & 0 & 0 \\
0 & 0 & 0 & 0 & 0 & 0 & 0 & 0 & 1 & 0 & 0 \\
0 & 0 & 0 & 0 & 0 & 0 & 0 & 0 & 1 & 1 & 0 \\
0 & 0 & 0 & 0 & 0 & 0 & 0 & 0 & 1 & 1 & 1
\end{vmatrix}
\begin{vmatrix}
1 & 0 & 1 & 0 & 0 & 0 & 0 & 0 & 0 & 0 & 1 \\
0 & 1 & 1 & 0 & 0 & 1 & 0 & 0 & 0 & 0 & 0 \\
1 & 0 & 1 & 1 & 1 & 1 & 1 & 0 & 0 & 0 & 0 \\
0 & 0 & 0 & 1 & 0 & 0 & 0 & 0 & 0 & 1 & 0 \\
0 & 0 & 0 & 0 & 1 & 0 & 0 & 0 & 1 & 0 & 0 \\
0 & 0 & 0 & 0 & 0 & 1 & 0 & 0 & 1 & 0 & 0 \\
0 & 0 & 0 & 0 & 0 & 0 & 1 & 0 & 1 & 1 & 0 \\
0 & 1 & 0 & 0 & 0 & 1 & 0 & 1 & 1 & 0 & 0 \\
0 & 0 & 0 & 0 & 0 & 0 & 0 & 0 & 1 & 0 & 0 \\
0 & 0 & 0 & 0 & 0 & 0 & 0 & 0 & 1 & 1 & 0 \\
0 & 0 & 0 & 0 & 0 & 0 & 0 & 0 & 0 & 1 & 1
\end{vmatrix}$$

$$=\begin{vmatrix}
1 & 0 & 1 & 1 & 1 & 1 & 1 & 0 & 1 & 1 & 1 \\
1 & 1 & 1 & 1 & 1 & 1 & 1 & 0 & 1 & 1 & 1 \\
1 & 0 & 1 & 1 & 1 & 1 & 1 & 0 & 1 & 1 & 1 \\
0 & 0 & 0 & 1 & 0 & 0 & 0 & 0 & 1 & 1 & 0 \\
0 & 0 & 0 & 0 & 1 & 0 & 0 & 0 & 1 & 0 & 0 \\
0 & 0 & 0 & 0 & 0 & 1 & 0 & 0 & 1 & 0 & 0 \\
0 & 0 & 0 & 0 & 0 & 0 & 1 & 0 & 1 & 1 & 0 \\
0 & 1 & 1 & 1 & 1 & 1 & 1 & 1 & 1 & 0 & 0 \\
0 & 0 & 0 & 0 & 0 & 0 & 0 & 0 & 1 & 0 & 0 \\
0 & 0 & 0 & 0 & 0 & 0 & 0 & 0 & 1 & 1 & 0 \\
0 & 0 & 0 & 0 & 0 & 0 & 0 & 0 & 1 & 1 & 1
\end{vmatrix}$$

$$A_4 = (A+I)^3(A+I) = A_3(A+I)$$

$$=
\begin{vmatrix}
1 & 0 & 1 & 1 & 1 & 1 & 1 & 0 & 1 & 1 & 1 \\
1 & 1 & 1 & 1 & 1 & 1 & 1 & 0 & 1 & 1 & 1 \\
1 & 0 & 1 & 1 & 1 & 1 & 1 & 0 & 1 & 1 & 1 \\
0 & 0 & 0 & 1 & 0 & 0 & 0 & 0 & 1 & 1 & 0 \\
0 & 0 & 0 & 0 & 1 & 0 & 0 & 0 & 1 & 0 & 0 \\
0 & 0 & 0 & 0 & 0 & 1 & 0 & 0 & 1 & 0 & 0 \\
0 & 0 & 0 & 0 & 0 & 0 & 1 & 0 & 1 & 1 & 0 \\
0 & 1 & 1 & 1 & 1 & 1 & 1 & 1 & 1 & 0 & 0 \\
0 & 0 & 0 & 0 & 0 & 0 & 0 & 0 & 1 & 0 & 0 \\
0 & 0 & 0 & 0 & 0 & 0 & 0 & 0 & 1 & 1 & 0 \\
0 & 0 & 0 & 0 & 0 & 0 & 0 & 0 & 1 & 1 & 1
\end{vmatrix}
\begin{vmatrix}
1 & 0 & 1 & 0 & 0 & 0 & 0 & 0 & 0 & 0 & 1 \\
0 & 1 & 1 & 0 & 0 & 1 & 0 & 0 & 0 & 0 & 0 \\
1 & 0 & 1 & 1 & 1 & 1 & 1 & 0 & 0 & 0 & 0 \\
0 & 0 & 0 & 1 & 0 & 0 & 0 & 0 & 0 & 1 & 0 \\
0 & 0 & 0 & 0 & 1 & 0 & 0 & 0 & 1 & 0 & 0 \\
0 & 0 & 0 & 0 & 0 & 1 & 0 & 0 & 1 & 0 & 0 \\
0 & 0 & 0 & 0 & 0 & 0 & 1 & 0 & 1 & 1 & 0 \\
0 & 1 & 0 & 0 & 0 & 1 & 0 & 1 & 1 & 0 & 0 \\
0 & 0 & 0 & 0 & 0 & 0 & 0 & 0 & 1 & 0 & 0 \\
0 & 0 & 0 & 0 & 0 & 0 & 0 & 0 & 1 & 1 & 0 \\
0 & 0 & 0 & 0 & 0 & 0 & 0 & 0 & 0 & 1 & 1
\end{vmatrix}$$

$$=
\begin{vmatrix}
1 & 0 & 1 & 1 & 1 & 1 & 1 & 0 & 1 & 1 & 1 \\
1 & 1 & 1 & 1 & 1 & 1 & 1 & 0 & 1 & 1 & 1 \\
1 & 0 & 1 & 1 & 1 & 1 & 1 & 0 & 1 & 1 & 1 \\
0 & 0 & 0 & 1 & 0 & 0 & 0 & 0 & 1 & 1 & 0 \\
0 & 0 & 0 & 0 & 1 & 0 & 0 & 0 & 1 & 0 & 0 \\
0 & 0 & 0 & 0 & 0 & 1 & 0 & 0 & 1 & 0 & 0 \\
0 & 0 & 0 & 0 & 0 & 0 & 1 & 0 & 1 & 1 & 0 \\
1 & 1 & 1 & 1 & 1 & 1 & 1 & 1 & 1 & 1 & 0 \\
0 & 0 & 0 & 0 & 0 & 0 & 0 & 0 & 1 & 0 & 0 \\
0 & 0 & 0 & 0 & 0 & 0 & 0 & 0 & 1 & 1 & 0 \\
0 & 0 & 0 & 0 & 0 & 0 & 0 & 0 & 1 & 1 & 1
\end{vmatrix}$$

$$A_5 = (A+I)^4(A+I) = A_4(A+I)$$

$$=
\begin{vmatrix}
1 & 0 & 1 & 1 & 1 & 1 & 1 & 0 & 1 & 1 & 1 \\
1 & 1 & 1 & 1 & 1 & 1 & 1 & 0 & 1 & 1 & 1 \\
1 & 0 & 1 & 1 & 1 & 1 & 1 & 0 & 1 & 1 & 1 \\
0 & 0 & 0 & 1 & 0 & 0 & 0 & 0 & 1 & 1 & 0 \\
0 & 0 & 0 & 0 & 1 & 0 & 0 & 0 & 1 & 0 & 0 \\
0 & 0 & 0 & 0 & 0 & 1 & 0 & 0 & 1 & 0 & 0 \\
0 & 0 & 0 & 0 & 0 & 0 & 1 & 0 & 1 & 1 & 0 \\
1 & 1 & 1 & 1 & 1 & 1 & 1 & 1 & 1 & 1 & 0 \\
0 & 0 & 0 & 0 & 0 & 0 & 0 & 0 & 1 & 0 & 0 \\
0 & 0 & 0 & 0 & 0 & 0 & 0 & 0 & 1 & 1 & 0 \\
0 & 0 & 0 & 0 & 0 & 0 & 0 & 0 & 1 & 1 & 1
\end{vmatrix}
\begin{vmatrix}
1 & 0 & 1 & 0 & 0 & 0 & 0 & 0 & 0 & 0 & 1 \\
0 & 1 & 1 & 0 & 0 & 1 & 0 & 0 & 0 & 0 & 0 \\
1 & 0 & 1 & 1 & 1 & 1 & 1 & 0 & 0 & 0 & 0 \\
0 & 0 & 0 & 1 & 0 & 0 & 0 & 0 & 0 & 1 & 0 \\
0 & 0 & 0 & 0 & 1 & 0 & 0 & 0 & 1 & 0 & 0 \\
0 & 0 & 0 & 0 & 0 & 1 & 0 & 0 & 1 & 0 & 0 \\
0 & 0 & 0 & 0 & 0 & 0 & 1 & 0 & 1 & 1 & 0 \\
0 & 1 & 0 & 0 & 0 & 1 & 0 & 1 & 1 & 0 & 0 \\
0 & 0 & 0 & 0 & 0 & 0 & 0 & 0 & 1 & 0 & 0 \\
0 & 0 & 0 & 0 & 0 & 0 & 0 & 0 & 1 & 1 & 0 \\
0 & 0 & 0 & 0 & 0 & 0 & 0 & 0 & 0 & 1 & 1
\end{vmatrix}$$

$$= \begin{vmatrix} 1 & 0 & 1 & 1 & 1 & 1 & 1 & 0 & 1 & 1 & 1 \\ 1 & 1 & 1 & 1 & 1 & 1 & 1 & 0 & 1 & 1 & 1 \\ 1 & 0 & 1 & 1 & 1 & 1 & 1 & 0 & 1 & 1 & 1 \\ 0 & 0 & 0 & 1 & 0 & 0 & 0 & 0 & 1 & 1 & 0 \\ 0 & 0 & 0 & 0 & 1 & 0 & 0 & 0 & 1 & 0 & 0 \\ 0 & 0 & 0 & 0 & 0 & 1 & 0 & 0 & 1 & 0 & 0 \\ 0 & 0 & 0 & 0 & 0 & 0 & 1 & 0 & 1 & 1 & 0 \\ 1 & 1 & 1 & 1 & 1 & 1 & 1 & 1 & 1 & 1 & 1 \\ 0 & 0 & 0 & 0 & 0 & 0 & 0 & 0 & 1 & 0 & 0 \\ 0 & 0 & 0 & 0 & 0 & 0 & 0 & 0 & 1 & 1 & 0 \\ 0 & 0 & 0 & 0 & 0 & 0 & 0 & 0 & 1 & 1 & 1 \end{vmatrix}$$

$$A_6 = (A+I)^5(A+I) = A_5(A+I)$$

$$= \begin{vmatrix} 1 & 0 & 1 & 1 & 1 & 1 & 1 & 0 & 1 & 1 & 1 \\ 1 & 1 & 1 & 1 & 1 & 1 & 1 & 0 & 1 & 1 & 1 \\ 1 & 0 & 1 & 1 & 1 & 1 & 1 & 0 & 1 & 1 & 1 \\ 0 & 0 & 0 & 1 & 0 & 0 & 0 & 0 & 1 & 1 & 0 \\ 0 & 0 & 0 & 0 & 1 & 0 & 0 & 0 & 1 & 0 & 0 \\ 0 & 0 & 0 & 0 & 0 & 1 & 0 & 0 & 1 & 0 & 0 \\ 0 & 0 & 0 & 0 & 0 & 0 & 1 & 0 & 1 & 1 & 0 \\ 1 & 1 & 1 & 1 & 1 & 1 & 1 & 1 & 1 & 1 & 1 \\ 0 & 0 & 0 & 0 & 0 & 0 & 0 & 0 & 1 & 0 & 0 \\ 0 & 0 & 0 & 0 & 0 & 0 & 0 & 0 & 1 & 1 & 0 \\ 0 & 0 & 0 & 0 & 0 & 0 & 0 & 0 & 1 & 1 & 1 \end{vmatrix} \begin{vmatrix} 1 & 0 & 1 & 0 & 0 & 0 & 0 & 0 & 0 & 0 & 1 \\ 0 & 1 & 1 & 0 & 0 & 1 & 0 & 0 & 0 & 0 & 0 \\ 1 & 0 & 1 & 1 & 1 & 1 & 1 & 0 & 0 & 0 & 0 \\ 0 & 0 & 0 & 1 & 0 & 0 & 0 & 0 & 1 & 0 & 0 \\ 0 & 0 & 0 & 0 & 1 & 0 & 0 & 0 & 1 & 0 & 0 \\ 0 & 0 & 0 & 0 & 0 & 1 & 0 & 0 & 1 & 0 & 0 \\ 0 & 0 & 0 & 0 & 0 & 0 & 1 & 0 & 1 & 1 & 0 \\ 0 & 1 & 0 & 0 & 0 & 1 & 0 & 1 & 1 & 0 & 0 \\ 0 & 0 & 0 & 0 & 0 & 0 & 0 & 0 & 1 & 0 & 0 \\ 0 & 0 & 0 & 0 & 0 & 0 & 0 & 0 & 1 & 1 & 0 \\ 0 & 0 & 0 & 0 & 0 & 0 & 0 & 0 & 0 & 1 & 1 \end{vmatrix}$$

$$= \begin{vmatrix} 1 & 0 & 1 & 1 & 1 & 1 & 1 & 0 & 1 & 1 & 1 \\ 1 & 1 & 1 & 1 & 1 & 1 & 1 & 0 & 1 & 1 & 1 \\ 1 & 0 & 1 & 1 & 1 & 1 & 1 & 0 & 1 & 1 & 1 \\ 0 & 0 & 0 & 1 & 0 & 0 & 0 & 0 & 1 & 1 & 0 \\ 0 & 0 & 0 & 0 & 1 & 0 & 0 & 0 & 1 & 0 & 0 \\ 0 & 0 & 0 & 0 & 0 & 1 & 0 & 0 & 1 & 0 & 0 \\ 0 & 0 & 0 & 0 & 0 & 0 & 1 & 0 & 1 & 1 & 0 \\ 1 & 1 & 1 & 1 & 1 & 1 & 1 & 1 & 1 & 1 & 1 \\ 0 & 0 & 0 & 0 & 0 & 0 & 0 & 0 & 1 & 0 & 0 \\ 0 & 0 & 0 & 0 & 0 & 0 & 0 & 0 & 1 & 1 & 0 \\ 0 & 0 & 0 & 0 & 0 & 0 & 0 & 0 & 1 & 1 & 1 \end{vmatrix}$$

　　通过以上分析可知，当完成第 7 阶幂运算之后，出现 $A_6 = (A+I)^5(A+I) = A_5(A+I) = A_5$ 的运算结果，这说明矩阵 A_5 已将群因素之间的结构关系全部包括在内。因此，A_5 即为这些群因素的结构关系完整表达模型。

4. 群因素间的关系判定

通过对这 11 项群因素的邻接关系分析，可以从 A_5 中明确地看出各因素之间存在着明显的梯阶关系。这一关系表明，各因素不仅具有自身对质量产生影响的直接效应，而且多数因素还具有通过其他因素将自身作用放大后对住宅质量产生更大影响的倍数效应，因此这类因素就自然成为给住宅工程质量带来较大影响的倍效因素。

从理论上讲，在这些倍效因素中，由于梯级越高的因素所影响的范围也越大，因而相对来说，它也就越主要，也会给工程项目带来较长的持续性影响。例如，由于国家宏观经济建设指导方针的调整，银行提高了住宅开发建设的贷款利率，那么，这一因素就会涉及工程项目资金的筹集与回收。而项目资金的回收周期又决定着项目的建设管理模式和住宅设计方案的选择，住宅方案又关系到建材的选择和施工方案的确定，施工方案必然要考虑到施工设备、机具、现场组织与施工管理等问题，这一系列前期准备和决策又关系到施工进度的确定，等等。由此可以看出，梯级越高的因素所产生的影响范围也就越大，也就会给工程项目带来更长的持续性影响，也就会具有较长的时效性。而梯级越低的因素（如工程进度的问题可能是施工中大型吊装的机械设备不到位造成的，后期为了赶进度可能会对工程质量带来影响）可通过提前采取有效的预防措施来避免由此而给工程质量带来的影响。因此，这一因素就不具有突发性和持续性，但也需要工程项目管理者给予主观上的重视，否则就会给工程质量带来一定程度的影响。这一分析结果告诉研究者，若要有效解决当前我国住宅工程中存在的质量问题，就必须针对性地解决好工程中群因素给工程项目总体带来的各种不利影响，特别是群因素中倍效因素的问题更需要引起工程项目管理者的足够重视。

4.4.5　倍效因素与倍效效应及其分析方法

1. 倍效因素与倍效效应的含义

系统工程学认为，系统是由两个或两个以上相互作用的相关要素组成的，是具有特定功能的组合体。系统内部可以含有子系统，也可以从属于更大的复杂系统。在系统内部，各要素不仅自身对系统产生一定的影响和作用，而且可能还会借助于系统内部的其他要素表现出其对系统更为突出的作用。由于这些要素的自身作用和它们之间的相互作用是系统效应的起因，因而，从系统缘由角度讲，这些要素也被称为系统因素。

在系统中，由于存在因素自身与相互之间作用所产生的系统效应之差异，系统因素与因素之间并不是同位的，而是具有层次的。有些因素只能通过自身来对系统产生直接或间接的效应，而有些因素不仅如此，还可以在完成与其他相关因素的有效组合后，释放出数倍于自身效应的效应。据此，不同的因素就可以被划分成不同的倍数级别。尽管可能会由于因素的不同以及数倍效应的比较基数不同而产生不同的划分结果，但一个很明显的结果就是各因素之间存在着明显的梯阶关系和效应倍数关系。这样，从产生系统效应的角度讲，那些对系统具有数倍效应的因素相对于只能通过自身来对系统产生单一效应的因素就被称为倍效因素，因此，倍效因素就是给系统带来倍效效应的因素。

在系统工程中，效应是指在一定条件下，由若干因素和一些结果构成的一种因果现象。依据现象的表现程度来划分，效应可以分为基效应和倍效应。基效应是指单独一个因素发生变化时，系统随之而产生的基本效应，基效应的因果关系最为直接，也最为明显。倍效应即倍效效应，它是相对于单因素给系统产生的单独效应而言的。在系统内部，当倍效因素与另外一个或几个因素相互组合且具备了因素产生效应的内外条件后，倍效因素就会通过其有效的因素组合呈现出数倍于自身效应的效应，即倍效效应。这种效应不仅影响范围大，而且给系统带来的效应持续时间长。一般地，若倍效因素的倍数越高，即在所有因素中位于的层次越高时，其所产生的影响范围就会越大，效应持续性也就会越长。

2. 倍效效应分析

在研究多因素效应方面，复合变量模型是一个较为理想的研究工具，实际上，它也是多变量组合分析方法的一种拓展，它能将描述一个事物的多个变量进行适当的组合，从而得出事物行为及其结果的合理解释。

在分析研究对象的过程中，复合变量模型常用一组可观测的潜变量来解释一组不可观测变量的作用结果，各个观测变量均被概括成几个因素的线性函数组合，这个可观测变量的结果包含着最终的潜变量效应结果。这些潜变量一般被分为两类：一类是直接影响多个因素变量的公共因素变量；另一类是只能影响个别因素变量的唯一性因素变量。观测变量与因素变量的关系可表示为 $x = Af + u$，其中，$x = (x_1, x_2, x_3, \cdots, x_n)'$ 为一组观测变量向量；$f = (f_1, f_2, f_3, \cdots, f_n)'$ 为公共因素向量；$u = (u_1, u_2, u_3, \cdots, u_n)'$ 为唯一性因素向量；$A = (\alpha_{ij})_{i \times j}$ 为因素负荷矩阵。由于 x、f、u 均为离差变量，所以 $E(x) = 0$，$E(f) = 0$，$E(u) = 0$，即

$$E(x_1, x_2) = E\left[(x_1 - u_1)(x_2 - u_2)\right] = \text{cov}(x_1, x_2)$$

$$\text{cov}(x_1, x_2) = \begin{vmatrix} v(x_1) & E(x_1, x_2) \\ E(x_2, x_1) & v(x_2) \end{vmatrix} = v(x_1)v(x_2) - E(x_1, x_2)E(x_2, x_1)$$

若将之一般化，则有

$$\text{cov}(x_1, x_n) = \begin{vmatrix} v(x_1) & E(x_1, x_2) & \dots & E(x_1, x_n) \\ E(x_2, x_1) & v(x_2) & & E(x_2, x_n) \\ \vdots & \vdots & & \vdots \\ E(x_n, x_1) & E(x_n, x_2) & \dots & v(x_n) \end{vmatrix}$$

此时，若将群因素矩阵 $A = (\alpha_{ij})_{i \times j}$ 一并考虑进来，那么复合变量模型中任意因素相组合后的关系就有

$$R(x) = \sum_{i=1}^{N} x = \sum_{i=1}^{N} Af + u$$

$$= (\alpha_1 f_1 + \alpha_2 f_2 + \alpha_3 f_3 + \cdots + \alpha_n f_n) + (u_1 + u_2 + \cdots + u_n)$$

按照这一方程，若将低阶倍效因素作为公共因素向量，高阶倍效因素作为唯一性因素向量，那么就可建立起倍效因素组成的多因素效应复合模型，并且通过这个模型的分

析结果可以进一步得知，倍效因素在工程中产生作用时先是在 f 或 u 集中，通过 α 的选取来表现出自身的效应，然后通过外组合条件再与另一集合的因素相组合释放出多倍效应。但是，当其只有自身因素发挥作用时，这一因素对系统所产生的效应也很小。更有意义的是，由于系统中的一切行为都将通过系统操作者来实现，所以外组合条件 α 必将不为 0。因而，这就能很好地解释为什么通常当工程一出现质量问题时，管理者总是先检查施工单位的原因，因为在一般性的思维意识中，工程质量主要与倍效因素中的项目人员关系最紧密，而施工队伍中操作人员的素质、技术能力及责任心又是核心与关键。当把这一因素排除在外后，管理者就将质量问题的分析又转向工程管理、勘察设计、制度管理、建材等方面。事实上，对问题的分析常常最终得出的结果却是多种因素综合作用的结果，这主要是外组合条件和内组合条件 α 共同发挥作用的原因。不论是我国近年来一些工程事故的实例还是若干工程质量的研究结果都表明这一点的正确性，这也正是循证科学研究方法以工程实践为基础，通过系统的理论研究最终又能够很好地从理论上分析和解释这些结果的原因所在。正是由于这一研究方法得出的理论结果与工程实际结果能够很好地相符和一致，我们才以此理论研究结果为依据来制定相应的解决问题的对策。

4.4.6　倍效因素的控制方法

控制是管理的具体行为，没有控制，管理的目的就不易达到，管理的目标也就不易实现。但在实现管理目标的过程中，由于工程项目是一个动态的时变系统，存在着非完全可知的干扰，这些干扰既有来自工程项目外部的因素，如天气变化、国家政策、地质状况等，也有来自工程项目内部的因素，如计划制订、施工组织、资源调配等。这些干扰常使工程项目目标在其实施过程中产生与预定计划的偏差，因此，就需要在工程项目目标实施的过程中进行不间断控制，以确保项目目标的实现。

就工程质量的控制方法而言，常用的有 PDCA（plan do check action）循环控制法、三阶段控制法及全面质量管理的 TQC（total quality control）方法，这些方法不仅在住宅工程质量的管理和控制方面发挥了巨大的作用，而且在其他建设工程中也发挥着重要的作用。但针对我国目前住宅工程中存在的这些质量问题，若要达到有效解决工程质量的目的，需要进行的可能不仅仅是在工程中对住宅工程质量实施计划、检查、实施、处置的 PDCA 管理，也不仅仅需要的是事前、事中和事后的三阶段控制以及全面、全员、全过程的全面质量管理，更需要的是如何对当前住宅工程质量中所出现的影响工程质量的倍效因素进行管理和控制，以消除这些倍效因素给工程质量带来的影响并达到控制工程质量的目的。

1. 倍效因素控制方法的理论分析

通过对倍效因素的理论分析可知，倍效因素给工程质量带来的影响是多种因素综合作用的结果，是多种因素相互作用、相互组合而给工程质量带来的不利影响，这种影响所产生的效应远大于单一因素所产生的效应。但若反过来对之进行分析也可得知，若要消除倍效因素给工程质量带来的影响，就必须消除这些因素对工程质量所产生的综合作用，消除这一作用就需要离间这些因素的集成，使这些因素无法组合。在消除中，主要的内容是消除它们组合在一起的条件，使这些因素即使存在也是相对孤立的，无法产生相互叠加的倍效效应。因此，如何消除倍效因素给工程质量带来的影响就转化为如何离间各倍效因素集成的问题，而解决这一问题的关键是如何将倍效因素隔离开来，以阻止其形成倍效效应。

由工程管理知识可知，在工程项目的实施过程中，住宅作为最终的工程产品是工程设计、方案选择、计划安排、资源供应、人员管理、设备使用、过程操作等多项行为综合集成的结果。在此过程中，每一个目标的实现都必须通过操作工序这个最基本的单元来完成，因而，在项目实施中，若干不确定因素特别是倍效因素给工程质量带来的影响也就必须通过工序这个最基本的单元来组织、传递和完成。例如，在钢筋混凝土现浇板的施工中，由于存在着混凝土材料的检测，混凝土材料的配比，混凝土的浇筑、振捣、养护，以及后期的模板拆除等工序，若钢筋混凝土现浇板出现裂缝，导致这一质量问题的原因可能会来自以下一些方面。

（1）在混凝土生产的过程中，存在所使用的水泥过期、不严格按配比计量、骨料含泥量过高或外加剂使用不当等问题。

（2）在施工管理的各道工序检查中，出现混凝土材料漏检、不严格计量、混凝土搅拌不匀等问题。

（3）在混凝土运输、浇筑和振捣的各道工序中，可能存在着运输混凝土中踩压钢筋而导致钢筋位置发生改变、在浇筑过程中浇筑速度过快、施工缝接茬处理不好、振捣不密实以及水泥和骨料产生离析等问题。

（4）在养护过程中，由于气温较高，没有及时浇水养护而导致开裂；由于天气寒冷，没有及时保温而使混凝土无法发生化学反应，混凝土无法达到预期的强度。

（5）支撑模板刚度不足或拆模过早，使混凝土在未达到规定强度时承受外部荷载而出现裂缝。

由此可以看出，在钢筋混凝土现浇板的施工中，若存在上述任何原因之一，都有可能造成现浇板出现裂缝。但更重要的是，如果在施工中同时出现以上原因的若干种，在此情况下形成的问题要远远比在施工中只出现上述因素中的任何一种因素所导致的质量问题要严重得多，这就必然会对质量问题的解决带来困难，也就会出现明显的倍效效应。从宏观角度对以上几项问题进行分析可看出，各种问题的形成有其各自的内外所需条件，具体如下。

（1）在混凝土材料检查这一工序中，混凝土材料的不合格与材料进场时管理人员没有认真检查、缺乏责任心直接有关。

（2）在混凝土生产这一工序中，不能严格按配比计量、骨料含泥量过高、外加剂使用不当等问题也与管理人员在此过程中对每项工序的监督管理有关。如果能认真把关，这些问题就会消除，甚至根本不会出现。

（3）在混凝土施工这一工序中，如果严格按照施工操作规程进行，对重点部位实施重点监管，认真浇捣，每一道工序都符合操作规定，那么，振捣不密实以及水泥和骨料产生离析、钢筋错位等问题就会避免。

（4）在养护过程这一工序中，如果施工人员能够根据施工现场的实际情况并结合施工条件，在混凝土的化学形成过程中按照技术规程科学认真地及时养护，那么，因缺水或寒冷而导致的裂缝问题可能就会避免。

（5）在模板拆除这一工序中，如果施工人员能够在管理人员完成混凝土强度检测的前提下，再根据混凝土的实际强度结合现场情况进行模板拆除，那么就可能会避免混凝土在未达到规定强度时承受外部荷载而出现裂缝的情况。

通过以上裂缝形成原因的初步分解分析可知，在工程质量的管理和控制中，若要消除工程质量问题，质量管理的三项关键控制措施如下：一是要从组成质量目标的所有工序开始，进行连续性的质量管理和监测，及时掌握和分析工序中出现的异常；二是若在同一工序中同时出现两项以上的不利因素，那么就应该把它们隔离化，分别分析和处理；三是在下一工序实施之前，要避免上一工序的问题传递到下一工序，杜绝和消除不利因素在工序中的遗留和延续。

对于这三项措施的实施与控制而言，在工程质量目标的实施过程中，管理和控制的方法一般主要有主动和被动两种。主动控制（active control）是指有抗干扰和适应自身变化的控制行为与能力，它能够根据目标实施过程中反映的信息主动控制目标实施过程中的每一个环节，提前做出预测和相应的调整，以确保项目目标的实现。但对于主动控制来讲，最难的就是从当前所拥有的信息中寻找出今后可能会发生的问题，因为面对众多的质量管理对象及其相应的信息，如何从中识别出有问题的信息不仅是管理问题，更是技术问题。而能否采用科学、正确、有效的方法及时识别出工程质量中存在的问题，对于主动控制来说是非常重要的。

被动控制（passive control）则不然，它对目标的控制主要是通过根据前期计划方案实施后的反馈效果来分析。当问题出现后，通过对原有方案中存在的不适应进行调整之后，再来观察下一步的实施结果。由于缺乏必要的预测性分析，所以它的控制效果是有限的，主动抗干扰的能力也较差。因此，若要主动消除倍效因素给工程质量带来的不利影响，在确定控制方法的选择上，就必须采取主动控制的方法。

2. 主动控制方法分析

在主动控制中，根据控制系统信息输入的不同，又分为两种控制方法：一种是计划控制；一种是目标控制。这两种控制方法的共同点：首先，都需要预先确定控制的目标及反映各目标的有关指标；其次，都需要预测在目标实施过程中可能受到的影响；最后，都需要根据预测到的影响制定出具体的对策与措施，然后实施。但二者在实施过程的方式上存在着一定程度的差别。例如，计划控制在实施前给系统输入的是计划程序，而目标控制输入的是欲实现的具体期望值，而且在目标控制的过程中设置了提前信息的反馈机制，不等到输出结果出现偏差就要进行必要的调整，以消除对目标实现所施加的内外各种不利影响。从目标控制的这一过程来看，它对预控对象的管理将是一个不断调整的动态过程，并对控制过程中出现的问题随时进行必要的措施调整，以确保实现目标的每一步都在允许的偏差范围之内并确保目标的最终实现。同时,从目标控制的本质上来讲,它还具有如下特点。

(1)根据预先确定的目标制订出一套细致完整的管理计划,这个计划既包含实施目标的内容,又包含明确各内容目标程度的指标。同时,各指标的标准和分析方法、分析步骤与程序也都具有明确的规定。

(2)实施过程中所采取的措施要有明确的针对性,制定的措施将对不同的管理目标采用不同的方法,并结合实施过程中可能出现的问题提前做出有关限定。

(3)对目标的控制不是通过对目标的直接控制来实现项目的最终目标,而是对组成目标的各个环节和工序进行过程性的连续控制。

(4)在目标实现之前,随时进行连续性的前工序结果回馈而不是最终结果的一次性反馈。这些回馈都以项目信息的方式显现出来,并具有有效的回馈处理机制。

(5)每一个目标过程内的工序都有具体的标准和指标以及具体的实施者和责任者,以确保预控目标及其计划的实现。

从以上特点来看,这种对研究对象进行管理和控制的方法正与住宅工程质量管理所需具有良好的一致性,因此,结合主动控制中这一管理方法,就可制定出对工程质量进行管理的基本程序和步骤,如图 4.3 所示。

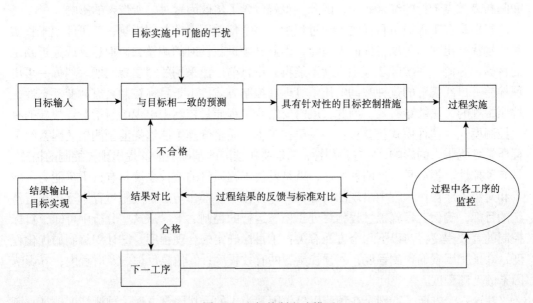

图 4.3　目标控制方式模型

从图 4.3 中可以看出,若要实现对实施目标的有效控制,关键是不能在目标形成之前完成输出,而是在每一项工序达到预定的子目标或者是达到该工序规定的标准时才准进入下道工序。再者就是,实施这一过程的信息反馈一定要灵敏和及时,如果对过程实施状态的结果不敏感,信息反馈慢或者信息处理迟钝,那么下一环节的实施者是不会允许上一环节占用其自身资源的。一旦出现过程违背,发生抵触,上一环节和工序的影响就会传递给下一环节和工序中,下一工序在上一工序本身就不达标的情况下进行问题掩藏就会给目标的实现带来否决性影响，原定的目标自然就会受到影响。因此，通过对目标控制的这一分析，我们可以了解和掌握在消除倍效因素影响方面必须注意的关键点。

3. 目标控制流程

在实现工程项目质量目标的过程中，每一个环节都是由最基本的单元组成——工序来完成的，这样，对环节的管理和控制也就需要从工序来入手。由于控制是控制主体（施控系统）对控制对象（受控系统）有目的的影响，其目的就是保持受控对象处于稳定状态，并促进其预定目标的实现，因此，控制的第一个基本特征就是目的性，这个目的性不仅表现在同思维直接相关的愿望上，而且表现在各种行为活动中。第二个特征就是行为和手段或者说是方法的统一。控制过程中，一方面是施控系统向受控系统发出信息流，另一方面是受控系统又向施控系统反馈回信息流，以明示被控后的状态和结果。按照这两个特征，对工程质量目标实施控制的控制系统就主要由施控系统和受控系统组成。

在这个系统中，系统输入有两类：一类是可控制输入，由施控者主动发出，简称主动输入；另一类是不可控制输入，由施控者以外的环境强行输入，一般是施控者所力不能及的，简称干扰输入。在此条件下，系统通过各道组成系统的工序运行与操作完成系统行为和系统输出。这种输出结果将是在系统运行期间来自 N 维空间中一些连续的控制和间断离散点干扰的综合效应，因此，也就包含了倍效因素对之所带来的影响。

特别是在工程质量目标的实现过程中，多个倍效因素的共同影响，就可能使工程实际质量状况出现与预期目标的大偏差，因此必须进行及时的调整，以期达到或逼近预定的目标，为此，在实际工程中也就不能再采用目前广泛采用的"出现问题—纠偏—再出现偏差—再纠偏"的这种被动的质量管理和控制方式。由于目标控制具有时变动态性，按照常规的方法较难有效，因此，就需要结合工程质量控制中出现的新情况寻找新的有效控制模式。这种模式就要求：一是要在工程的质量管理中能够提前预测倍效因素给工程质量可能带来的影响，具有预测性；二是要在预测的基础上能够提出预先控制的措施，具有预控性。提前具有这两种特性，就是要使工程质量的施控系统具有抗干扰能力，减少和避免工序操作工程中出现的目标偏离，并在工序操作与工程实施过程中逐步逼近预定的目标，确保工程施工过程始终处于稳态运行的控制之下。从这些分析中可知，目标控制的有效程度将与以下六个方面有关：①目标确定的合理程度；②计划编制的优化程度；③干扰因素的预测程度；④预控措施的有效程度；⑤信息反馈的及时程度；⑥影响因素的处理程度。

在这六个方面，特别是在预测以倍效因素为主的干扰因素方面，预测精度越高，所制定措施的有效程度也将会越高。在目标实施过程中，每一工序实施状态和结果的信息反馈与处理越及时，措施调整越主动，工程质量目标的实现也就越有保障，因此，目标控制中所包含的这六个方面虽具有各自内容的主题性，但具有高度的相关性，这种控制方式的流图及其相互作用可用图4.4来表示。

4. 目标控制的实施程序

根据对质量目标控制流程过程的分析和描述可以得知，若要实现对工程质量目标的

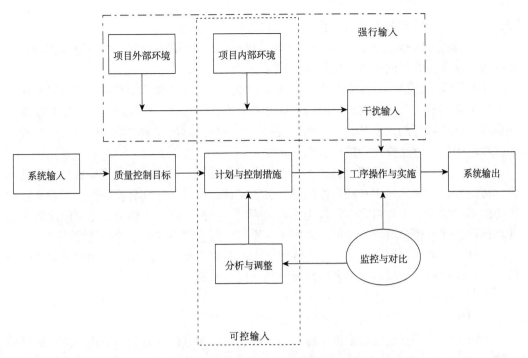

图 4.4　控制方式的流图及其相互作用

有效控制，及时消除影响工程质量的倍效因素，并避免产生倍效效应，就必须管控好这六个方面。若将这六个方面进行细化分解，其具体的内容就应包含以下几项。

（1）确定控制对象。结合欲管理的对象或欲达到的目的，一般可以确定出在工程项目实施过程中哪些是需要管理和控制的对象。当有多项管理和控制的对象时，应逐一分解并确定。在分解中应注意，分解后的管理和控制对象应当不再具有可分解性，即该对象是最基本的实施和管理单元，通过使用具体的材料或工具，或通过具体的工艺即可完成和实现。

（2）预测对象实施过程中可能遇到的问题和受到的影响，并将问题具体化。针对分解的每一个管理对象，结合工程项目的实施环境，分析和预测在其实施过程中可能会出现的内外环境变化或实施条件变化以及可能受到的内外影响及其影响程度。

（3）分析问题及其所需条件。针对实施中可能出现的问题，分析问题产生的原因及其出现所需的条件，并尽可能地将这些问题及其条件数量化。

（4）针对问题进行对策分析，并制定相应的对策和措施。针对问题产生的原因及其所需条件，制定相应的化解方法，并重点避免问题产生条件在管理对象实施中出现的同时性。一旦若干条件具有同时性，就把它定为核心控制点，并制定相应的对策和措施。

（5）制定的对策应当具体化，以便在目标逐步逼近的过程中具有针对性。制定的措施要具有可操作性，并可按照有关步骤在管理对象实施中能够逐步落实。

（6）措施操作的每一步工序都要有具体的责任人。同时，为了使责任人真正地对自己所实施的结果负责，要制定相应的责任制度，责任制度中的每一条都要有针对性。

（7）在措施具体化的基础上明确施工工序的具体操作步骤，结合具体的工艺操作规程，制定每一个管理对象的实施程序，使工序实施程序化。

（8）确定每一道工序的具体控制点和检测点。针对预测的问题，将问题具体定位到相应的工序中，并将问题点变成具体的控制点。

（9）针对相应的问题，制定相应的控制标准。全面系统地了解和掌握管理对象在其实施中可能出现的各种问题后，结合有关专业标准，针对每一个问题点制定出相应的预期标准。这个目标的含义是，当问题出现后，允许该问题所导致的偏差必须在何种程度的振幅范围内，以便管理者进行识别和管控。

（10）为了实现对管理目标的可控分析和稳态调控，目标要尽可能地数量化、具体化、可测量。特别是对于一些定性问题，由于定性的质量目标具有模糊性、不确定性和边界的不稳定性，不宜对之进行较为准确的判定，因此，此类目标更应尽可能地数量化和具体化，而且还应具有可测量性，便于在质量目标管理中进行有效的管控。

（11）编制反馈程序。在工序实施中，要明确如何收集实施结果，如何将收集到的信息反馈给管理者，以便管理者进行及时的分析和处理。

（12）按照制订的计划工序组织项目实施。

（13）动态反馈工序实施的环境状态和实施状态。

（14）随着工程进度的推进，逐渐逼近控制目标并分析推进状态是否与预定的目标一致。

（15）依据标准，判定最后的工序集成结果是否符合预定标准。判定时可以根据国家的有关标准与规定，如工程质量验收标准。

（16）在获取各项工序实施状态的判定结果后，要及时确定是否存在偏差、偏差是否在预定的允许范围之内。如果处于正常范围之内，即可进行下道工序。否则，按照预定的对策，立即进行处理。以上实施程序若用流图的方式表达则如图4.5所示。

在工程项目的实施过程中，需要注意的是，实施结果的对比与分析是一个持续性的动态过程，这主要是因为工程项目的实施结果与其实施条件有着紧密的关系。如果实施中外部约束条件发生变化，其结果可能也会发生变化。如果这一变化是前期所没有预测到的，那么，与结果相应的判断标准、分析方法、解决问题的对策和措施等也要随之改变。因此，这个过程是一个持续性的动态过程。

4.4.7 质量控制能力的分析与判断

1. 工序控制能力的分析

通过以上实施程序的流程可以看出，若要提高工程质量，实现质量预定的目标，就必须加强对工序质量的管理，特别是对工序中关键的、薄弱的环节更要进行有效的控制。在目标实施的过程中，由于最终的质量目标能否实现与工序的控制能力紧密相关，因此，工序控制能力的强弱就关系到产品的最终质量。

工序控制能力常用工序能力指数来衡量。这个指数表示工序控制能力满足工序技术要求的程度，由于这一指数只和研究对象的数据有关，因此，它适用于任何工艺条件且与工序能力满足工序技术要求的程度存在着一一对应关系。对于工程项目的质量管理与

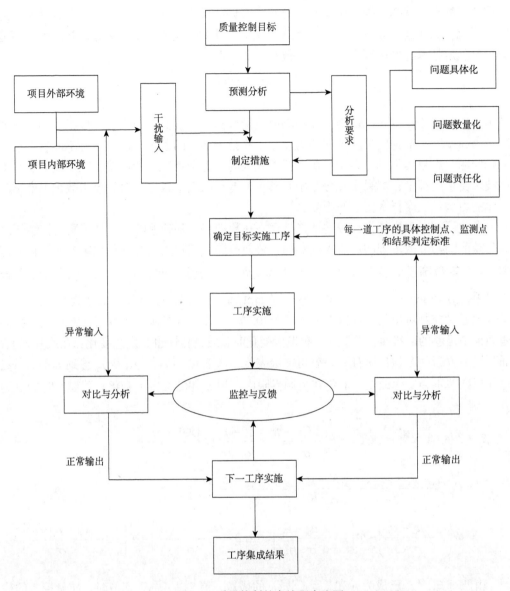

图 4.5 质量控制的实施程序流图

控制来说，工序能力指数的分析与计算是非常重要的，它可以明确地告知工程管理者工程质量处于何种控制状态。但就目前状况而言，这项工作尚未引起工程管理者足够的重视，也许这与工程流动分散、机械化程度不高、原材料性能波动大、施工工艺繁杂等因素直接有关。

在理论上，工序能力指数被定义为 C_P，且 C_P 与产品的质量公差和质量分布参数有关，即

$$C_P = \frac{T}{\sigma}$$

其中，T 为质量公差；σ 为质量分布参数。这个公式的适用条件是公差中心与分布中心

相重合下的理想状态。但如果实际的分布中心偏离质量标准目标值，这一公式就不再适用。因此，为了解决这一问题，在此提出用修正工序能力指数 C_{Pk} 来分析和反映工序能力满足预定技术标准的程度。这个指数 C_{Pk} 被定义为

$$C_{Pk} = C_P(1-k) = C_P\left(1 - \frac{2(M-\mu)}{T}\right) = C_P\left(1 - \frac{2M-2\mu}{T}\right)$$

其中，k 为相对偏移量；M 为公差中心或质量目标值；μ 为分布中心。该指数的计算方法较为简单，一般都能反映工序能力满足工序技术要求的程度，但有时也不能有效反映实际问题。如果实际的分布中心落在公差界限内，这个指数就能反映出工序能力满足工序技术要求的程度；如果实际分布中心落在公差界限之上或之外时，该指数则不能反映工序能力满足工序技术要求的程度。

由此可知，工序能力指数的计算是建立在数理统计基础上的，它是用质量特性值 X 的公差范围与分散范围的比值来确定的。公差范围是工程质量标准所规定的允许偏差范围，而分散范围通常以 7σ 来表示。在工程实践中，当质量特性值 $X \sim \mathrm{N}(\mu,\sigma^2)$ 时，其控制界限为 $\mu_0 \pm 3\sigma/\sqrt{n}$（$n$ 为样本容量），在此情况下，落在 3σ 区间的概率为 99.73%，工程管理者对控制对象的错判概率一般仅为 0.27%，显然这是满足工程管理需求的，控制能力也是足够的。然而，当工序分布发生变化时，质量特性也会发生变化，在此基础上，漏判概率 β 或问题检出率 $(1-\beta)$ 就可能会发生很大变化。假设当 μ 从 μ_0 移到 μ_1 时，虽然总体标准差不会发生改变，X 仍在控制界限内，但 β 却已发生了变化。若设此时的 β 为 β_x，则：

$$\beta_x = P\left(\mathrm{LCL} < \overline{X} < \mathrm{UCL}\right) = P\left(\frac{\mathrm{LCL}-\mu_1}{\sigma/\sqrt{n}} < \frac{X-\mu_1}{\sigma/\sqrt{n}} < \frac{\mathrm{UCL}-\mu_1}{\sigma/\sqrt{n}}\right)$$

$$= P\left(\frac{\mu_0-\mu_1-3\sigma/\sqrt{n}}{\sigma/\sqrt{n}} < \frac{X-\mu_1}{\sigma/\sqrt{n}} < \frac{\mu_0-\mu_1+3\sigma/\sqrt{n}}{\sigma/\sqrt{n}}\right)$$

$$= \Phi\left(3 - \frac{\mu_0-\mu_1}{\sigma/\sqrt{n}}\right) - \Phi\left(-3 - \frac{\mu_0-\mu_1}{\sigma/\sqrt{n}}\right) = \Phi\left(3 - \frac{|\mu_0-\mu_1|\sqrt{n}}{\sigma}\right) - \Phi\left(-3 - \frac{|\mu_0-\mu_1|\sqrt{n}}{\sigma}\right)$$

由此可知，β_x 已成为 n 和 $\frac{|\mu_0-\mu_1|\sqrt{n}}{\sigma}$ 的函数，当 $\frac{|\mu_0-\mu_1|}{\sigma}$ 为定值时，质量控制的检出率随着 n 的增加而增加。其中，LCL 为质量下限；UCL 为质量上限。但当工序分布的离散性增大时，即工序分布由 $\mathrm{N}(\mu,\sigma^2)$ 转变为 $\mathrm{N}(\mu,\sigma_1^2)$ 时，漏判概率 β_x 又为

$$\beta_x = P\left(\mathrm{LCL} < \overline{X} < \mathrm{UCL}\right)$$

$$= P\left(\frac{\mathrm{LCL}-\mu}{\sigma_1/\sqrt{n}} < \frac{X-\mu}{\sigma_1/\sqrt{n}} < \frac{\mathrm{UCL}-\mu}{\sigma_1/\sqrt{n}}\right)$$

$$= P\left(\frac{(\mu-3\sigma)/(\sqrt{n}-\mu)}{\sigma_1/\sqrt{n}} < \frac{X-\mu}{\sigma_1/\sqrt{n}} < \frac{(\mu+3\sigma)/(\sqrt{n}-\mu)}{\sigma_1/\sqrt{n}}\right)$$

$$= P\left(\frac{-3\sigma}{\sigma_1} < U < \frac{3\sigma}{\sigma_1}\right)$$

$$= 2\Phi\left(\frac{3\sigma}{\sigma_1}\right) - 1$$

由此可知，σ 的变化对 β_x 的检出是很低的。这一分析结果在被众多 QC（quality control，即质量管理）成果实证后表明，当 n 发生以下变化时，β 与 $1-\beta$ 的相互关系具有如表 4.5 所示的关系。

表 4.5　β 与 n 关系表

样本容量 n	β	$1-\beta$
$n=1$	0.933 2	0.066 8
$n=5$	0.373 2	0.626 8
$n=10$	0.040 9	0.959 1

这时，X 的波动增加了分布中心移动的因素，X 的方差不仅包含了组内变异的影响，同时也包含了组间变异的影响。此时，分组的准则应是使组内的数据条件基本一致，而组间数据却存在差异，绝不能将不同性质的数据分在同一组内。就时间而言，一天内搜集的数据，其变异总比一个月要小，长时间内总是难免发生因异常原因而使工序偏离受控状态的情况，难免有异质数据混杂其中。把短时间内搜集的数据放在一组内，其变异可视为由偶然性原因所致。在搜集数据中，为达到合理分组，务必使同一组内仅由生产条件相同或性质相同的数据组成，切忌把不同时期、不同工艺、不同楼层、不同批号、不同班组的数据放在同一组内。不合理的分组或是同一组内混杂有异质数据，势必增大偏差，从而使控制界限幅度变宽，丧失对工序发生异常的报警作用。但也不能把过于均一的数据分在同一组内。由于组内波动很小，控制幅度变窄，工序管理就会过于严格，在经济上不合理。

另外，在工程施工工序能力指数的计算与分析中，由于一些工程管理者常把技术标准作为控制界限来使用，也有把上级下达的质量指标或是本企业制定的质量目标当作控制界限来使用，因此，应对控制界限与公差界限的区别予以必要的重视。一般来讲，控制界限随 μ 和 σ 的变化而变化，而公差界限则是依据技术规范、质量标准确定的，在一定时期内是固定不变的。控制界限常依据组内数据随机波动的大小来确定，它的作用是判断工序是否稳定、是否发生异常，而不能判断产品质量是否合格，而公差界限则是衡量产品是否合格的标准。由此可知，控制界限与公差界限的性质与作用截然不同。

2. 工序控制能力的判断

就工序控制的结果和状态而言，一般可分为两种状态：一种是受控状态；一种是失控状态。如果工序控制的产品质量特性值为 X，其质量分布参数为 μ 和 σ，即 $X \sim N(\mu,\sigma^2)$，则工序质量的控制即工序控制能力就可以用 μ 和 σ 的变化来表示和判别。然而，从工序能力指数 C_p 的分析公式中已知，当质量标准一定时，工序能力指数和质量数据离散程度有关，且随 σ 的增大而降低。同时，又从 β_x 分析中可知，随着工序能力指数的增加，不合格率在降低，合格率在提高，因此，从质量控制角度看，C_p 值越大越好，但从经济角度看，C_p 值过大则会增加控制质量的成本而不经济，因此，C_p 的取值就成为一个值得探讨的问题。

前述可知，工序能力指数的计算是建立在数理统计的基础上的，是用质量特性值 X 的公差范围与分散范围的比值来确定的。这样，根据数理统计理论就可得知，σ 的估计可以用样本的标准差来估计，但实际中更多的却是用样本极差 R 或 R 序列的平均值 $\overline{R}$ 来估计，σ 的估计值为 $\hat{\sigma} = \overline{R}/\lambda$。其中，$\lambda$ 与样本容量 n 有关系，如表 4.6 所示。

表 4.6　λ 与 n 参数表

n	2	3	4	5	6	7	8	9	10
λ	1.128	1.792	2.058	2.325	2.534	2.704	2.847	2.970	3.077

很显然，在住宅工程的质量管理控制中，这种能力就是要有效地控制住那些给质量带来影响的倍效因素，因此，在住宅工程的质量控制中，质量分布参数的 σ 必然就与倍效因素有关。如果在某一工序中有 N 个倍效因子，那么，$\sigma = \sqrt{\sigma_1^2 + \sigma_2^2 + \sigma_3^2 + \cdots + \sigma_{n-1}^2 + \sigma_n^2}$。此时，设允许偏差范围为 ε，偏差上限和偏差下限分别为 ε_U 和 ε_L，允许偏差中心为 ε_M，工序能力指数用 C_p 来表示，则：

$$C_P = \frac{\varepsilon}{\sigma} = \frac{\varepsilon_U - \varepsilon_L}{\sigma}$$

对于 ε，当针对工程中每一个具体的质量问题时，在国家规范或有关标准中，一般都有具体的质量标准和允许偏差范围，而且这些偏差允许多为单项允许偏差，因为超越质量的上限当然是我们所期望的，所以一般就只设定下限。但在质量控制中，由于只存在单项允许偏差时，$\overline{X} \ne \varepsilon_M$，所以，无论设定的是双项允许偏差还是单项允许偏差，为了便于分析，就需要引入偏移量 α 和偏移系数 β 这两个参数，并且存在：

$$\alpha = \left| \overline{X} - \varepsilon_M \right|,\ \beta = \frac{\alpha}{\varepsilon/2} = \frac{2\left| \overline{X} - \varepsilon_M \right|}{\varepsilon}$$

$$C_{P\beta} = (1 - \beta)C_P = \frac{\varepsilon - 2\alpha}{\sigma} = \frac{\varepsilon - 2\left| \overline{X} - \varepsilon_M \right|}{\sigma}$$

当工序正常进行时，质量的保障率 p 是允许上偏差保障率 p_U 和允许下偏差保障率 p_L 的和，即 $p = p_U + p_L$。同时因为

$$p_L = P\left(X \le \varepsilon_L\right) = \int_{-\infty}^{\varepsilon_L} \frac{1}{\sqrt{2\pi}\sigma} e^{\frac{(\varepsilon-\mu)^2}{2\sigma^2}} d\varepsilon = \int_{-\infty}^{\frac{(\varepsilon_L-\mu)}{\sigma}} \frac{1}{\sqrt{2\pi}} e^{-\frac{Z^2}{2}} dZ = \Phi\left(\frac{\varepsilon_L - \mu}{\sigma}\right)$$

所以

$$\begin{aligned} p = p_U + p_L &= P\left(X \le \varepsilon_L\right) + P\left(X > \varepsilon_U\right) \\ &= P\left(X \le \varepsilon_L\right) + 1 - P\left(X \le \varepsilon_U\right) \\ &= \Phi\left(\frac{\varepsilon_L - \mu}{\sigma}\right) + 1 - \Phi\left(\frac{\varepsilon_U - \mu}{\sigma}\right) \end{aligned}$$

$$= \Phi\left(\frac{\varepsilon_{\mathrm{L}} - \mu}{\sigma}\right) + \Phi\left(-\frac{\varepsilon_{\mathrm{U}} - \mu}{\sigma}\right)$$

当 $\overline{X} > \varepsilon_{\mathrm{M}}$ 时，

$$\frac{\varepsilon_{\mathrm{L}} - \mu}{\sigma} = \frac{\left(\varepsilon_{\mathrm{M}} - \dfrac{\varepsilon}{2}\right) - \overline{X}}{\sigma} = -\frac{\dfrac{\varepsilon}{2} + \alpha}{\sigma} = -\frac{\varepsilon(1 + \beta)}{2\sigma} = -3C_P(1 + \beta)$$

$$\frac{\varepsilon_{\mathrm{U}} - \mu}{\sigma} = \frac{\left(\varepsilon_{\mathrm{M}} + \dfrac{\varepsilon}{2}\right) - \overline{X}}{\sigma} = -\frac{\dfrac{\varepsilon}{2} - \alpha}{\sigma} = -\frac{\varepsilon(1 - \beta)}{2\sigma} = 3C_P(1 - \beta)$$

$$P = \Phi\left[-3C_P(1 + \beta)\right] + \Phi\left[-3C_P(1 - \beta)\right]$$

当 $\overline{X} < \varepsilon_{\mathrm{M}}$ 时，

$$\frac{\varepsilon_{\mathrm{L}} - \mu}{\sigma} = \frac{\left(\varepsilon_{\mathrm{M}} - \dfrac{\varepsilon}{2}\right) - \overline{X}}{\sigma} = -\frac{\dfrac{\varepsilon}{2} - \alpha}{\sigma} = -\frac{\varepsilon(1 - \beta)}{2\sigma} = -3C_P(1 - \beta)$$

$$\frac{\varepsilon_{\mathrm{U}} - \mu}{\sigma} = \frac{\left(\varepsilon_{\mathrm{M}} + \dfrac{\varepsilon}{2}\right) - \overline{X}}{\sigma} = -\frac{\dfrac{\varepsilon}{2} + \alpha}{\sigma} = -\frac{\varepsilon(1 + \beta)}{2\sigma} = 3C_P(1 + \beta)$$

$$P = \Phi\left[-3C_P(1 + \beta)\right] + \Phi\left[-3C_P(1 - \beta)\right]$$

由此可知，在工序质量控制中，工序执行是否处于正常状态，管理者便可根据工序操作所得的实际样本状况来进行判断。

根据工序操作所得的实际样本得出 C_P 值后，实施状态是否正常就要依据一个能够标示工序控制能力的判断标准来判定了。在制造业中，常选 $C_P = 1.33$ 为控制标准，当实际工序能力指数小于此标准时，认为工序能力不足，需采取质量控制措施加以调整；当实际工序能力指数大于此标准时，认为工序能力充裕，质量控制严格，但不经济。对于住宅工程施工工序的质量控制，显然仅有 $C_P = 1.33$ 是不够的，并且由于在工程项目的实施过程中，影响因素多而复杂，并且存在着不可忽视的倍效因素，因此，对 C_P 值的确定应更广阔一些，况且，有些工程也存在着当 C_P 小于 1.33 时，质量控制也在正常范围的情况，因此，住宅工程质量控制应允许 C_P 小于 1.33。

目前，一些工程在其施工规范和质量评定标准中均用实测合格率来衡量有关施工质量，如《水工混凝土施工规范》规定，按许可应力法设计的结构，统计强度保证率最低不得小于 80%；按极限状态法设计的钢筋混凝土结构，统计强度保证率最低不得小于 90%。《碾压式土石坝施工技术规范》规定，坝体填筑干密度的控制，其合格率不小于 90%，不合格干密度不得低于设计值的 98%。《水利水电基本建设工程单元工程质量等级评定标准》规定，坝体堆石分层压实的干密度，合格标准检测点合格率须大于 90%，不合格干密度不得低于设计值的 98%。对于这些规定，在制定其工序能力指数判定标准时，可考虑借助于这些合格率标准来确定，当然这时要求用于计算实际工序能力指数的数据也较多。对于住宅工程来讲，也可参照这一方式进行分析和确定，也可将本书根据相关研究成果和大量实验而确定的表 4.7 中的数据作为参考标准。

表 4.7　工序控制能力的判断标准

能力指数	能力判断
$C_P > 1.67$	过剩
$1.67 \geqslant C_P > 1.33$	充足
$1.33 \geqslant C_P > 1.00$	正常
$1.00 \geqslant C_P > 0.67$	不足
$C_P \leqslant 0.67$	严重不足

4.4.8　质量控制方法研究所带来的启发

如何实现对工程质量的有效管理一直是工程项目中的重点管理和研究内容，尽管目前已有很多方法，但这些方法都是一些普适性的方法。面对工程项目中出现的新问题，这些方法可能就会呈现出无效或失效的现象，而这一现象却很好地解释了尽管有很多工程质量管理方法然而在工程项目中却依旧时常出现工程质量问题这一普遍现象。即工程项目管理者在提出解决问题的方法时，实际上还是没有对所出现的质量问题进行深刻的剖析，而是依据传统的经验去解决所出现的问题。很显然，由于解决问题的方法缺乏针对性，因而，解决问题的结果就达不到理想的效果。

针对这一问题，本章以最为普遍的住宅工程质量问题为例，以循证医学理论为指导，通过对大规模实证调研所得的实例数据分析，基于数学逻辑分析原理，发现了影响工程质量的因素存在着自身效应和相关因素间的倍效效应这一关键特性，据此，创造性地提出了影响工程质量的倍效因素和倍效效应的新概念。为使这一重大发现在工程质量管理中发挥其应有的作用，在广泛融合系统工程学、工程项目管理学、土木工程施工技术等多学科知识的基础上，通过对工程质量控制与可靠性管理等相关问题的深度研究，结合工程质量管理需求，提出了基于群因素关系结构模型的质量主次因素识别新技术与确定各因素倍效效应的新方法。同时，基于工程控制理论，又提出了以工序操作所得实际样本来判定工程质量控制能力的新方法和具体实施程序，并进一步给出了判定工程质量控制能力的新标准。在将该研究成果应用到工程实践中后，已被大量工程实践证明，该技术可以实现对工程质量的有效监管与控制，故先后获得了国家版权局颁发的专利证书和省部级科学技术进步奖。

由此可知，在开展科学研究的过程中，若要有效解决工程实际问题，不仅需要研究者基于工程实践，全面系统地了解和掌握研究对象的实际形态，并通过科学严谨的客观分析，掌握研究问题的本质与机理，更需要研究者综合多学科相关知识，来寻找和发现解决问题的有效方法与手段，而不能仅仅采用没有实证依据的思辨性模式来提出解决问题的方法和手段。因此，该章的研究模式就为此类问题的研究者提供了一个有价值的参考范例。

【本章拓展材料】

第 5 章

基于粗集理论的工程管理指标提取新模式

5.1 创新点

（1）提出获取研究对象管理指标相关信息的普适性方法。

（2）提出提取和确定研究对象信息特征及其参数的新方法。

（3）提出有效提取和确定管理指标的新方法。

5.2 创新背景

不论是在工程项目管理领域还是在其他领域，指标已成为一个应用非常广泛的管理工具。仅从工程项目管理领域来看，指标就可用于工程项目的可行性研究、设计方案的选择、施工队伍的招投标管理、施工过程中工程质量状态的分析、工程进度的判定、工程安全状况的评估、工程项目的验收、工程项目的后评价等多个方面，其涉及范围之广、用处之大可谓是工程管理中的首要工具。因此，工程项目管理指标自然也就成为工程项目管理者非常重视且必不可少的管理工具。

很显然，管理者在工程项目管理中采用不同的管理指标来分析、判断和评价不同的管理对象时，这种现象是正常的，也是客观的。但面对同一工程的同一个管理对象时，不同的管理者却采用了不同的管理指标，这一情况就不得不引人深思，到底应该采用哪些指标？更让人不可思议的是，当对同一工程、同一管理对象出现的同一问题进行分析和评价时，不同的管理者采用不同的管理指标却得出了不同的结论，甚至有些结论存在着明显的差异性和对立性，这就不得不让人产生质疑，到底哪个结论才是正确的呢？按照客观规律，同一工程、同一管理对象出现的同一问题，即使采用不同的管理指标对其进行分析和评价，也应得出相同或相近的结论。所以，当同一工程、同一管理对象出现同一问题后得出不同的分析结论时，一定是两种分析和评价方法中的一种出现问题，或是两种方法都存在问题。

工程管理者熟知，在分析和评价某一问题时，最为主要的工作有三项：一是确定分析或评价指标；二是获取相应的数据；三是利用指标来分析数据。一般来讲，获取的数据主要来源于工程实际，数据的真实性和可靠性相对还是比较高的。利用指标来分析数据时主要采用定量分析方法，因此，分析过程的科学性、客观性和可靠性也是相对比较高的。那么，一旦分析结果出现较大差异，那就极有可能是分析指标选取的问题。而在分析和评价过程中，不同工程管理者采用不同的管理指标来分析和评价同一工程、同一管理对象出现的同一问题的现象在工程管理中的确时常出现。因此，这就很好地解释了同一工程、同一管理对象出现同一问题后，不同的管理者得出了不同的结论这一现象。由此可以看出，若要实现对工程项目的有效管理，避免管理各方在工程项目的管理过程中发生冲突和矛盾，如何科学正确地预先确定各种管理对象的管理指标就成为一项非常重要且必要的管理内容。

5.3 创新构思

鉴于指标的重要性，国内外很多学者对其进行了不同深度的研究，可以说方法众多、思路各异。但从总体来看，主要可分为两大类：一类是在明确研究对象的前提下，通过参引性模式，利用同类对象已有的指标作为管理指标；另一类是在明确对象的前提下，结合管理者或研究者的经验，或通过与若干专家的分析，来确定相应的管理指标。在二者中，第一类占据了较大的比例。

但从科学的角度来看，指标的本质应该是能够有效反映研究对象特征的主要参数，它是在较小的技术层面上就能从含有众多噪声的信息中捕捉和提取出有价值的信息并达到掌握研究对象所处状态的有效标度。即使是从知识逻辑的角度来看，指标也应该是研究对象本质的反映和代表，这个本质不仅应包含研究对象的属性归属，更应指示出研究对象表象的有效特征。这就意味着指标只有与研究对象的特征及其参数紧密联系在一起，才可能在分析和研究管理对象中发挥其应有的作用。因此，指标的获取也就必然应来源于研究对象的表象及其特征参数。

但就目前确定指标的方法来看，很多指标多是研究者以个人经验为基础而确定的，或是研究者通过参阅若干文献直接引用他人的研究成果来确定的，而不是源于对研究对象所附表象及其特征与参数的有效识别和分析结果，这就必然使所采用的指标在分析和评价研究对象时缺乏针对性。更需要注意的是，在如何选取研究对象的指标方面，不同管理者和研究者呈现出更大的差异性，这一差异性不仅体现在最终所选取指标种类的差异上，而且利用指标对同一对象的同一问题的分析结果也是千差万别的。这表明，在工程项目管理指标选择方面，存在着明显的非科学性和非一致性问题。

针对这一问题，通过对同类相关研究文献和已有成果以及指标实际使用状况进行系统分析，研究者认为，既然指标是有效反映研究对象特征的主要参数，而特征是通过问题表象呈现出来的，那么，从问题表象着手，在获取研究对象问题表象的基础上，通过对问题表象的科学分析来获取研究对象的特征及其参数，由此进一步提取和确定出研究对象的管理指标，就应该是一种科学、正确且可行的研究思路。同时，在分析管理对象问题表象的过程中，通过对多种科学理论与方法的对比分析后发现，由于粗集理论可以在保留关键信息的前提下，能对研究对象的相关信息和数据进行化简并求得内含知识的最小表达，并能够评估有关数据和信息之间的依赖关系，揭示外在表象的概念及其内在本质，且能从经验数据或已获信息中获取易于证实的知识规则，因此，该理论就可能成为解决此类问题的最佳工具。在该思想的指导下，本章以建设工程项目为例，就如何以工程项目中出现的各种问题表象为基础，通过科学的分析来获取分析和评价各种问题的管理指标并给出系统的分析过程，为其他研究者今后科学提取和确定研究对象的管理指标提供有价值的参考范例。

5.4 内容阐述

5.4.1 建设工程项目管理的基本理论

建设工程项目就是在一定条件下，按照一定的建设程序，为完成具有特定目标的工程项目而实施的系统性组织活动。它不仅包含了人们平常所理解的实体建设项目，如城市基础设施、公共建筑、住宅小区、工业厂房、建材工程、冶金工程、石化工程、通信工程、电力工程、道桥工程、水利工程、采矿工程、港口工程等项目建设，而且随着社会的不断发展和科学技术的不断进步，还扩展和包含了国防工程项目、自然资源开发项目、科研工程项目（如基础科学研究项目、应用科学研究项目、973 计划和 863 计划）等许多系统性的工程项目。但在本章中，为了避免读者过于宽泛的思想而误解本书所述内容，在此特别指出，本章所指的建设工程项目仅指人们平常所理解的实体建设项目，即按照国家工程建设法规和程序而建设的工业建筑、民用建筑、公共建筑、基础设施、交通工程、电力工程、道桥工程及其他实体工程。

1. 工程项目的基本建设程序

按照国家的工程建设法规可知，工程建设程序是指工程建设项目从其构思和设想开始，经过必要的调研、可行性分析、初步设计和多方比较与决策，提出项目建议并得到上级主管部门批准后，组织项目参与各方来完成工程建设内容、实现项目建设目标的过程。就此，我国政府主管部门在完成大量工程实践的基础上，总结了新中国成立以来工程建设中正反两个方面的经验和教训，逐步提出了符合中国国情的工程项目建设程序。

从工程实践结果来看，尽管不同的工程建设项目在其性质、规模、承包方式、管理模式等方面具有一定的差异，但其基本建设程序通常都含有工程项目的项目策划、建设准备、项目实施和验收使用四个主要过程。

1）项目策划

工程项目策划是指项目建设方或业主构想通过工程项目的建设来促进企业技术进步、实现企业发展战略目标的行为过程。这个过程会因项目的复杂程度与建设规模的差异而有长有短，一般是从工程项目的构思开始到项目批准并正式立项发文为止。在此期间，主要开展的工作有项目可研、申报审批和项目核准。其建设程序如下。

（1）确定项目建设目标。为了促进企业的发展，企业法人结合企业的发展战略以及当前乃至今后一段时间欲解决的主要问题，提出通过拟建项目所要达到的主要目标和拟解决的主要问题。这一工作主要是企业的自身工作，具有完全的主动权。但常常出于多种因素的考虑，分析和决策过程反而相对较长。

（2）构建项目建设框架。企业在明确项目建设目标之后，需要开展市场调研，了解与建设项目紧密相关的各种情况。在此基础上，进一步明确项目的结构组成、建设规模及投资数额，并对建设项目预期目标所涉及的各个指标做出初步的描述和设定，同时对拟建项目存在的机会进行初步估计和猜想，构建出初步的建设框架与虚拟计划。

（3）策划项目建设方案。在明确项目建设内涵的基础上，根据项目建设目标，策划和编制项目的总体实施方案，如工程总体功能定位、工程主要建设指标、工程总体建设框架、工程总体规划布局、建设项目的阶段划分、项目融资方案、工程设计方式、工程建设模式、后期运营模式及相应的组织策略等。

（4）提出项目建议书。在构建起项目建设的初步框架之后，需要对项目建设的可行性与必要性进行论证，并编写项目建议书。项目建议书是对项目总体目标、目前状况、相关问题、环境条件、项目定义和总体方案的进一步说明与细化，也是项目开展可行性研究的前提基础和必要条件，它可为后续开展项目的可行性研究、工程设计和计划编制提供指导。

（5）报审建议书。编写完项目建议书后，企业须将项目建议书提交到工程建设主管部门进行意向审批。工程建设主管部门将在综合考虑当地经济发展状况和国家相关发展政策的前提下，给出相应的指导性意见。

（6）开展项目可行性研究。企业的项目建议书得到工程建设主管部门的批准后，需组织开展更为详细的项目论证，并编写建设项目的可行性研究报告。在开展项目可行性研究前，需要对市场需求现状和与建设项目紧密相关的政策法律制度等情况进行广泛的调查与深入的研究。特别是对特殊的建设工程项目来讲，为了慎重起见，有些可行性研究工作需要花费几年甚至十几年的时间进行调研工作，对工程项目进行财务评价、国民经济评价和环境影响评价，以便对实施方案进行全面系统的技术经济论证与评估，确保项目建设的必要性与价值性。

（7）项目报审和计划下达。在完成可行性研究的基础上，企业需将可行性研究报告提交到工程建设主管部门进行审批。工程建设主管部门将根据可行性研究结果，在综合考虑各种因素的前提下，就是否立项做出最后决策。项目一旦得到批准，即可下达立项文件。项目立项文件和经批准的可行性研究报告就作为工程项目的任务书，并同时作为项目初步设计的依据。

2）建设准备

在项目得到批准并获得立项文件后，申请项目建设的单位也就随即成为工程建设主管单位。为实现工程建设目标，工程建设主管单位需要就如何进行工程设计、选择施工队伍、采购工程建设材料与设备、对工程进行管理、使项目进行开工建设等内容组织有关人员开展工作，具体的工作主要有工程招标、工程设计委托和工程建设手续办理。

（1）工程招标。建设项目是一项复杂且系统的工程，它的完成不仅需要建设单位的科学组织与管理，更需要设计单位、施工单位、监理单位、供货单位等多家单位的参与和努力。但在确定由哪些设计单位、施工单位、监理单位和供货单位来参与并完成这些工作时，目前采用的方式主要是招标。因此，工程招标就成为工程建设前期准备工作的一项重要内容。工程招标首先选定的是设计单位，在完成设计任务后，依据设计文件，再选择工程施工单位、监理单位、供货单位以及参与项目建设的其他单位。

（2）工程设计委托。工程设计是对工程建设所需系统技术的定义和说明，主要通过设计文件，如图纸、大样或模型，对拟建工程的系统技术进行详细的描述。按照工程规模和复杂程度的不同，工程项目设计工作的复杂程度也不同。对于一般的工程项目，工程设计分为初步设计和施工图设计；对于技术相对比较复杂的建设项目，工程设计分为初步设计、技术设计和施工图设计。这些工作可由一家设计单位来完成，也可由多家设计单位来完成。设计单位一般通过招标方式来选取和确定，项目中的各个专业分工与配合则由设计单位负责组织和实施，且设计单位负责工程建设过程中的技术指导。

（3）工程建设手续办理。在工程项目开工建设之前，建设单位需要根据项目批文到政府规划管理部门办理建设工程规划许可证，并根据规划部门提供的规划设计条件和地形电子文件，委托有资质的工程设计单位进行总平面布置和工程设计，确定水电通信等使用要求，到政府土地管理部门办理国有土地使用证和有关批准文件，到政府规划部门认定的施工图审查机构审查设计完成的图纸文件，到政府招投标管理部门依法开展工程招投标工作。同时，落实项目建设资金，通过建设主管部门下达工程年度投资计划和建设文件，到公安消防、人防、能源、市政、环保、质量监督等部门办理建设工程消防、人防、水电接入、道路使用、环评、质量监督等手续。在此基础上，根据立项批文、土地使用通知书或土地使用证、地质勘察成果报告和施工图设计审查意见书、审查报告、施工图审查合格书、建设工程规划许可证、总平面规划图、拆迁许可证或施工现场具备施工条件情况表、中标通知书或直接发包通知单、施工合同、建设单位工程技术人员花名册、监理合同、建设工程质量监督书、建设工程建设资金表、人防批准文件、消防审核意见书、环保审核意见书、防雷设施施工图审查意见书（原件）、外来施工队伍工程备案登记表、施工组织设计、定额测定费缴费凭证、建筑工程团体意外伤害保险费缴费凭证等文件和资料，依照政府主管部门规定的程序，办理工程建设许可证，为工程开工建设提供条件。

3）项目实施

在办完所有的工程手续后，工程项目开工前还需完成施工场地的平整、水电气的接通、道路的铺设、临时设施的搭建等工作。对于较为复杂的施工现场，可能还涉及其他更多的现场准备工作，如住户拆迁、农作物的赔偿、大面积的树木砍伐、坟墓的迁移、地下管道的改线等。这些工程完成后，建设单位即可组织施工单位、监理单位、供货单位等按照工程设计文件和已签订的合同开展相应的工作。

在施工过程中，根据施工情况，建设单位可能还需办理噪声控制、污水排放、临时占道等手续；在完成工程现场放线定位后，还需请建设规划主管部门进行规划验线；在完成工程重大主体结构后，还需请工程质量主管部门进行工程质量的中间验收等工作，直至工程项目全部完工。

4）验收使用

在工程完工后，需要开展的工作主要有工程验收、试运行和工程移交等内容。在工程验收中，不仅含有以建设单位为主的工程整体验收，而且还含有政府主管部门组织的质检综合评定、消防验收、环保验收、人防验收、规划验收等。特别是工程竣工验收，需要工程建设与施工等单位将工程竣工图纸、工程施工许可证、工程质量监督报告、工程勘察成果及施工图设计文件的审查批准书、工程使用功能试验资料、结构工程验收记录及检测报告、规划部门出具的认可文件或准许使用文件、消防部门出具的认可文件或准许使用文件、环保部门出具的认可文件或准许使用文件、人防部门出具的认可文件或准许使用文件、防雷设施验收报告、工程款支付情况表、设计变更通知书、施工重大质量事故处理记录、砼和砂浆抗压强度报告、原材料合格证及检验报告、隐蔽工程验收记录、沉降观测记录、勘察设计单位工程竣工质量检查报告、监理单位质量评估报告、施工单位工程竣工验收报告等资料准备齐全后，方可申报工程验收。

对于工程竣工消防验收、环保验收、规划验收等，可依据公安消防部门、环保主管部门、工程规划主管部门的规定流程和要求，准备好相关工程建设文件和资料后提交验收申请。

在验收过程中，对于含有大型设备的工程建设项目，还要组织系统总体试运行；待试运行合格达标后，移交使用单位进行使用。

从工程建设程序所包含的所有内容可以看出，建设项目是一个复杂的系统工程，在其实施过程中，不仅参与单位多、涉及范围广、涵盖内容多，而且相互之间具有一定的先后顺序关系。若要确保工程项目的顺利实施，不仅需要建设单位做好自身的工作，而且需要政府主管部门、市政部门、设计部门、监理部门、材料供应部门、安全监管部门等的大力支持与配合。因此，在整个工程建设过程中，工程建设活动必须严格执行工程建设程序，避免给工程项目带来不必要的损失。

工程项目的建设程序如图 5.1 所示。

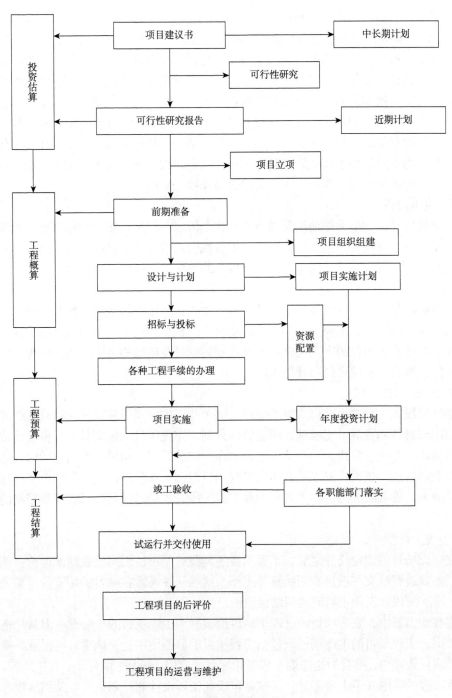

图 5.1 工程项目的建设程序

2. 建设工程项目的阶段划分

从工程项目的建设程序可以得知，工程项目从其构想开始到工程结束是一项为实现特定目标而开展的系统性组织工作。在这个工作中，不仅需要在项目建设前期就项目是否可以建设、是否可以达到预期目的开展必要的可行性分析与研究，而且在项目立项批准之后，还需就如何对项目进行设计、如何使项目顺利实施等许多工作进行计划与筹备；在项目实施的过程中，还需要就如何抓好工程建设、如何确保工程质量、如何使工程所需材料按时到位、如何避免项目风险、如何使项目按期完工等问题进行科学的管理；建成之后，还需要就如何确保工程项目能够正常使用和运行等工作进行后续安排。由此可以看出，工程项目中的这些工作不仅具有高度的相关性，而且还有一定的逻辑性，前一部分的工作常常是后一部分工作的基础，而后一部分工作也是前一部分工作的深化和延续。因此，为了对这些工作实施有效的管理，目前，很多项目管理者把工程项目划分为四个阶段，即决策阶段、准备阶段、实施阶段和竣工阶段。

1）决策阶段

决策阶段又称为项目的前期策划阶段。这个阶段一般是从项目构思开始，到项目被批准立项结束。该阶段的主要工作是通过投资机会的选择和项目的可行性研究，对项目投资的必要性、价值性进行科学论证，为最终的投资立项提供可靠依据。

2）准备阶段

准备阶段是项目进入实质性工作的阶段。由于这一阶段的主要工作是为项目的实施而做的前期各项准备，主要进行的工作是项目组织机构的建立、工程项目的设计、招标与投标、与各承包单位的合同签订、实施计划的制订及项目相关手续的办理等，因此，这一阶段也称为项目的设计和计划阶段。

3）实施阶段

实施阶段在工程中也被称为施工阶段。这个阶段的主要任务就是在项目组织的领导下，利用项目各种资源，完成项目所制订的计划，实现项目的预定目标，将设计蓝图变成项目实体。在这一阶段，项目管理者需要在规定的时间、质量、费用范围内，通过科学的组织和管理，按设计要求高效率地实现项目目标。本阶段是项目的整个实施过程中工作量最大，投入的人力、物力和财力最多的阶段，也是对项目进行管理和控制的主要阶段。

4）竣工阶段

在完成项目的预定任务之后，工程项目还需要有关单位组织验收和试运行；项目合格后，需要进行移交和项目费用结算等工作，这些任务都将在项目的竣工阶段来完成，因此，竣工阶段在工程中有时也叫结束阶段。

在有些书籍中，工程项目的这四个阶段也被称为工程项目的生命期，但从严格的意义上来讲，工程项目的生命期还应包括工程项目的后期使用直至该项目的报废拆除。但在工程项目管理中，项目的生命期一般通指项目的这四个阶段。实际上，在工程实践中，这四个阶段的界限并不十分明显，如准备阶段的工程设计和计划工作以及招标投标工作有时会延伸到工程项目的实施阶段，实施阶段的有些工作还会延伸到竣工阶段。许多工作的相互接续并不是完全按照阶段的划分来实施的，在工程项目实施中经常出现交叉和重叠。因此，项目阶段的划分可以根据管理需要来确定。例如，有的研究者将项目分为提出概念、制订计划、监测实施、项目执行、后期处理五个阶段，也有的研究者将工程项目分为起始阶段、成长阶段、成熟阶段、衰退阶段和消亡阶段五个阶段，还有的研究者将工程项目分为策划构思、计划安排、工程建设、试用移交、运营使用和报废拆除六个阶段。但就工程项目管理而言，如果将工程项目的运营使用和报废拆除也包含在内，那么可能就远远超出了工程项目管理者的能力及工程项目管理的本意。但不论工程项目的阶段如何划分，其内涵都基本相同，因此，只要项目管理者了解和掌握了工程项目管理的本质，就会使工程项目管理发挥其应有的作用。这四个阶段的划分如图 5.2 所示。

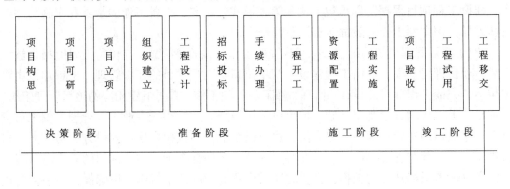

图 5.2　建设工程项目的阶段划分

3. 建设工程项目各阶段的管理内容

建设工程项目管理是一项复杂的系统工程，在其不同阶段将有不同的管理重点和工作内容。因此，若要实现对工程项目的有效管理，就需要在其实施过程中及时了解和掌握工程项目各个阶段的不同管理内容。

1）决策阶段的管理内容

决策阶段是决定工程项目是否建设的关键阶段。在工程项目还处于设想之初，项目投资者在企业长远发展计划的引导下，需要结合市场和社会实际情况以及企业发展需求，提出工程建设的初步想法。然后，通过必要的市场调查、资料收集、人员访谈、实地考察及大量的探讨，明确初始的想法并将之细化。在此基础上，为了了解和掌握上级有关部门的态度以及获得支持，就需要将这些建设工程项目的初始想法编写成项目建议书，然后提交上级有关主管部门进行审议。在获得初步批准的前提下，投资者即可组织有关人员或邀请有关部门，就该项目在建设规模、投资数量、后期效益、社会价值、环境影响等多个方面进行更为深入的调查和研究，并依据调查和收集的数据信息进行更加具体的分析，依据分析结果，编写出项目是否可行的研究报告，即可行性研究报告。将可行性研究报告提交工程建设主管部门后，若获得了上级主管部门的批准，并以文件方式确认，则项目立项就算完成，即可依照文件进行下一步具体的工作。

但对于一些特殊的建设工程项目来讲，这些工作还是远远不够的，还需要分别就投资机会、项目投资的可能性和必要性以及后期的保障性、可能出现的问题、实现项目目标的能力、工程建设过程中所需要的额外资源以及可能遇到的风险等进行更加全面的分析和专题研究。在此基础上，还要将项目的设想绘制成图，作为工程项目的初步设计一并上报，为上级主管部门做出科学的决策提供详细的依据。由于这一分析过程所涉及的内容较多，不确定因素较多，环境变化和政策影响较大，因而，研究的时间可能少则几年，多则十几年至几十年，因此，建设工程项目在决策阶段所做的工作远比一般项目要复杂得多，决策也更为慎重。从总体来看，这一阶段包含的主要工作有机会研究、方案策划、初步可行性研究、实证调查、详细可行性研究、项目评估和初步设计等。

2）准备阶段的管理内容

工程项目的前期准备是从工程项目批准立项到现场开工的项目管理过程。在此过程中，建设工程项目根据工程承包方式和管理模式的不同，准备工作的步骤和实施程序会有所差异，但主要工作一般都含有以下几个方面。

（1）项目管理组织的筹建。按照我国的工程建设管理模式，在可行性研究报告被批准后，项目即可立项，并由工程建设主管单位负责工程项目的建设管理。工程建设主管单位为了完成工程项目的设计、监理、施工等各项工作，需要组建相应的项目管理组织，为项目各项工作的开展奠定基础。但也可采用委托方式，委托专业工程管理单位来负责整个工程项目的建设任务。一般来讲，这个组织机构不仅包含项目建设方、施工方、材料供应方、工程监理等单位，而且在必要的情况下还会有国家主管部门的介入与参与。特别是对于若干特殊性的工程，必要时还需设置专门的监察机构，以确保工程项目的正常运转。

（2）开展招投标工作。在项目实施前，工程由哪些单位来设计，由哪些单位来施工，由哪些单位来监理，由哪些单位来采购材料等许多工作都需要一一落实。为了确保工程实现其预期目标，需要选择出最合适的单位来完成这些工作。因此，不论是工程设计、施工、监理等单位的选择还是工程材料的采购，都需要通过招投标方式来实现。在确定这些单位后，还需要以合同的方式作为管理约束。因此，招投标和合同管理就成为准备阶段的管理对象。

（3）工程设计。对于建设工程项目来讲，项目前期阶段所进行的工程初步设计仅仅是一个最原始的设想。在项目的建设规模与投资额被确定之后，需要依据立项文件的规定以及工程现场的实际情况来进行详细的设计，它包括现场勘察、建筑设计、结构设计、给水排水、采暖通风、网络通信、周围绿化、道路交通、环境美化等。对于更为复杂的特殊工程，还需要进行更为详细的专业设计，以满足工程建设需求。

（4）编制实施计划。实施计划是指工程项目在其建设和今后运营方面所涉及的实施方法、具体步骤、所需费用、进度安排、资源采购、设备供应、组织协调等工作的详细安排，是建设单位根据项目情况而编制的工程建设指导性大纲，也是施工单位、监理单位、供货单位以后编制工程项目施工方案和作业计划的指导性文件。因此，工程实施计划的编制将是这一阶段的重点工作之一。

（5）落实项目资金。项目资金是工程建设最为核心的资源，不论是在工程项目的前期准备还是后期实施阶段，都将需要消耗大量的人力、物力和财力，因而，项目所需资金就成为项目建设所需资源的重中之重。对于一般项目而言，可以通过银行贷款、国家拨付或企业垫资等方式来获得项目的部分或全部费用。但对于特殊建设工程项目而言，由于工程所需资金量可能会非常大，因而，往往仅仅依靠银行贷款或企业垫资是无法满足工程建设需求的，因此，很多工程就需要采取债券融资、股票发行或其他募集的方式来筹集大量的资金。

（6）办理工程手续。在项目实施前，工程项目不仅需要人力、物力、财力等资源的准备，还需要按照国家的有关规定办理各种相关的手续，获得各级有关主管部门的支持。从工程建设程序可以得知，由于这些手续种类多、耗时长，再加上很多政府主管部门的办事效率低下，因而，工程手续的办理就成为建设工程项目准备阶段另一项困难的工作。

3）施工阶段的管理内容

第一，工程项目的施工阶段是将工程计划与设想变为现实的阶段。在此阶段，工程项目参与各方将按照合同约定，履行各自的职能，在规定的时间内尽早完成各自的任务。但在有限的资源和作业条件下，就可能发生各种各样的冲突与矛盾。因此，如何对项目参与各方进行有效的协调与管理将是建设工程项目首先管理的主要内容之一。

第二，在工程建设过程中，任何项目都必须在规定时间内，按照规定的要求完成预定的任务，这样，工程质量、进度和费用就成为项目管理的三大核心内容。但由于建设工程项目具有较多的不确定性，因此，安全与风险管理也成为其主要内容之一。

第三，工程项目的建设离不开各种资源与能源，若要确保工程项目的顺利实施，就必须使项目所需的各种资源按时供应到位，而如何达到这一目的并确保各类资源满足工程有关要求与规定就成为施工阶段必不可少的管理内容。

第四，在工程建设过程中，各种因素的变化、干扰，或是新技术、新工艺、新材料的首次应用，都可能会给项目管理提出新的要求。而在工程中如何通过科学的技术与方法消除各种问题，解决所遇到的难题就成为项目管理者预先需要考虑的管理内容。

第五，如果该工程项目需要占用大量的土地，就可能还会涉及住户拆迁、农作物赔偿、树木砍伐、坟墓迁移、地下管道改线等。因此，环境绿化、生态保护也成为建设工程项目必须管理的内容。特别是在当前低碳经济和可持续发展要求的背景下，绿色施工与绿色管理已成为工程施工的主流，绿色材料的大面积使用也成为必然的发展趋势。因此，建设工程项目在施工阶段所需管理的内容最多，也最为困难和复杂。

4）竣工阶段的管理内容

竣工阶段通常是指在完成项目的各项任务之后，按照工程项目任务书和设计文件以及相关法律法规对工程进行验收、移交和使用的阶段。在此阶段，建设主管单位和上级主管部门首先要做的工作就是组织设计单位、施工单位、监理单位、使用单位及其他相关部门的有关人员对已完项目进行全面的检查，检查的内容不仅包含工程实体，而且包含工程相关资料、图片、文件、影像等是否合格。

此外，建设单位还要对工程项目的主要设备设施进行试运行，检查其运行状态是否满足设计要求。在工程主体和设备设施验收与试运行过程中，如果发现若干问题，项目的施工方还须及时予以修理和完善。在确保工程项目满足设计要求并达到国家或相关规定的标准后，即可办理移交手续，移交使用单位接收使用。

同时，建设单位还需就项目费用与有关单位进行结算和决算，将工程建设资料进行移交和存档；还需开展工程项目的后评价，对已投入运营项目的预期目标、实施过程、运营效益、相关影响等各个方面进行系统客观的总结、分析和评价，为后续工程建设提供宝贵的经验。

5.4.2　工程项目管理对象的信息获取

通过前述分析已知，工程项目管理指标是针对工程项目中所现问题的分析工具，若要使这一工具在分析问题的过程中具有针对性和有效性，首先就应了解和掌握工程项目中有哪些问题以及这些问题的表象形式。

1. 信息及其类别

信息是当今使用频率最高的词汇之一，它是于 20 世纪初在通信理论中专门以专业术语的方式提出来的概念。然而，尽管信息论的奠基人 Shannon 在其论文《通信的数学理论》中给信息赋予了明确的定义，但由于信息的重要性、广泛性及实用性，信息的概念很快被扩展到了许多新的领域，如物理学、计算机科学、分子生物学、社会科学、管理科学、工程项目、机械制造、医疗护理等领域。更重要的是，在其扩展的过程中，内涵也被不断地加以延伸并被赋予了多种不同的新含义。因此，信息在不同领域就有了不同的内涵。

尽管如此，这并不影响人们对信息的进一步认识。从其本质来讲，信息是客观存在的一切事物通过物质载体所发生的消息、情报、数据和信号等可传递、可交换的知识内容，是对事物运动状态、内外特性、存在方式等方面的描述，也是关于事物的运动状态和规律的表征。在这里，事物泛指一切可能的研究对象，包括外部世界的物质客体，也包括主观世界的精神现象，而运动泛指一切意义上的变化。运动状态则是指事物运动在时间和空间上所呈现的过程和规律。信息既不同于消息，也不同于数据。消息只是信息的外壳，信息则是消息的内核，数据则是记录信息的一种形式。由此可以看出，信息的内涵具有丰富的广义性，不仅能涵盖原有的信息定义，而且还可以通过引入约束条件转换为其他所有的信息定义。例如，引入认识主体这一约束条件，可以转化为认识论方面的信息定义，即信息是认识主体所感知或所表述事物运动的状态与方式。换一个约束条件，以主体的认识能力和观察过程为依据，则可将认识论方面的信息进一步分为未知信息和已知信息。引入的约束条件越多，信息的内涵就越具体，适用范围也就越小，由此可构成相互间具有一定联系的信息概念体系。

为了对信息进行有效的管理，人们对信息进行了分类。按照不同的分类方法，信息可被划分的类别也各不相同，如按信息的来源划分，信息可分为两类：一类是自然信息；一类是社会信息。自然信息是由于自然环境变化而产生的信息；社会信息是人类在生产和生活中产生和交换的信息，且社会信息可由人类通过各种形式的加工和处理获得并成为改造客观世界的有用知识。若按信息的状态划分，信息可分为静态信息和动态信息。静态信息有档案资料、设计图纸、设备型号等；动态信息有水泵的流量和压力、股票的价格等。此外，若按信息的作用划分，信息可分为有用信息和无用信息；按信息的载体划分，信息可分为语言信息、文字信息和图像信息等；按信息的属性划分，信息可分为工业信息、农业信息、商业信息等；按感知类型划分，信息可分为直接信息和间接信息；按传播方式划分，信息可分为公开信息、内部信息和机密信息；按认识类型划分，信息可分为未知信息和已知信息；按形态类型划分，信息可分为宏观信息和微观信息；按重要性划分，信息可分为主要信息、一般信息、冗余信息；按时间性划分，信息可分为现时信息、历史信息和预测信息；按阅读方式划分，信息可分为人读信息、机读信息；按逻辑类型划分，信息可分为语法信息、语义信息和语用信息等。

在此，结合信息的类别划分，为了给后续内容的论述提供必要且明确的知识基础，需要重点说明和阐述的一个信息分类就是语法信息、语义信息和语用信息的区别。所谓语法信息，是信息的最直接表象，是事物运动状态和存在方式的外在形式，是浅层次的信息，它只是纯客观地描述事物的状态和现象，而不描述和表示事物的内涵，也不涉及状态的含义和效用。而语义信息是信息的第二个层次，它所表达的是事物的运动状态和变化方式的逻辑含义。语用信息则是信息的最高层次，它是指认识主体所感知或所表述的事物运动状态和存在方式相对于某种目的的效用，是信息表象在被受信者接受后，经过对信息表象的识别与分辨、汇总与整理而得出的结果。正因如此，此类信息才具有了系统性和条理性，可靠性和完整性也在分辨之后得以提高。因此，这三种信息的区别主要就在于它们所具有的价值、真实度和可靠度不同。很明显，真正最有价值的信息是语用信息。但也常由于研究者采用了不同的信息处理方法，语用信息潜意识地包含了研究者若干潜在的主观意识。因此，对于其他研究者来讲，信息的价值可能就会降低，这反而从另外一个角度更加显现出科学处理信息的重要性，这也正是本书采用粗集理论来分析和处理工程项目管理信息的意义与价值所在。

同时，之所以在此重点强调信息的这一分类，主要还是因为当前许多研究者在提取和确定工程项目管理指标时，依旧还是从语义信息开始进行分析，甚至还有相当一部分研究者是在语法信息的基础上提取和确定指标。由此可以看出，此类信息还有较多的噪声，再加上研究者的主观臆断，其研究结果也就必然会引起其他相关研究者的质疑以及与工程实际的脱离。因此，若要确保所定指标的有效性，就必须在获取研究对象的信息之后，通过科学的分析方法来获取研究对象的本质。在此基础上，提取和确定的管理对象分析指标的有效性才能从根本上得到保障。

2. 信息的特性

在信息被广泛应用之后，其内涵不仅得到了深化，外延也得到了扩展，信息随之也就具有了很多的特性，但从总体上来讲，主要有以下几个方面的特性。

1）普遍性

世界是物质的，物质是运动的，运动是普遍存在的且具有表现形式的，因而，物质及其运动的普遍性就决定了信息存在的普遍性。信息既能产生于有生命的有机世界中，也能来自于无生命的无机环境中；它既可以是物质的特征及其运动状态的反映，也可以是人类大脑思维的结果。总之，信息无时不有，无处不在。

2）依附性

由于信息是虚体形态，因而，信息只有依附于一定的物质载体才能存在、表现和传播，这样，信息便具有了依附性。这些载体有很多种，如有语言、文字、符号、形体、表情等表意型载体，也有声波、电磁波（光波）、网络等无形承载型载体，还有纸张、磁带、光盘等有形承载型载体。也正是由于信息的依附性，信息才得以寄存下来，并且可以通过传递载体来传播信息，同时实现信息的存储、累积和可传递。

3）可识别性

由于信息可以被人感知、处理、利用，因而，信息又具有了可识别性。同时，也正是由于信息的这一特性，知识才有了扩展，科技才得以进步，人类才得以走向智慧和文明。

4）压缩性

经过加工、整理、概括和归纳，可以使信息消除冗余且更加精炼，可以去掉那些无用的、不重要的信息而供使用者有重点、有目的和有意识地使用信息中有价值的部分。这部分若与原信息相比，由于其信息内涵明显地减少却不失本质，因而就被认为具有可压缩性。

5）共享性与价值的相对性

由于信息可以在不同的载体间转换和传播，也可以跨越时空，从一个时代传到另一个时代，并且在转换和传播的过程中可以保持原量，所以，当信息从一方传递给另一方之后，另一方也拥有了同样的信息，同样可以从中获取所需的内容，因此，信息也就具有了共享性。但由于不同的使用者具有不同的信息处理能力，从同一信息中挖掘的价值就可能具有一定的差异，这样，同一信息的价值也就具有了相对性。

6）可伪性

虽然信息具有客观性，但信息反映出的表象不一定就是信息源的本质，即信息的表象具有可伪性。信息可伪性的产生主要来源于三种情况：一是信息接受者自身能力以及所处环境的不同，会使不同的信息接受者对同一个信息产生不同的理解，做出不同的判断，予以不同的记录和描述，从而造成认知型伪信息；二是信息在传播过程中可能因为主观的或客观的原因，使信息量发生变化或者掺杂了冗余信息，使新的信息接收者接收到的信息内容已经不是原信息所具有的内容，从而产生伪信息；三是信息发出者出于某种原因，故意夸大、捏造假信息，从而形成人为型伪信息。由此可知，在信息使用前，对信息进行识别和处理是非常必要的。

7）时效性

大多数的信息是对某一事物某一时段的反映，过了这一时段，事物将可能呈现出新的状态和特征。特别是对于研究者而言，如果在研究中所利用的信息反映的不是研究者所需要的那个时段的信息，那么，这个信息就失去了效用。这表明，信息具有明显的时效性。

3. 信息采集规则

信息采集是指为了达到某一目的或实现某一目标，收集和获取某一对象相关信息的行为过程。由于信息采集是获取信息管理的起始，因此，信息采集的质量高低将对后续的信息分析与使用带来直接的影响，并且采集到的信息的真实性、可靠性、时效性和完整性都将与信息的后期加工、存储直至最终的利用效果紧密相关。因此，为了确保在今后的信息利用中不出偏移，在信息的采集中就必须遵守一定的规则。一般来讲，这个规则主要包含有真实性、准确性、及时性、完整性和有效性五个方面。

1）真实性

真实性是指采集的信息必须是真实的，是事物真实发生的。但若要保证信息的真实性，信息的来源首先必须是真实可靠的，如果信息是通过间接途径采集到的，那么这些信息必须经过核实，以确保其真实有效性。为了提高获取信息的真实性，最好是通过直接获取而非间接获取。获取信息的过程和环节越少，信息的真实性也就相对越高。同时，在信息采集的过程中，应特别注意对所采信息的即时鉴别，及时核实模糊和不确定的信息，避免给信息的后续识别与利用带来不利影响。

2）准确性

准确性是指采集到的信息要准确表达或描述出事物的行为和状态。为了使采集到的信息更加准确，在信息采集中，一是要力求做到不使用模糊语言，特别是有关信息发生的时间、地点、人物、过程、原因、结果六大要素应尽可能地详细；二是应尽可能缩短采集信息的渠道，以免在信息传播过程中造成信息量的损失和冗余信息的掺杂。同时，在信息的采集过程中还应该尽量避免各种因素对信息采集的干扰。

3）及时性

这一方面包含两层含义：一是指信息从发生到被采集的时间间隔要尽可能短，间隔时间越短就越容易保障信息的真实性、完整性和可靠性；二是指采集信息要高效，这主要是由于某些信息出现的时间很短，所以在采集时要行动迅速，一旦错过信息出现的时机，有些信息就采集不到了。

4）完整性

完整性是指采集到的信息应该是对事物行为与状态的全面完整描述与记录，应尽可能地做到不漏缺和不遗失。为了在信息的采集过程中确保所得信息的完整性，在采集信息的过程中，不论其今后是否有用，都应将一切相关信息先收集到手，以确保信息的完整性。特别是对于暂时无法确定其是否有价值的信息，也不要轻易舍弃，等到通过后期的信息辨识之后，再做进一步的处理和决定。

5）有效性

有效性的含义：一是指采集到的信息要能有效反映出研究对象的本质；二是指由于不可能把研究对象的所有信息全部都获取到，因而所采集的信息就必须具有代表性和有效性。

4. 信息获取方法

在工程实际中，获取信息的方法有很多种，如搜寻法、调查法、观察法、实验法、试验法、探测法等。由于每种获取信息的方法具有不同的特点，也有不同的适用范围，因而，在获取信息中应结合研究所需，确定获取信息的方法。

1）搜寻法

搜寻法是最常用的一种方法，这种方法包含查阅、检索、复印、阅读、下载等多种信息搜寻和获取方式。例如，研究者可以通过阅读图书、报纸、期刊、资料等方式获取信息，也可以通过复制图书、磁盘、光盘中的某些内容来获取信息，还可以下载网上的相关资料或图片以及通过文献检索系统获得所需信息。

2）调查法

调查法是一种最普遍的方法，它是指信息采集者通过观察和询问，对研究对象的客观状态进行深入细致的了解以获取其相应信息的一种方法。在调查法中，根据调查数量的不同，调查又分为普遍调查、典型调查和抽样调查。普遍调查是在已确定范围内对全部调查对象的调查。这种调查方式相对于典型调查和抽样调查来讲，可以获得较为全面的信息。但和典型调查、抽样调查相比，普遍调查涉及面广、工作量大、耗费资源也较多，因而，只在需要了解全部信息的研究中才采用这一方法。而典型调查是在一定范围内，对重点的、有代表性的样本进行的调查。这种方式常常是研究者在已对研究对象有了一定程度的了解之后，为进一步了解和掌握其中的更为重要和关键的问题而进行的调查，因而，这种调查方式的工作量相对来说比普遍调查要小一些，如果典型样本选得比较合适，就会收到事半功倍的效果。但如果选择的样本不具备代表性，则有可能会影响到研究结果的正确性与可靠性。抽样调查是在一定范围内，从调查对象中抽取部分样本进行的调查。由于在抽样前研究者常常要依据调查对象的总体状况进行必要的科学分析，以确定研究对象的选择范围，因此，抽样调查是一种较为科学的调查方式。

在抽样调查中，被抽取的调查对象称为样本。具体抽取的方法有四种：一是简单随机抽样，又称纯随机抽样。抽样时，对全部被调查对象不做任何处理，完全排斥任何有意识的选择，使每个被调查对象具有相同程度的入选可能性。二是机械随机抽样。抽样前，先将全部被调查对象按照某一特征排队，然后按照固定间隔和顺序来抽取被调查对象，由于抽选的间隔相等，所以这种方法又被称为等距抽样。三是类型随机抽样。抽样前，先将全部被调查对象按照某一特征进行划分，分成若干个类型小组，然后从每类型中抽取一定数目的样本，样本可以等比例抽取也可以不等比例抽取。四是分群随机抽样。抽样前，先将全部被调查对象按照某一特征进行划分，分成若干个结构相同的样本群，然后从每个样本群中抽取一定数量的样本。分群随机抽样和类型随机抽样虽然都是从划分小组开始的，但是二者的具体分法不同。分群随机抽样要求各群体或小组之间具有相同性，每一群体内部的成员则具有一定的差异性，抽取的对象不是一个而是一群。类型随机抽样要求各小组类型之间具有差异性，每一小组内部的成员则具有相同性，抽取的对象是一个个的小组成员。

此外，调查法按照调查的途径不同，又可分为人员访谈、现场调查、通信调查和问卷调查。

（1）人员访谈是信息采集者与调查对象进行交谈和个别访问的一种方式。由于这种方式是人员之间面对面的交谈，因而，对方的态度、性格、情绪等都较为清楚，也容易掌握，在双方配合得当的基础上，还可以谈得比较深、比较全面和透彻，可以获得在公开场合下得不到的信息。但由于每次只能与较少数量的调查对象交谈，调查对象少，费时费力，调查效率不高，因而，可能存在满足不了研究所需样本数量的问题。但更为主要的是，由于调查中可能会涉及一些敏感问题，因而被调查者可能会避而不谈。要解决访谈中的这一困难，就必须提高访谈提问的技巧。在访谈中一是要沟通双方感情，避免对立情绪，寻找双方共同的话题，最好从双方共同熟悉的人和事谈起；二是在提问中要使对方感到所问的问题的确是自己能够回答的，有一种被重视、被尊重的感觉；三是在交谈中要真诚表达出自己对问题的渴求，怀着谦虚的态度去交流。

（2）现场调查是一种直接获取信息的有效方法。在现场调查中，不仅可以获得相关人员对调查问题的直接阐述，而且还可以使调查者获得直接的感受，更便于对调查结果进行及时的辨识，因此，这种方法在实证性研究中是最为推荐的一种方法。但由于这种方法一是需要获得现场管理单位的支持；二是需要调研者具备一定的专业知识和实践经验，因此，这种调查方法对调查者素质提出了较高的要求，即必须能够在现场调查中发现问题。但在现场调查中还有一种被广泛使用的会议调查法，这种方法是信息采集者召集一些调查对象，让参会者就调查的内容进行发言。由于讨论的议题比较集中，参会的人比较多，可以集思广益，因而，能够很快获取较多的信息。但也由于参会者的身份、知识结构及实践经验的差异，在讨论中可能会出现议题偏离的现象，因此，需要调查者事先有充分的准备，有调查提纲，对跑题的话题及时地加以纠正。

（3）通信调查是信息采集者借助于信函、电话、E-mail 或网络交流等方式进行的调查，这种方式快捷、高效、成本低，也容易获取大量的调查样本，特别是现在网络调查已成为一种非常有效的新型调查方式。但由于在调查中，也可能会由于被调查者不了解对方的真实意图，因而，调查结果中可能含有较多的冗余成分。在使用这种调查结果时，应进行认真的辨识和筛选，预先确定好调查的对象和范围。

（4）问卷调查是信息采集者将需要调查的内容设计成一种调查问卷，提出若干问题，由被调查者填写后返回，从而获得所需调查信息的一种调查方法。这种方法可以通过信函、网络将调查问卷发往全国各地乃至国外，克服了地理条件的限制，从而可获得较大范围的信息。由于填写问卷是非即时的和匿名的，因而，这种方式可以减少调查对象的思想顾虑，使他们愿意提供真实情况，表达真实观点。但做好问卷调查要特别注意两点：一是要设计好调查问卷；二是要做好调查问卷的回收工作。问卷回收率越高，有效样本越多，调查结果的可信度相对来说也就越高。

3）观察法

观察法是指信息采集者在对客观对象不加以任何干预的前提下，通过视觉、知觉和听觉来获取研究对象所现信息的一种方法。由于采用这种方式所获取的信息是在直接面对对象的情况下进行的，因而，所得的信息真实性相对较高。在采用这种方法的过程中，观察者有时为了记录得更加准确、系统和完整，常借助于一些仪器进行观察，如摄像机、录音机、照相机等。

4）实验法

在自然科学研究中，有时根据研究的需要，需利用一定的仪器设备，人为地控制或模拟某些研究对象的运行过程。这种方法由于可以受到人的调控，因而在某种程度上可以排除干扰，突出主要因素，获取研究者所需的专门信息。

5）试验法

为了获取某一研究对象的未知信息，研究者可采用试验法来对某一产品或实物的运行过程进行模拟仿真，通过将其运行过程中所现的有关数据与预定方案进行比较，来得到研究所需的信息。

6）探测法

这种方法主要是对一些资料缺乏、情况不明、无人知晓的地下管线、地下设施进行调查的方法。由于这类信息常常是通过仪器得到的，因而也可以说是现场调查法中一种特殊的调查方式。

从工程项目管理指标的研究角度来看，由于研究的目的是科学地获取研究对象的管理指标，而其前提基础和必要条件是预先获取管理对象的大量问题表象，因此，结合上述各种方法的特点，以问卷调查法为基础，然后针对调查中的重点问题和不确定信息进行现场调查和人员访谈可能是最为理想的信息获取方式。

5. 获取信息的相关准备工作

从工程项目的内涵可得知，工程项目涉及的范围是非常广泛的。若要确保研究结果的有效性，就必须在信息的获取前明确所需信息的类别、范围、数量等参数，并且就何时、何地由何人以何种方式进行信息获取等工作内容也必须制订出详细的计划，做好相关的前期准备工作，才能确保信息获取工作的顺利进行并实现预期的目标。

1）明确工作目标

获取的信息内容与信息研究所期望达到的目标有着直接的关系。很显然，如果研究目标不明确，那么，为实现这一目标所需要进行的研究工作也就不明确，而为完成这一工作所需采集与获取的信息当然也就无法确定。因此，在采集和获取信息前，首先应明确研究的具体目标，其次通过 WBS 模式获取研究目标的分解结构和具体的研究内容。在此基础上，再根据具体的研究内容，就可知道信息获取中需要采集哪些信息并达到何种程度。更重要的是，这种信息采集前的目标确定不仅可以尽可能地避免采集的信息出现大的偏移，而且还可使获取到的信息尽可能地减少冗余信息和无效信息，提高信息有效率。

2）确定信息采集的范围

一般来讲，不同的研究者都有自己获取信息的途径和渠道，如研究者与国家有关部委或主管行业部门有着非常好的业务关系，那么，就有可能获取到本行业比较有权威性的信息和资料；如果研究者拥有非常好的研究条件，那就有可能获取到比他人更多的研究文献或相关参数。反之，如果研究者所受约束较多，自身条件也较差，那么，他们能够获取的信息也就可能非常有限。但为了确保所获信息能够满足研究所需，研究者应保证研究所需的最少信息量，否则，研究结果的可信性就会明显降低。

但要保证获取到必要的信息量，研究者应在采集信息前先确定一个能够有效获取信息的采集范围，这个范围包括内容范围、时间范围和地域范围。其中，内容范围是指采集信息时所获取的信息内容要与研究目标具有相关性，不可漫无边际地收集信息；时间范围是指采集的信息要满足研究的时效性要求，要明确所需信息的发生时段；地域范围是指采集信息时，调研者所涉及的活动范围要明确且具体。但在信息的实际采集过程中，由于各种各样的原因如费用有限等而常常不可能进行全面的、普遍的信息调查和采集，这就需要研究者在信息采集前对信息采集范围有个初步的判定，并在此基础上划定能够有效代表研究信息样本的具体范围，否则，可能会因为范围的不明确或缺乏代表性或所获信息不具有可比性而给研究结果带来不利影响。

3）确定信息源

信息是由信息源发出的，因而，信息的采集和获取自然要与信息源联系起来。信息源是多种多样的，概括起来有四大类：文献型信息源、口头型信息源、电子型信息源和实物型信息源。其中，文献型信息源是指承载系统知识信息的各种载体，如图书、报纸、期刊、专利、会议文献、学位论文、档案、公文、报表等。这类信息源的特点是提供信息的系统具有很高的可信度，信息查找和采集也很方便，只是载体制作需要较长时间，因而使其提供的信息比较滞后。口头型信息源主要来源于人与人之间的语言交流，如电话、交谈、咨询等，这是采集第一手信息的重要信息源。但由于此类信息常受到人的情绪、性格、思想、观念等因素的影响，因而，信息中的冗余含量可能相对较高。电子型信息源是指通过使用电子技术传播的信息源，如互联网、电视、广播等。这类信息源的特点是信息内容新颖、范围广泛、收集方便、节省时间。但采集的条件要求比较高，需要一定的设备才可能进行，特别是随机信息的采集需要有一定的设备或联机检索终端才能实现，再加上需要花费一定的费用，因而也受到了一定的限制。实物型信息源是指那些能够采集到直接信息的现场或实物。这类信息源的特点是直观、真切，也是采集第一手信息的重要来源。但由于从此类信息源采集信息时需要耗费信息采集者较大的精力甚至财力，因而，研究中全部采用此类信息的就相对较少，但所获取的信息可信度很高。

很显然，并不是所有的信息采集都要涉及这四大类信息源。在信息采集中，研究者应结合自身研究所具备的条件和研究所需，来选择和确定能够有效获取信息的信息源。

4）信息数量的确定

信息数量的确定是目前大量研究中被普遍忽视的一个问题。从大量的研究文献中可以看出，许多研究者在研究中，依据少量甚至极少量的研究样本就展开研究，不仅没有满足研究所需的基本样本数量需求，就连理论研究所提出的最少样本数量也没有达到，因而，这样的研究不仅不能有效反映出研究对象的实际形态，而且研究所得出的结论也必然会受到质疑。其实，要解决这一问题，可以采用统计理论来计算研究所需样本的最少数量，只要研究者根据研究所期望达到的目标，明确了估计样本的置信系数、期望的调查置信度和可确性样本间偏差度三个指标后，即可推算出所需样本数量。

5）制订信息采集和获取计划

为了获取研究所需的足量样本，在信息采集前，应制订详细的信息采集计划，并就信息采集的主要内容、主要对象、主要范围、收集方法、负责人员、完成时间、相关责任、实施步骤等做出安排，使信息采集任务能够有计划、有步骤地顺利完成。

6）完善相关条件

信息的采集与获取不仅需要明确的目标和完善的计划，也需要相关领导的支持和部门的配合，同时还需要一些调研经费和必要的工具等。因此，在信息采集前，为了确保信息采集工作的顺利进行，对于与各单位的联系、外出调研后工作上的安排、所需要的费用和工具等，就需要提前做好安排和准备。

在完成上述分析的基础上，下文将以如何获取工程项目管理对象的问题表象信息为例，就如何进行研究对象的信息获取进行指导，并为研究对象管理指标的分析和提取提供科学的实证性依据。

6. 工程项目管理对象的信息获取

与上述篇章的案例分析一样，在开展研究对象的有关信息获取工作中，为了确保研究成果的可靠性，依旧应该以循证科学为指导思想，通过大量的实例举证来为工程管理指标的研究奠定基础。据此，在这一问题的研究中，在完成获取信息的上述相关准备工作后，根据信息获取的相关规则与模式，在有关单位和部门的积极配合与支持下，先后对33家建筑工程单位的294位工程项目管理人员进行了调查。在调查中，先后发出调查表210份（部分调查未发问卷），收回调查表178份，未收回调查表32份。对收回的178份调查表进行逐份检查后，合格表有171份，不合格表有7份。7份不合格表中，有3份是因为调研对象抄袭其他调研对象的填写结果，使该问卷失效；2份是调研对象只填写了个人信息，未填写相关内容；另外2份是所填内容自相矛盾，无参考价值。因此，调查表的回收率为84.76%，合格率为81.4%。被调查人员的工作类别、职称情况和工作年限分布如图5.3~图5.5所示。

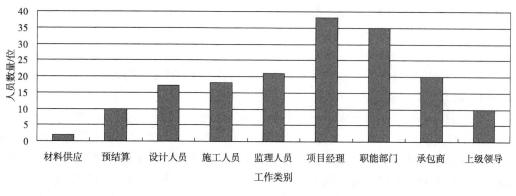

图 5.3　工作类别

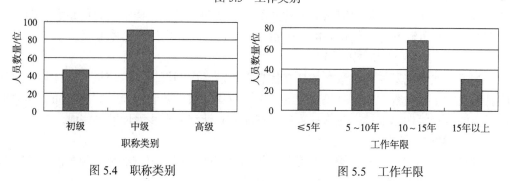

图 5.4　职称类别　　　　　　　　　　图 5.5　工作年限

7. 调查结果的统计与分析

从调查的结果可以明显地看出，建筑工程项目中发生的各种问题表象多种多样，数量非常大，而且也非常杂乱，呈现出明显的随机性和多样性。很显然，针对这些数量较大、种类较多、杂乱无章的建设工程项目问题表象，首先需要做的工作就是对其进行分类分析，这不仅是下一步深入研究的需要，而且也是今后完成一些必要的定量研究所必须进行的工作。

前述已知，建筑工程项目主要由立项、准备、施工和竣工 4 个阶段组成，并且通过这 4 个阶段来逐步完成项目的预定计划，实现项目的预定目标。但由于这 4 个阶段所要进行的工作和实现的目标各不相同，因而也就具有了各自的特点。因此，按照这四个阶段对工程项目的问题表象进行分类是较为科学的。通过统计可知，在建筑工程项目中，较为普遍的且具有较强代表性的管理对象问题表象共计 261 项，其中决策阶段 20 项、准备阶段 66 项、施工阶段 143 项、竣工阶段 32 项。若设决策阶段的所有问题表象为 A 类，其他三个阶段分别为 B、C、D 类，则各阶段各种管理对象问题表象分别如下。各阶段各种管理对象问题表象的出现频次分别见表 5.1~表 5.4。

A 决策阶段各种管理对象的问题表象。

A1 项目投资方向不明确，建设规模不确定，项目目标定位不准确。

A2 项目建设单位不了解国家有关政策及其导向，项目建设指导思想不明确，项目初步设计方案不完善。

A3 对城市规划、土地、环保、消防、人防以及通信、交通、能源等现状和发展趋势不了解，盲目提出项目建议。

A4 对拟建项目投资环境、投资前景的宏观状况了解不透彻，分析不全面。

A5 在项目构思和初步设计过程中，内部意见不一致，争议不断，反复修改项目建议书，工作效率低下。

A6 有关部门对项目建设意见不统一，对投资前景不认可，争议不断，久拖不决。

A7 有关部门和单位认为项目风险较大，不予支持，项目筹资渠道难以落实。

A8 没有认真进行调查研究，可行性研究报告完全按照建设单位的意愿和要求编制。

A9 实际调研不全面，所得数据不完整，考虑问题不周全。

A10 可行性研究调研不深入，收集的资料不可靠，调研结果受质疑。

A11 可行性研究报告分析过程不严谨，不结合实际，分析方法不正确，抄袭模仿相关类似研究报告，编写不规范。

A12 研究内容不全面，只考虑部分因素。

A13 研究深度不到位，结果受到质疑，影响项目决策。

A14 主管部门或个别领导干涉太多，影响项目决策。

A15 有些领导独断决策，盲目批准立项。

A16 由于个人或部门之间的利益关系，有关部门或领导不支持，或以工作较忙推辞，或不重视、办事效率低下，决策时间过长，影响项目决策和立项。

A17　一些项目不按规定程序报批，采用其他非正常途径立项。

A18　由于特殊原因，项目先立项后报批。

A19　上级主管部门办事效率低下，项目审批时间过长。

A20　立项审定计划下达晚，影响项目的前期准备工作。

B　准备阶段各种管理对象的问题表象。

B1　相关部门不支持，组建项目机构不顺利。

B2　组建的项目机构内部制度不健全，部门设置不合理。

B3　各部门和成员分工不明确，相互扯皮，项目经理缺乏自主权。

B4　项目部前期工作开展不顺利，人员不到位。

B5　项目部成员相互之间不配合，工作效率低下。

B6　没有进行设计勘察资质审查就委托工程勘察和设计。

B7　没有进行地质勘察就进行设计。

B8　地质勘察不完整、深度不够，对现场工程地质和水文的情况掌握不彻底。

B9　设计单位资质较低，能力有限，不能按时交付图纸或无力完成设计工作。

B10　设计委托合同中对设计完成的质量、进度没有规定或规定不明确。

B11　为了赶进度或出于其他目的或作为献礼工程，上级要求边设计边施工。

B12　建设单位没有及时支付设计费，设计单位不交图。

B13　设计单位内部各专业之间缺乏配合，工作低效，不能按时出图。

B14　各专业之间图纸不配套、不完整，漏缺现象较多。

B15　设计单位无健全的设计质量管理体系，图纸"缺、漏、碰、错"现象严重。

B16　设计方案不满足城市规划或有关建设规定，未通过审批。

B17　设计单位未按投资规定设计，费用超标。

B18　建设单位明示或暗示设计者提高建设标准或降低质量标准，违反国家相关规定，设计超标。

B19　设计人员考虑不周全、不充分、不完善，设计方案未进行优化比较。

B20　设计人员没有进行现场调查，不了解现场情况，或现场调查不细致、不全面、不深入，导致工程设计有缺陷。

B21　设备、材料或工艺的选型落后。

B22　设计人员缺乏经验，设计深度较低，或未考虑现场施工的可行性。

B23　设计人员失职，设计内容有错误或遗漏，不符合规范要求。

B24　设计单位与建设单位方面缺乏相互交流，对项目的功能、作用缺乏深入了解，误解业主设计意图。

B25　建设单位项目目标不明确，经常改变设计方案，影响工程正常设计。

B26　建设主体行为不规范，工程项目没有组织招投标。

B27　招投标过程中存在许多不规范之处，不符合有关招投标程序的规定。

B28　有关招标文件不透明，规定标准不明确，有意误导竞争对手。

B29　对监理、施工、材料设备供应等单位未进行资质、信誉、财务状况等审查或审查不严格。

B30　投标单位不符合资质要求，借用其他单位资质。

B31　招投标和评标中存在不正当交易和行为。

B32　招投标中存在不正当竞争，相互合标串标。

B33　各投标单位之间为了竞争，盲目压价。

B34　上级领导或有关部门干涉招投标和评标。

B35　上级部门或建设单位强行指定承包商或材料供应、设计、监理等单位。

B36　建设单位将工程分解为多个子工程包。

B37　合同签订单位不符合《中华人民共和国合同法》的有关规定，不能签订合同或签订虚假合同。

B38　合同条款不严谨，有遗漏、表达有误，权利、义务等有关规定不清楚。

B39　合同存在单方面的不合理约束条件或附加某些不平等条款。

B40　建设单位不签订合同或为了应付检查，象征性地签订合同。

B41　有关手续不符合要求，办理开工手续不顺利。

B42　所报材料不全，项目开工手续不予审批。

B43　建设单位未缴纳有关税费，项目有关手续审批不下来。

B44　项目资金没有及时到位，影响办理项目有关手续。

B45　建设单位不按照正常建设程序办理手续，采用非正常方式办事。

B46　融资不顺利，建设资金不到位，影响前期准备工作。

B47　有关人员、工具、材料不到位，影响工程的开工准备工作。

B48　有关部门不配合，不能按时将水、电、通信等引入现场，影响"七通一平"。

B49　施工现场条件不具备，无法搭建临时设施。

B50　工程施工组织设计、工程预算等未编制或应付差事，缺乏针对性。

B51　没进行技术交底或技术交底不彻底，有关人员未掌握项目技术关键。

B52　未建立项目管理系统，信息沟通不畅，项目准备工作不顺利。

B53　政府职能部门行为不规范，考虑各自利益，干涉太多。

B54　有关问题长时间得不到解决，导致项目无法开工。

B55　项目对外协调部门多，手续相互牵制，影响前期准备工作。

B56　各部门手续烦琐，办事效率低下，影响前期准备工作。

B57　有关部门工作人员责任心不强，办事效率低，审批不及时。

B58　有关部门工作人员行为不规范，出于个人私利，办事拖延。

B59　在项目招投标、设计、办理手续等工作中，有关部门工作人员"吃拿卡要"或行贿受贿现象较多。

B60　各部门之间各自为政，相互扯皮，影响有关工作的开展。

B61　征地或拆迁困难，影响前期准备工作或搭建临时设施。

B62　拆迁居民对补偿不满意，项目开发者与拆迁户达不成协议。

B63　强制拆迁，引发冲突，影响有关工作的开展。

B64　有关部门发生特殊事件，影响项目各项准备工作。

B65　业主的经济情况恶化，影响项目实施。

B66　发生社会异常情况（如 SARS），工程暂缓。

C　施工阶段各种管理对象的问题表象。

C1　特殊原因或发生重大事件或不可抗力（工程中较为罕见、无法避免且人力所无法克服的客观情况），导致工程停工、进度拖延或成本增加。例如，施工期间持续恶劣的天气，如严寒、酷暑、暴风、暴雨、冰雹等，偶然发生的洪水、泥石流、强风、雷电、山崩、滑坡、塌方、空中飞行物坠落、未知不良地质构造、发现重要古墓或地下空间异常等其他事件；因重大政治活动、大型社会活动而发生交通临时管制或交通中断等；突然发生的恐怖袭击、动乱、战争、地震、爆炸、火灾、骚乱、罢工、社会动荡、与项目紧密相关的刑事案件、社会上的疾病传染等；国家针对某种特殊现象采取的特殊政策或政策变化、产业结构调整、宏观经济调整等。

C2　发生通货膨胀、物价上涨、利率波动、汇率调整、政策变化、金融动荡等特殊事件导致项目成本超支。

C3　拆迁困难或土地征用问题未解决，或供水、供电、供气、通信等系统发生故障而停止供应，或手续不健全等原因引起的停工。

C4　建设单位改制或效益低下、破产倒闭等，导致工程停工搁置。

C5　建设单位发生重大变革等，导致项目长期搁置。

C6　发生重大安全事故，导致项目停工、接受检查或整顿，如人身伤亡事故、设备事故、火灾、偷盗、高空坠落、触电、坍塌、物体打击、机械伤害等。

C7　工程发生严重的质量事故而返工、返修、拆除重建等，导致工程进度拖延、成本增加或工程停建。

C8　施工中挖断重要管线、电力电缆、通信光缆等，使项目暂停实施并带来重大损失。

C9　施工给周围建筑物带来影响，如开裂和倾斜、地下管线断裂。

C10　合同管理不善，发生法律纠纷。

C11　发生意外事件而合同中又没有明确规定，承包商提出索赔。

C12　投标不诚实，投标报价很低，中标后，在施工过程中提出索赔。

C13　建设单位、材料供应商、承包商或分包商违约，不能按时履行合同。

C14　因拖欠工资，施工中工人罢工、消极怠工、抗议或抵抗。

C15　建设单位与当地居民、有关部门、承包商发生争议，工程停工。

C16　主体质量抽检不合格或合格率较低。

C17　设备安装精度达不到规定要求或设备不能正常运转。

C18　辅助设施质量不合格。

C19　施工中使用的材料不合格，影响工程质量。

C20　项目所需功能，如隔振、隔热、减噪、阻风等功能不达标。

C21　工程构件承载力达不到规定要求。

C22　管理人员、施工人员不熟悉图纸，不能有效管理工程。

C23　监理人员、施工人员缺乏施工经验、技术水平低。

C24　施工人员不严格按设计图纸、有关标准和规范进行施工。

C25　照图施工发生质量问题。

C26　发现问题怕承担责任，有意掩盖，隐瞒不报，问题得不到及时处理。

C27　项目管理人员与承包商相互串通，降低工程质量，非法牟利。

C28　监理人员不认真履行职责，不能及时发现质量问题。

C29　施工工艺或设备操作不正确，引发质量问题。

C30　供应的材料或设备不配套，影响工程质量。

C31　施工设备落后，不满足施工精度要求。

C32　施工单位偷工减料，以次充好。

C33　所供材料设备质量不合格，工程材料未经检验。

C34　施工单位使用未经检验的材料或使用的材料不符合设计要求，影响质量。

C35　施工任务被层层转包，包而不管或以包代管，对质量失去控制。

C36　建设单位搞政绩工程、献礼工程等，不顾质量赶工期。

C37　施工中没有质量保证体系或质量保证体系不健全。

C38　工程后期养护不到位，影响质量。

C39　技术交底形式化，操作人员对施工中的重要工序或关键方法不清楚。

C40　设计人员不了解现场情况，变更频繁。

C41　施工场地环境不良、照明不足、场地狭窄、施工困难，质量不能保障。

C42　频繁下雨或天气寒冷，影响工程质量。

C43　分项工程实际进度与计划偏差较大，或分项工程进度失控。

C44　项目整体实际进度与计划偏差较大，或单位工程进度失控。

C45　没有进行技术交底或技术交底不清楚，影响工程施工。

C46　设计人员和现场管理人员缺乏相互交流，影响工程进度。

C47　设计人员缺乏责任心，很少给予现场帮助和指导，现场指导不及时。

C48　有关方不能及时解决在施工中出现的问题，对提出的问题反馈不及时，影响工程进度。

C49　监理人员或设计人员不能及时完成隐蔽工程和中间验收，影响工程进度。

C50　项目实施过程信息反馈不及时。

C51　施工人员不熟悉施工采用的新设备、新工具。

C52　施工人员未掌握新技术、新工艺的要点，影响工程施工。

C53　施工设备落后或损坏的设备没有及时修理，影响工程正常实施。

C54　现场需要的材料设备不到位，影响工程进度。

C55　所供材料不符合设计要求，材料变更。

C56　工程所需特殊材料采购不到。

C57　施工组织设计形式化，缺乏针对性，不能有效指导工程施工。

C58 施工组织设计及施工方案不符合实际，影响工程施工。

C59 施工单位资质不够，管理水平低、组织能力差，进度缓慢。

C60 建设单位随意修改方案，提出设计变更，影响工程质量、进度或成本。

C61 各专业设计不协调、图纸不配套，影响工程施工。

C62 施工中边设计、边修改、边施工的现象频繁发生，影响工程施工。

C63 提供设计图纸不及时，使工程停工等待。

C64 建设单位或上级部门在项目施工中穿插其他任务，影响正常施工。

C65 信息滞后，不能及时反映工程的实际状况或反映不准确。

C66 施工中与外部协调问题多、困难大、效率低。

C67 施工中内部协调不畅，业主与上级主管部门，业主与承包商，承包商与监理、设计、材料、设备供应等单位的协调困难多，影响项目的顺利实施。

C68 现场地质情况与勘察结果不符，需要变更修改。

C69 设计与现场情况差异较大，施工困难。

C70 施工中地下管线复杂（煤气、电信、电力、供水、排污等），影响进度。

C71 在有限的建筑空间里集中了通风、消防、采暖、电气、综合布线、广播、航显、时钟、广告等多个系统的设备管线，集成专业多、设备布局复杂，专业间发生冲突，影响整体进度。

C72 工程费用出现较大偏差或严重超支。

C73 管理费用严重超支。

C74 临时调用现场材料或人员，挪作他用，导致费用超支。

C75 采购人员收受回扣，购进质次价高的材料，使企业蒙受损失。

C76 施工中损坏设备工具较多，维修费用加大。

C77 现场狭窄或施工环境所限，需要采用特殊设备施工。

C78 施工中材料、工具、零件等易耗品浪费严重。

C79 施工中管理不严，非生产性开支严重超标，造成资金失控。

C80 工程材料被挪作他用，增加材料采购量，工程费用加大。

C81 不利的地理环境、地质条件和复杂的施工环境等导致投资增加。

C82 工程地点偏僻或位于居民区、闹市区，夜间或节假日采取特殊方法或设备施工，导致成本增加。

C83 材料设备运输不便，材料设备二次倒运，运输成本过高，加大工程成本。

C84 管理人员违章指挥。

C85 施工人员违章操作、违规作业。

C86 施工人员忽视安全警告，冒险进入危险场所。

C87 现场工作人员未系安全带、未戴安全帽，危险场合不使用个人防护用具，不遵守安全规程。

C88 施工现场安全隐患较多，对现场没有或不认真检查。

C89 施工中对安全检查敷衍了事。

C90　对事故隐患整改不力。

C91　施工人员没有或不认真执行事故防范措施。

C92　施工人员总体素质偏低。

C93　设备带病运转、超负荷运转，问题频繁发生。

C94　设备失修、保养不当，安全装置失效等。

C95　物料提升机、外用电梯、塔吊和施工机具等无安全防护、无保险装置。

C96　安全防护、信号等装置失效。

C97　施工人员无防护用具或防护用品不齐全。

C98　施工方法不当，不了解施工工艺。

C99　施工器具使用不当，不了解使用方法或程序。

C100　施工违章用电。

C101　施工人员发生触电事故。

C102　施工人员被机械伤害。

C103　施工人员或管理人员从高空坠落。

C104　基坑支护与模板铺设不当，现场发生坍塌事故。

C105　现场围护设施、防护标志不齐全、不可靠。

C106　施工场地环境不良，场地杂乱，照明不足，材料堆放不安全，交通线路设置不合理。

C107　没有制定安全防范措施和规章制度。

C108　施工企业安全生产责任制不健全。

C109　安全管理规章制度不落实，各方职责不明确。

C110　施工人员未经培训或培训不合格就上岗，缺乏安全技术操作知识。

C111　编制的安全施工方案缺乏针对性，流于形式。

C112　现场防火防盗、治安保卫工作流于形式。

C113　安全经费投入不足。

C114　建筑安全生产监管力量与监管任务不相匹配，监管力量不足。

C115　施工中的废水、废气、烟尘排放不达标。

C116　施工垃圾乱倾倒，污染附近的地下水资源。

C117　施工噪声、振动等影响居民，发生扰民或民扰事件。

C118　废水、废气、烟尘、振动给邻近建筑物或名胜古迹带来影响，如发生裂缝、腐蚀墙体或外表。

C119　砍伐树木，破坏植被。

C120　没有环保监测仪器或不重视环保监测。

C121　没安排环保费用或环保费用不到位。

C122　项目材料、设备、机具、配件、成品等计划不完善。

C123　资源管理制度不健全，流失严重。

C124　设备管理不到位，设备资源利用率低，不能根据施工现场情况及时调配。

C125 工程劳动力的资源严重不足或过剩。

C126 现场安全、环保专业人员和监管人员严重短缺。

C127 施工期间常停电停水。

C128 水电等能源供应短缺或浪费严重，给工程项目建设带来影响。

C129 工程进度款迟迟不能到位，影响工程进展。

C130 工程资金筹措发生困难，未能支付所需款项。

C131 施工单位必备的流动资金不足，影响工程进度。

C132 项目组织结构不合理，多重管理、组织混乱、职责不明、分工不清。

C133 制度不健全，人员素质差，推卸责任，相互间缺乏配合。

C134 项目各主体之间缺乏交流，常常产生矛盾和纠纷。

C135 建设单位未经过监理同意，直接给施工方下达指令，造成纠纷或误解。

C136 上级部门或建设单位干涉过多，影响施工。

C137 业主的不合理要求和干预，要求垫资、进度提前、肢解工程等。

C138 建设单位或上级部门提出不合理要求，如义务帮助企业干一些其他维修工程却不付钱。

C139 建设单位、监理单位或上级部门管理人员行为不规范，在工程中"吃拿卡要"，刁难承包单位。

C140 建设单位与施工单位有不正常关系，影响监理工作的正常开展。

C141 设备、材料采购工作中以权谋私，行贿受贿等。

C142 工程建设对自然环境造成破坏，建设单位进行恢复或赔偿或被处罚。

C143 违反环保、城建、安全、消防、交通、治安等有关部门的规定，责令其整顿或被处罚。

D 竣工阶段各种管理对象的问题表象。

D1 验收资料不齐全、不完整、有缺陷或资料不真实、不符合验收要求，使验收工作受阻。

D2 工程主体质量不合格，需要完善后再申报验收。

D3 项目有关检测未完成，不具备验收条件。

D4 水、电、气、暖等能源供应不到位，不符合验收要求。

D5 设备、设施、仪器、仪表等运行状态不正常，不具备验收条件。

D6 工程试生产不合格，不予验收。

D7 项目的部分功能不满足要求，业主不验收或不接收。

D8 工程有关问题未解决，建设单位暂不组织验收。

D9 建设单位没按正常程序组织验收，或参与各方不按时参加工程验收。

D10 承包商通过权钱交易使各方签字验收。

D11 出于个人或部门利益的考虑，在验收中刻意拖延、刁难承包商，滥用权力，为验收设置障碍，进行罚款或扣款。

D12 验收工作中涉及的设计、监理、消防、环保、城建、园林、市政、供水、供电、供暖、供气、通信、业主、承包商等部门缺乏协调与配合。

D13　各部门对工程存在的有关问题意见不统一，拖延验收。

D14　没有项量签证或现场项量签证不完善或签证无效，影响工程结算。

D15　没有设计变更证明，工程结算没依据。

D16　有关结算的政策、规定和定额出台滞后，不能反映工程中已发生的问题，影响结算。

D17　现场变化、材料替代、特殊事件引起的费用在结算中漏项或未考虑。

D18　因合同不完善，条款漏缺，或合同中用词定义不准确，引发结算争议。

D19　因相关政策的调整，对结算中的问题，各方意见相持不下。

D20　因对结算中计算方法、套用定额的观点不一致，在结算中引发争议。

D21　建设单位找各种理由克扣工程费用，或某些管理人员出于个人利益，拖延结算。

D22　接收单位在设施不配套、资料不齐全、手续不完善的情况下接收项目，给后期管理带来不便。

D23　业主或建设单位在工程未完之前提前使用，影响工程正常交接。

D24　因存在一些工程质量问题，业主不接收，而长时间的看管，承包商又要求增加费用，发生法律纠纷。

D25　因拖欠项目费用，承包商不移交。

D26　遗留问题未解决，或承包商不移交，有关部门或领导强行移交。

D27　未进行项目后评价或后评价不完善。

D28　承包商后期维修服务不到位、不及时或拒签保修手续，与建设单位产生矛盾。

D29　建设单位长期拖欠工程费用，承包商起诉。

D30　项目有关参与单位不重视后期工作，不再配合，办事低效。

D31　业主与承包商，承包商与分包商、材料供应商等相互拖欠工程费用，发生群体上访、工人罢工、抗议、静坐、抵抗或抢占建筑物等冲突，引发社会性的、群体性的冲突事件。

D32　工程项目建设对周围环境造成的破坏仍未处理，有关部门责令修复或处以罚款之后才同意付款。

表 5.1　决策阶段问题表象出现频次

问题表象编号	反馈频次	问题表象编号	反馈频次	问题表象编号	反馈频次	问题表象编号	反馈频次
A1	7	A6	8	A11	22	A16	41
A2	21	A7	9	A12	30	A17	19
A3	22	A8	12	A13	16	A18	7
A4	24	A9	42	A14	11	A19	51
A5	6	A10	28	A15	8	A20	34

表 5.2 准备阶段问题表象出现频次

问题表象编号	反馈频次	问题表象编号	反馈频次	问题表象编号	反馈频次	问题表象编号	反馈频次
B1	12	B18	51	B35	35	B52	8
B2	19	B19	18	B36	23	B53	43
B3	39	B20	16	B37	11	B54	17
B4	14	B21	11	B38	21	B55	36
B5	27	B22	22	B39	23	B56	44
B6	7	B23	9	B40	14	B57	28
B7	5	B24	52	B41	26	B58	39
B8	13	B25	43	B42	15	B59	89
B9	8	B26	12	B43	31	B60	27
B10	6	B27	76	B44	43	B61	45
B11	29	B28	31	B45	52	B62	31
B12	17	B29	27	B46	79	B63	17
B13	20	B30	25	B47	7	B64	5
B14	43	B31	121	B48	15	B65	2
B15	21	B32	71	B49	9	B66	5
B16	14	B33	22	B50	16		
B17	39	B34	34	B51	11		

表 5.3 施工阶段问题表象出现频次

问题表象编号	反馈频次	问题表象编号	反馈频次	问题表象编号	反馈频次	问题表象编号	反馈频次
C1	9	C18	18	C35	89	C52	10
C2	8	C19	10	C36	30	C53	9
C3	47	C20	8	C37	12	C54	27
C4	11	C21	5	C38	6	C55	11
C5	5	C22	21	C39	1	C56	5
C6	13	C23	20	C40	21	C57	6
C7	14	C24	11	C41	7	C58	15
C8	5	C25	9	C42	5	C59	7
C9	4	C26	11	C43	37	C60	8
C10	14	C27	19	C44	32	C61	13
C11	7	C28	23	C45	22	C62	24
C12	5	C29	10	C46	37	C63	7
C13	16	C30	17	C47	19	C64	10
C14	112	C31	6	C48	41	C65	22
C15	10	C32	35	C49	36	C66	19
C16	38	C33	26	C50	17	C67	34
C17	27	C34	17	C51	10	C68	12

续表

问题表象编号	反馈频次	问题表象编号	反馈频次	问题表象编号	反馈频次	问题表象编号	反馈频次
C69	11	C88	12	C107	5	C126	7
C70	19	C89	12	C108	5	C127	9
C71	12	C90	9	C109	13	C128	31
C72	170	C91	28	C110	12	C129	109
C73	44	C92	17	C111	9	C130	43
C74	37	C93	8	C112	4	C131	71
C75	51	C94	15	C113	18	C132	32
C76	20	C95	6	C114	13	C133	29
C77	12	C96	10	C115	45	C134	31
C78	13	C97	9	C116	54	C135	9
C79	65	C98	21	C117	29	C136	12
C80	26	C99	13	C118	12	C137	14
C81	20	C100	24	C119	27	C138	23
C82	40	C101	22	C120	20	C139	92
C83	37	C102	23	C121	35	C140	65
C84	31	C103	27	C122	17	C141	41
C85	28	C104	11	C123	18	C142	3
C86	22	C105	20	C124	10	C143	5
C87	31	C106	7	C125	15		

表 5.4　竣工阶段问题表象出现频次

问题表象编号	反馈频次	问题表象编号	反馈频次	问题表象编号	反馈频次	问题表象编号	反馈频次
D1	43	D9	41	D17	24	D25	62
D2	9	D10	30	D18	19	D26	21
D3	4	D11	69	D19	13	D27	27
D4	16	D12	37	D20	35	D28	11
D5	21	D13	15	D21	101	D29	133
D6	3	D14	42	D22	32	D30	32
D7	15	D15	31	D23	27	D31	112
D8	51	D16	59	D24	19	D32	9

5.4.3　问题表象相关信息的预处理

从所获得的信息表象可以看出，在工程项目中，研究对象所现问题的信息除少部分外，大多都是文本信息。依照信息特征，它们都是语法信息，属于信息的初级形式。实际上，这种信息的存在形式并不是个例的表现，而是一种具有普适性的信息存在形式。究其原因，主要是因为在工程项目中，不论是定性信息还是定量信息或是图表信息，都可用文本信息来描述，而很多的文本信息或是图表信息等却不易以定量信息的方式来表示或描述，因此，文本信息就成为信息表象描述中最普遍、最常用，也是最主要的表述形式之一。

就文本信息而言，它的不精确性是显然的。人类在用自然语言描述某一对象时，常常会因为描述者的感受和体会不同而采用不同的词语对其进行描述，这些词语的不同不仅可以直接表现在对同一事物的描述中所使用的主要词语的差异上，而且还与描述语气、词组结构、词语选用等方面有关。然而，即使描述对象的用词基本相同，但当所用的语言环境不同时，语言所形成的文本信息也是存在差异的，这主要是因为信息中的许多含义被特定的语言环境所蕴含，并常常不被语言环境之外的第三者所知。如果第三者想要使用此类信息却没有了解和掌握当时信息所产生的环境，就可能会对文本信息中的语言内涵存在误解，对信息所表述的内在含义的理解就可能出现偏差、模糊和不确定。由此可知，信息中的不确定性首先是由人们对事物认识的局限性引起的，如果事物的外在表现不充分，事物时常处于一种动态变化之中，再加上人们有限的知识、阅历和自有的习惯性思维模式等因素的影响，就必然会导致对同一事物产生认识上的差异，这种差异也就常常以信息辨识结果的多样性形式表现出来。因此，文本信息的不精确性亦源于人类对客观存在认识的不精确性，即思维的不精确性。

但在此类信息的研究和使用中，一个最大的问题就是信息不精确性的存在，极易引起信息使用者的歧义。而在科学研究的过程中，正是信息歧义的存在，常使研究者对研究对象所现问题的推理、判断、预测和决策等工作出现偏差行为，并进一步导致对同一问题的研究呈现出不同的结果。因此，若要有效利用信息，首先就需要从文本信息的不确定性开始着手，并在此基础上就冗余信息的处理、信息的集合建立、信息的属性确定等问题进行系统研究，以便为获取研究对象的信息特征提供科学的依据。

1. 信息的分辨

调查所获得的信息一般只是信息的初始表达形式，对研究对象的描述一般也只是信息表象的阐述。由于在信息采集的过程中还可能会受到不同程度的干扰，信息中就必然会含有许多虚假的、冗余的、重复的信息。因而，为了确保信息的有效性，同时使之具有更高的使用价值，就必须对调研得来的信息进行分辨、筛选、归类和整理，从中去粗取精、去伪存真，进而使其成为研究者所需的、有价值的信息。

信息分辨有时也被叫做信息鉴别，它是对信息内容的可靠性予以认定的工作过程。这个可靠性包括信息事件本身是否真实存在、信息内容的描述是否正确、信息过程的表述是否准确、信息相关数据有无遗漏和失实等情况。通过鉴别，把信息中冗余的、不可靠的、虚假的、伪造的无价值成分识别出来并予以剔除，保留真实的、反映事物实态的那些信息。

一般来讲，分辨信息的方法主要有查证法、核实法、比较法、逻辑法和信源法。

查证法是利用有关的工具书和其他相关资料或文献来查证信息真实性的方法。由于信息是在一定条件下发生的，因此，可以通过寻找某些相关证据来验证该信息的可靠程度。由于现在有多种查证工具，它们使用起来也较为便利，覆盖面也比较广，因而可以利用它们对怀疑的或不确定的模糊信息进行快速有效的查证。

核实法是用可靠的标准对所采集的信息进行核实的方法。例如，可以根据原始文献和原始材料对信息进行核实，也可以按信息提供的方法和步骤进行核查，还可以深入实际中去进行调查核实。

比较法是用从其他渠道获得的同类信息与该信息进行比较，以验证本信息可靠程度的方法。通过比较，若与其他从多个渠道获得的同类信息都不一致，那么该信息的可靠性就需要进一步核查。比较法又有他比和自比两种方法。如果是将采集到的信息和已知正确的同类信息相比较，以确定其正确的程度，这种方法称为他比法；如果是将采集到的信息，进行前后比较，看其内容上有无自相矛盾之处，若有，则这一信息的可靠性就值得怀疑，须进行进一步论证，这种方法称为自比法。

逻辑法是通过对信息本身所提供的材料进行逻辑分析，以发现本信息中的破绽或疑点来确认信息可靠程度的方法。由于事物的发展变化有其内在规律，因而可以通过对信息本身的某些关键性问题或相关因素进行逻辑分析，以判断该信息发生、发展的可能性和合理性。

信源法是根据信源的可靠度来推定信息可靠性的方法。在一般情况下，政府发言人和专家发布的信息，权威性报刊、学术团体出版的信息，还有国家政府出版物、专利文献等信息源的信息可靠性大，而类似私人出版物、广告宣传品等信息源的信息往往出入性较大，需要进一步核实和查证。

尽管在信息辨识方面有很多方法，但在具体的信息分析中究竟采用哪种方法还应结合这些方法的特点和适用范围来确定。就工程项目管理中的信息而言，核实法常常是最简单有效的方法，因此，它受到了研究者的普遍欢迎与使用。

2. 信息去噪

信息含有了"噪声"就会使信息具有较强的模糊性，而解决带有模糊性的问题，人们很自然地就想到了模糊集理论。然而模糊集理论并不是万能的，它对问题的判定是从隶属度的角度去分析的，特别是对于一些自然语言的描述性问题，它不便给出精确的结论，因而使很多信息在定量分析和理论推导中不能被充分地利用，并且有时会存在信息漏缺问题。针对这一问题，一些研究者通过大量的分析和研究后认为并建议，若要得到较好的信息去噪效果，不应站在信息去噪的角度只考虑采用哪一种理论或方法来去噪，较好的解决途径应该是先将信息噪声的多元性向单一性转换，即先将研究对象的附着信息进行多元性归属分析，并将信息按某一方式分解成反映不同主题的类别，然后通过主题归纳的方法明确信息的属性并建立信息属性集合。在此基础上，将集合论和某一适合于该项研究对象的成熟理论推证分析方法有效地结合起来，才有可能达到较好的去噪效果。因为通过这样的分析，含有噪声的信息就被转换成一个具有对象和属性对应关系的集合，对信息的分析也就可以通过信息的属性来判定，而含有噪声的多元性信息一旦归属到某一集合，也就便于对其特性进行辨识。

但在信息的多元性归属分析过程中，常会出现两种情况：第一种是对信息不能进行完全识别分析，即对目前出现的问题完全不了解，以前也没有遇到过，对问题的分析和判断是一个"黑箱"的过程；第二种是只对问题的部分特性有了一定程度的了解但还存在着部分未知，因而只能进行部分识别分析，这类问题可以称为"灰箱"问题。而对于那些我们已经非常了解甚至已完全掌握其机理的研究对象则不需要再进行分析，所需要做的工作只是对其类别的直接判定或在现有基础上的进一步深入研究。所幸的是，在对工程项目管理专业问题的研究中，管理者遇到的大多问题属于"灰箱"问题，因而在信息的去噪分析中就既可以结合实践中的一些先验知识来协助研究者对研究的问题做出初步的判断并快速地进行信息的属性分析，又可以借鉴他人的研究成果中有价值的思想并依据相关理论来达到信息去噪的目的，并为信息特征分析及其参数的确定提供科学的依据。

3. 信息类域及其划分

在信息理论中，信息类域是不同种类信息集合的代名词，是信息研究中对信息进行科学分类管理的主要概念之一。在信息研究中，当面对大量的信息时，由于不同信息的存在方式、表述内容、内在含义等具有一定的差异，因而，就需要将它们划归到不同的范围，并针对其各自的特点采用不同的方法对其进行处理。从表面上看，信息类域仅是一个若干近似信息的集合空间，它把信息群中具有相似和相近特征的信息归集到一起，以示与其他信息的区别。例如，在一个反映工程项目实施状况的信息群中，可能包含有描述工程质量的信息，也可能包含有描述工程资源的信息，还可能包含有描述工程费用、安全、组织、进度等不同方面的信息。为了对这些信息进行科学有效的分类管理和利用，就需要将这些信息分别归属到质量、进度、费用、资源、安全等不同的信息范围。在这些范围内，由于集聚了大量反映质量、进度、费用等某一方面的信息，因而，在同一类域的信息就具有反映某一种问题的共性特征。一般来讲，信息类域具有以下几方面的特点。

（1）信息域是某一种信息群的粗糙集，在这个集合里，该种类的信息具有显著的不精确性，不具备信息的直接可利用性。

（2）信息域是信息分级管理中的最初集合，它具有容量大、内涵多、可再分的能力。

（3）信息域的内涵与空间具有显著的不稳定性，可随着信息容量的增加而扩大，也可随着信息量的减少而减小，这意味着，其内部空间的划分也会随着信息量的变化而具有可变性。

（4）大量信息具有显著的不精确性，信息与信息之间存在交集，故而导致信息域间的界限具有模糊性。

（5）信息域内所包含的信息表象具有显著的共同特性，反映的问题都是同一种问题。

（6）信息域名称的确定具有近似性，常随着研究者或使用者处理信息目的的不同而改变。特别是在信息归属到不同信息域的分析过程中，由于信息是以表象形式出现的，因此，信息域名常根据信息表象的初判结果而确定。由此可以看出，信息域名常常与信息表象具有相关性，却不一定具有精确性。为此，在信息域的分析与研究中，一个必然要面对的问题就是如何预先对信息类域进行科学的划分和合理的确定。

在信息类域的划分中，划分的方法并没有固定的格式，但有一个基本原则，即利于信息的管理和利用。为此，许多研究者在其研究中就结合个人的研究经验对信息类域进行选择，因而也就出现了将同一研究对象归属不同范围并导致研究结果呈现出多样性的问题。事实上，尽管这一选择方法具有一定的主观性，但也具有一定的理论意义和价值，这主要是因为研究者研究的问题本来就是前人还未有效解决的问题，而在这些问题还未彻底解决之前，自然也就需要多方面、多途径地探索和研究。因此，信息多类别的划分和分解也许不是什么缺点。同时，由于信息不同类别的归属将会对同一研究目的产生不同程度的影响和作用，而个人的研究经验在一定程度上对研究目标的实现有着潜在的导向作用，因而，在信息类域的选择方面，个人经验有时也是不可或缺的。但在信息类域这一选择过程中，问题的关键是如何对信息群进行科学合理的类域选择，以便确保研究结果得出科学且有效的结论。

实际上，对于这一问题，从理论上来分析，研究者可在完成信息分辨之后，利用信息所要表述的主题来进行初步的类域分析。在此基础上，结合研究所需和信息表述及其来源的客观性，就容易得到较为理性的信息类域选择处理结果。更重要的是，在明确信息所要表达的主题之后，研究者对信息群所包含的信息群种也就有了较为客观的把握，这就使所建立的信息类域中所有信息所表述的信息特征具有了更强的共性，这对今后分析这一信息集合的信息特征及其核的提取极为有利。同时，在确定信息类域的过程中，由于该集合域包含的信息特征具有相对较强的共性，因而，基于特征的信息选择本身也就间接地包含和完成了信息冗余的部分删除和消减，信息的真实性和精确性也就具有了一定的保障。

同时，在信息类域的选择中，为了使信息类域的选择更加科学和规范，在紧密结合信息表象及其特征与研究目的的基础上，还应考虑研究领域中对信息域的专门指定与约束，即在从信息本身的角度考虑信息类域选择的同时，还应结合研究对象所属领域对研究对象的专业分类规则。例如，在建设工程项目管理领域，工程项目信息包含工程质量、进度、成本、资源、组织、安全、环保、设计等方面的信息，这些专业分类就给工程项目中出现的信息进行了初步类域划分，明确了工程中所有不同信息的基本归属。从其来源来看，所有的信息都来自于项目的各个阶段，因此，按照项目阶段来确定信息的类域可能会是一个更大的粗集。从总体上来看，在信息类域的选择中，如果能将信息来源、类别特征、信息属性、专业规则与研究目的结合在一起，不仅可以使信息类域的选取和确定更加科学和规范，而且所归属的信息也会更加有效地为研究者实现研究目标、达到研究目的而服务。

4. 工程问题表象信息的类域分析

根据上述分析可知，对于工程项目的各种问题表象信息而言，为了能够对其进行科学正确的分析，按照信息的来源和工程项目的特点，以工程项目的四个阶段为界限，开展对这些问题表象的分析将会更为有益。

1）决策阶段的信息类域分析

在建筑工程项目中，项目的决策阶段实际上是项目的孕育阶段，这个阶段的主要工作是对项目的构思、识别和选定，编写项目建议书，并对项目进行必要的调查和可行性研究、判断、决策及项目立项，因此，这一阶段的主要工作也就集中在项目的前期调查、分析、研究和决策上。在这个阶段，根据建筑工程项目问题表象的调查结果，问题表象的外在表现形式常有以下几个方面。

（1）在对项目进行构思、策划和初步设计的过程中，由于对工程建设投资方向、国家的相关政策和城市规划、土地、环保、能源等现状及其发展趋势缺乏一定程度的了解，项目投资者对项目建设的指导思想不明确、项目目标定位不准确、建设规模不确定，在项目建设的过程中，参与各方意见不一，争议不断，反复修改方案，工作效率低下，出现了如问题表象谱中 A1~A7 的类似问题。

（2）由于缺乏实际调研或调研不全面，调研结果可靠度和真实性不高，或在实施方案、技术措施、经济指标、投资环境等内容分析方面方法不正确、考虑不全面、分析不透彻、论证不充分，可行性报告研究结果容易受质疑，出现了如问题表象谱中 A8~A12 的类似问题。

（3）在项目决策过程中，由于可行性研究报告分析不完善、投资估算不准确、各部门对项目的可行性意见不一、有关部门对项目投资前景不认可，或出于个人与部门利益的考虑等原因，出现办事效率低下，久拖不决，影响项目的报批工作等现象，为此，有关领导自行决策，盲目立项，出现了如问题表象谱中 A13~A16 的类似问题。

（4）在项目评审过程中，由于相关条件不具备，或项目得不到上级主管部门的支持，或上级有关部门办事效率低下，项目审批时间过长，有些项目为了达到自身的目的，就不按规定程序报批，采用其他非正常途径立项，出现了如问题表象谱中 A17~A20 的类似问题。

因此，这一阶段的问题表象就多以项目方案反复修改、可行性研究考虑不周、决策效率低下、报批时间过长等形式表现出来。可以看出，这些问题表象都与项目的立项决策有着紧密的联系，因此，该阶段问题表象的分类分析结果就可以分为项目策划、可研分析和决策审批三个子集，如表 5.5 所示。

表 5.5　决策阶段问题表象分类一览表

类别	问题表象的主题描述	表象编号
项目策划	项目定位不明确	A1
	相关政策没掌握	A2
	现状趋势不了解	A3
	投资环境不了解	A4
	内部意见争议大	A5
	有关部门不支持	A6
	筹资渠道不落实	A7
可研分析	没进行实际调研	A8
	调研范围不全面	A9
	所获信息不真实	A10

续表

类别	问题表象的主题描述	表象编号
可研分析	可研方法不正确	A11
	考虑内容不全面	A12
决策审批	决策依据不可靠	A13
	决策程序不正确	A14、A15
	决策工作效率低	A16
	报审程序不规范	A17、A18
	报批审定效率低	A19、A20

2）准备阶段的信息类域分析

在工程项目的准备阶段，主要工作包括组建项目管理机构，委托勘察设计，编制工程招投标文件和组织招投标，确定施工、监理和材料供应等单位并签订有关合同，征地拆迁，办理工程有关手续，制订项目施工计划等，为下一阶段工程项目的顺利实施做好各项前期准备工作。因此，根据建筑工程项目问题表象的调查结果，在准备阶段，问题表象的外在表现形式就常有以下几个方面。

（1）在组建项目管理机构的过程中，项目经理缺乏明确的项目优先权，从有关部门抽调项目部成员时得不到有关部门的配合与支持；或在项目部组建后由于机构的临时性或相关制度的不健全，部门或项目成员之间职责不清、界限不明等，给项目成员之间的相互配合带来影响，出现如问题表象谱中 B1~B5 的类似问题。

（2）真实可靠的勘察结果和考虑全面的工程设计是工程项目后期顺利实施的前提和保障。但勘察设计单位技术能力较低或未进行深入细致的现场勘察，设计人员在设计中又不了解现场情况或建设单位的设计要求，相互之间交流少，或设计部门内部缺乏配合，或设计人员自身技术水平低等多种原因，导致工程设计错误较多、工艺落后、图纸内容不配套，相互之间有矛盾，不满足有关标准和规范，出现如问题表象谱中 B6~B25 的类似问题。

（3）在工程项目的招投标过程中，由于个人利益的驱动或上级领导的干涉，特别是在确定项目的施工单位、监理单位和材料供应单位等方面，存在着许多不规范现象，或建设单位违规肢解工程，或在评标中存在不正当交易和行为，或各投标单位之间为了竞争，盲目压价，或相互合标串标等，并在签订的合同中含有不对称条款，给工程项目的后期管理埋下隐患，出现了如问题表象谱中 B26~B40 的类似问题。

（4）项目开工之前还需要办理许多工程建设开工手续，缴纳有关税费，征购土地，进行居民拆迁，搭建现场临时设施等。但若干条件的不具备，如项目资金不到位、居民搬迁不顺利、缺乏前期准备的必要资源、工程开工手续办理时间过长、发生特殊事件等，给项目前期各项准备工作的开展带来了较大影响。为了尽可能地在较短的时间内完成项目前期各项准备工作，建设单位必然要与外部有关部门进行大量的协调，并常常借助其他非正当手段来处理有关的冲突和矛盾，出现了如问题表象谱中 B41~B66 的类似问题。

因此，在准备阶段，建筑工程项目中的问题表象就多发生在机构组建、工程设计、招标投标、前期准备、工作协调等几个方面。该阶段问题表象的分类分析结果如表 5.6 所示。

表 5.6 准备阶段问题表象分类一览表

类别	问题表象的主题描述	表象编号
机构组建	机构组建不顺利	B1
	部门设置不合理	B2
	管理制度不健全	B2
	任务分工不明确	B3
	抽调人员不到位	B4
	成员之间不配合	B5
工程设计	没有审查资质或审查不严格	B6
	现场勘察不全面或不真实可靠	B7、B8
	设计图纸文件不能按时交付	B9~B13
	相关专业图纸没有配套齐全	B14、B15
	工程设计超标或违反规定	B16~B18
	设计方案未进行优化比较	B19
	设计内容不完整清晰准确	B20、B21
	设计深度没达到施工要求	B22
	各项指标不满足有关规定	B23~B25
招标投标	招标投标程序不公正规范	B26、B27
	相关规定标准没公开透明	B28
	投标单位资质不符合规定	B29、B30
	评标过程存在不正当行为	B31~B36
	签订条件不符合有关规定	B37
	合同条款不严谨完整明确	B38
	签订乙方处于不公平地位	B39
	签订结果不符合法律规定	B40
前期准备	开工手续未办齐全	B41、B42
	有关税费没有支付	B43、B44
	不按正常程序办理手续	B45
	项目所需资金未到位	B46
	所需设备工具未备齐	B47
	现场"七通一平"未完成	B48、B49
	施工组织设计未制定	B50
	施工关键技术未交底	B51
	项目管理系统未建立	B52
工作协调	相关部门缺乏支持配合	B53~B55
	相关各方办事效率低下	B56~B60
	拆迁征地问题难以解决	B61、B62
	特殊事件影响前期准备	B63~B66

3）施工阶段的信息类域分析

项目的施工阶段是项目的具体化阶段，包括在完成施工现场"七通一平"，人、机、料到位之后，按照设计要求对工程质量、进度、费用、材料、人员、设备、安全、信息、现场环境等进行统一的管理，协调运作，直至完成项目的全部内容。在施工阶段，由于项目处于开放性较强的时期，不仅需要有大量外部资源的支持、保障和供给，而且项目内部各部门之间能否和谐互助、协调配合也会对项目能否顺利实施带来一定的影响。因此，根据建筑工程项目问题表象的调查结果，在此阶段，问题表象的外在表现形式就常有以下几个方面。

（1）因外部环境的变化和干扰，如频繁下雨、天气降温、居民干扰、工程事故、城建或环保等部门的经常性检查、国家的政策调整、物价上涨、社会动荡、与工程有关的刑事案件、地基开挖中出现异常情况等都会对项目的顺利实施产生较大的影响，并可能进一步导致项目后期的结算超支、进度拖延、工程质量与安全等问题，严重时可能还会导致工程项目停工、窝工、返工甚至失败，如问题表象谱中 C1~C15 的类似问题。

（2）对工程项目质量、进度和成本的管理是项目管理的主要内容，三者之间有着紧密且不可分割的关系，既相互约束又相互影响。项目内外各种不确定因素或不利因素在给某一方带来质量、成本或进度影响的同时，也给另外一方或多方带来影响。同时，工程项目这一系统所具有的开放性、整体性和连续性特点，给工程质量、成本或进度带来的因素也就非常的多，由此而引发的问题表象也就种类繁多，形式多样，如问题表象谱中 C16~C83 的类似问题。

（3）安全问题也是工程项目中重点管理的一项内容。安全问题的发生不仅与安全设施、设备装置、劳保用品等物质条件有关，而且与作业条件、施工环境、人员教育、现场监督管理等紧密相关，在工程中常发生如问题表象谱中 C84~C114 的类似问题。

（4）在项目的实施过程中，由于工程项目施工不可避免地产生垃圾、污水、废气、振动、噪声等，因而可能会给周围的自然环境、居民的生活等带来影响，既可能破坏自然环境，也可能发生扰民或民扰事件，给项目的顺利实施带来障碍，发生如问题表象谱中 C115~C121 的类似问题。

（5）资源能源的正常保障和按时供应是确保工程项目正常实施的必要条件。但在项目实施中，工程资金不能按时到位、所供材料不合格、设备不配套、损坏的设备维修不及时等，就可能引发安全事故、设计变更、费用增减、施工工序调整等一系列变更，出现如问题表象谱中 C122~C131 的类似问题。

（6）随着工程实体的渐进明晰和项目投资者、决策者以及项目未来的接收者或使用者对项目的逐渐认识，他们都会在思想上逐渐产生一些新的想法。如果他们认为这种想法较为重要但在项目的决策或准备阶段没有很好地表达出来，项目前期也没有和工程设计人员进行很好的交流，就会对项目原有的设计方案提出局部变更的意见或建议，或对正在实施的项目予以干涉，因而相关方之间就有可能发生一些争议或矛盾。如果这些问题处理不当，不仅会造成项目成员之间相互抵触，直接表现为项目成员之间的不交流、不团结甚至不合作，可能发生推卸责任、推诿扯皮等现象，更有可能导致工程项目进度拖延，成本上升，影响工程项目的顺利实施，发生如问题表象谱中 C132~C143 的类似问题。

因此，在项目施工阶段，问题表象的外在形式就常常以质量低下、进度拖延、成本增加、资源短缺、安全事故频发及项目人员之间相互抵触、配合不力等形式表现出来。该阶段问题表象的分类分析结果如表 5.7 所示。

表 5.7　施工阶段问题表象分类一览表

类别	问题表象的主题描述	表象编号
工程风险	自然灾害、异常地下情况等不可抗力事件	C1
	政策调整、战争动乱、罢工、重大刑事案件等	C1
	社会活动、媒体投诉、疾病传染、居民干扰等	C1
	物价上涨、利率调整、金融危机、通货膨胀等	C2
	因征地拆迁、能源停供、手续不全而停工	C3
	建设主体改制或效益低下或破产倒闭等	C4、C5
	发生质量或安全重大事故、挖断管线等	C6~C9
	有关单位违约，不履行合同规定，发生索赔	C10~C13
	因拖欠工资，施工中工人罢工、怠工或抵抗	C14、C15
工程质量	主体质量合格率较低	C16
	设备安装精度不达标	C17、C18
	材料检测结果不合格	C19
	项目所需功能不达标	C20
	力学性能指标不达标	C21
	有关人员失职、渎职、能力较低	C22~C28
	施工工艺或过程操作不正确	C29~C31
	施工单位偷工减料以次充好	C32~C34
	工程施工、技术交底等缺乏监管	C35~C39
	天气恶劣、场地狭窄，影响质量	C40~C42
工程进度	分项工程实际进度与计划不符	C43
	项目整体实际进度与计划不符	C44
	工程人员不负责任或能力较低	C45~C50
	不熟悉新设备或设备工具落后	C51~C54
	材料配件不符合要求或不到位	C54~C56
	设计变更频繁，处理问题不及时	C57~C67
	现场环境拥挤或地质条件复杂	C68~C71
工程费用	工程费用出现较大偏差	C72
	管理费用出现严重超支	C73
	劳力增加或采购人员失职、渎职	C74、C75
	设备工具损坏严重，维修费增加或采用特殊设备	C76、C77
	材料、工具、零件等易耗品浪费严重	C78
	疏忽监管使工程费用严重失控	C79、C80

续表

类别	问题表象的主题描述	表象编号
工程费用	现场偏僻，交通不便或二次倒运	C81~C83
施工安全	施工人员违章作业，管理人员违章指挥	C84~C92
	材料低劣，机具失效	C93~C96
	防护用品漏缺损坏	C97
	施工过程方法不当	C98~C104
	作业环境杂乱无章	C105、C106
	制度规程职责不明	C107~C110
	安全措施缺乏实效	C111
	防火防盗流于形式	C112
	安全费用没有到位	C113
	监管人员严重不足	C114
环保状况	粉尘排放不达标	C115
	污水排放不达标	C115
	废气排放不达标	C115
	施工垃圾乱倾倒	C116
	施工噪声影响大	C117
	施工振动影响大	C117
	破坏现场景观遗迹	C118
	毁坏周围自然环境	C116
	砍伐树木，破坏植被	C119
	环保监测没实施	C120
	环保投入不到位	C121
资源保障	资源供求计划不完善	C122、C123
	资源配置不及时合理	C124
	劳力富余或严重短缺	C125
	管理人员配置不合理或短缺	C126
	施工期间常停电停水	C127
	水电等能源浪费严重	C128
	项目资金未按时支付	C129
	项目资金未全部支付	C130、C131
其他工作	项目组织多重管理，相互扯皮	C132
	参与各方缺乏配合，工作低效	C133、C134
	上级领导或业主越权干涉，产生纠纷	C135~C138
	有关人员以权谋私，行贿受贿	C139~C141
	工程项目违规违纪，被罚款整顿	C142、C143

4）竣工阶段的信息类域分析

在竣工阶段，工程项目的主要工作是按照工程验收规范，组织工程项目验收，进行设备设施试运转并在符合有关规定和要求的前提下，移交使用方，同时进行工程结算、付款和项目后评价。同时，项目进入竣工阶段也意味着项目部的有关成员将返回各自的原属部门或投入新的工程项目中去，承包商和监理单位也将寻求新的生存空间和发展方向。因此，这种趋向将潜在地离散项目成员的凝聚力和向心力，明显地表现出寻求各自目标的倾向性，因而也必然会分散项目成员的工作精力，影响他们的工作效率。因此，在项目竣工阶段常发生的问题表象如下。

（1）在工程项目验收中，验收资料有缺陷、工程质量有问题、设备设施不正常、能源供应不到位或部分功能未完善，项目不予验收，发生如问题表象谱中 D1~D8 的类似问题。

（2）参与验收的各部门之间对工程中存在的有关问题意见不一、配合不力，或由于个人利益和部门利益设置一些人为障碍，办事效率低下，验收工作不顺畅，发生如问题表象谱中 D9~D13 的类似问题。

（3）现场项量签证不完善、合同条款不合理或不明确、结算中若干项目计算方法和套用定额观点不一致，或有关结算的政策、规定和定额出台滞后以及出于对个人利益的考虑而拖延结算等，在结算中引发争议，发生如问题表象谱中 D14~D21 的类似问题。

（4）拖欠工程费用，遗留问题未解决，工程资料不齐全，手续不完善，或建设单位在工程未完之前提前使用，影响工程正常交接，发生如问题表象谱中 D22~D26 的类似问题。

（5）项目中的遗留问题未处理完善、工程结算后不能及时付款等问题，导致双方关系破裂，甚至诉诸法律来解决相互间发生的冲突和矛盾，发生如问题表象谱中 D27~D32 的类似问题。

因此，在项目竣工阶段，建筑工程项目的问题表象多表现为工程验收和移交不畅、工作效率低下、结算中经常发生争议、发生工程索赔纠纷、不能及时付款等问题。该阶段问题表象的分类分析结果如表 5.8 所示。

表 5.8　竣工阶段问题表象分类一览表

类别	问题表象的主题描述	表象编号
工程验收	验收资料不齐全、不完整、不真实	D1
	主体质量不合格、有关检测未完成	D2、D3
	水、电、暖、煤气等能源供应不到位	D4
	动力设备、工程设施运行不正常	D5~D8
	采用非正常手段进行签字验收	D9、D10
	验收过程中各方工作低效或不配合	D11~D13
工程结算	缺乏结算依据或参考标准	D14~D16
	结算内容考虑不全或漏项	D17
	结算工作中发生争议	D18~D20
	因多种原因而结算效率低下	D21
工程移交	工程移交设施不配套	D22
	移交过程不符合规范程序	D23
	因多种原因双方互不接收	D7、D24、D25

续表

类别	问题表象的主题描述	表象编号
工程移交	移交资料不合格、不完整	D22
	带着质量问题强行移交	D26
其他工作	未进行项目后评价或后评价不完善	D27
	后期维修不到位或拒签保修手续	D28
	未按期支付或长期拖欠工程费用	D29
	有关单位配合低效	D30
	冲突争议时有发生	D31
	遗留问题仍未处理	D8、D32

在完成工程问题表象信息的上述工作后，下一步的研究工作就是如何以这些信息为基础来获取研究对象的特征及其参数，并为进一步获得各种工程问题的管理指标提供可靠的依据。很显然，这就需要一种能够完成这一工作的有效工具。从大量的相关研究文献来看，目前处理此类问题的方法主要是以经验分析为主的定性分析法，这种方法虽然简单易用，但最大的问题就是极易加入研究者的主观臆断。特别是当研究者经验不足时，就需要从其他方面获取经验或进行二次调研来补充研究信息或数据的不足。但不论是从其他方面获取经验还是进行二次调研，都可能出现与初始调研结果的偏失，这将会更大程度地降低研究结果的可靠性。事实上，面对此类问题，数学领域中的粗集理论在此方面有着独特的分析优势和处理能力。因此，研究者若要通过粗集理论这一工具来开展管理指标的研究工作，就需要预先了解粗集理论的相关知识。

5.4.4　粗集理论及其核心技术

粗集理论也称粗糙集理论，其英文名称为 rough set，简称 RS 理论，是波兰数学家 Z. Pawlak 在 1982 年提出的一种处理含糊和不确定信息的新型数学工具。与传统的不完整、不精确、不确定信息的处理方法相比较，粗集理论的主要思想是利用已知的知识对不精确或不确定的知识进行近似描述，把那些无法确定的个体都归属于边界区域，且把这个边界区域定义为上近似集与下近似集之差集。通过这一处理，从中发现系统的某些特点，进而获取欲知的结果。其主要特点如下。

（1）对信息的处理不需要先验知识，不需要像概率统计方法那样需要预先假定概率分布，也不需要像模糊理论那样预先设定模糊隶属函数，而是完全利用信息本身提供的数据进行信息驱动与预处理。

（2）它能表达和处理不完备的信息，能在保留关键信息的前提下，对数据进行化简并求得知识的最小表达；能够评估数据之间的依赖关系，揭示概念的简单模式；能从经验数据中获取易于证实的规则知识。

（3）粗集分析是一种软计算，它利用所允许的不精确性、不确定性和部分真实性来得到易于处理、鲁棒性强和成本较低的解决方案，以便更好地与现实系统相协调。

目前，随着粗集研究的不断深入，它与其他数学分支的联系也更加紧密。从算子的观点来看粗集算法，与之关系比较紧密的有拓扑空间、数理逻辑、模态逻辑、布尔代数、算子代数等；从构造性的角度来看，它与概率论、模糊数学、证据理论、图论、信息理论等联系较为密切。在粗集理论研究中，它需要以这些理论为基础，来分析和研究知识中的不确定性、粗集代数结构、拓扑结构、粗糙逻辑及粗集的收敛性等问题，同时也拓展了这些理论的发展和应用范围。特别是近十几年来，粗集理论作为智能计算的科学方法，无论是在理论方面还是在应用实践方面都取得了很大的进展，不仅为信息科学和认知科学提供了新的科学逻辑与研究方法，而且为智能信息处理提供了有效的处理技术，具有光明的应用前景。

1. 粗集的基本性质

在粗集中，Z. Pawlak 教授提出了上近似(upper approximation) $R^-(X)$ 和下近似(lower approximation) $R_-(X)$ 的概念，这里，X 是论域 U 上的元素集合，即 $X \subset U$，$R^-(X)$ 是 $X \subset U$ 的上近似，$R_-(X)$ 是 $X \subset U$ 的下近似，R 是元素或集合间的等价关系。如果给定集合 $X \subset S$，那么 $R^-(X)$ 和 $R_-(X)$ 就能确定，其中，$R_-(X) = \bigcup [x]_R = \{x \in U, [x]_R \subseteq X\}$，$R^-(X) = \bigcup [x]_R = \{x \in U : [x]_R \cap X \neq \varnothing\}$，这表明上近似中的元素可能属于该关系，而下近似中的元素肯定属于该关系。由 $R^-(X)$ 和 $R_-(X)$ 构成的集合对即为 $X \subset U$ 的粗集，$B_{nR}(X)$ 为粗集的 $R_-(X)$ 边界，$B_{nR}(X) = R^-(X) - R_-(X)$；$\mathrm{POS}_R(X)$ 为粗集的正域，$\mathrm{POS}_R(X) = R_-(X)$；$\mathrm{NEG}_R(X)$ 为粗集的负域，$\mathrm{NEG}_R(X) = U - R_-(X)$；$\mathrm{IND}(R)$ 为关系 R 的不可分辨，$\mathrm{IND}(R) = \mathrm{IND}(R - \{r\})$。

在粗集中，如果给定集合 $X, Y \subset U$ 和一个知识库 $K = (U, R)$，$R^-(X)$ 是 $X \subset U$ 的上近似，$R_-(X)$ 是 $X \subset U$ 的下近似，$R^-(X)$ 是 $Y \subset U$ 的上近似，$R_-(Y)$ 是 $Y \subset U$ 的下近似，则它们具有如下基本性质。

（1）$R_-(X) \subseteq X \subseteq R^-(X)$。

（2）$\begin{cases} R_-(\varnothing) = R^-(\varnothing) = \varnothing \\ R_-(U) = R^-(U) = U \end{cases}$

（3）$\begin{cases} R^-(X \cup Y) = R^-(X) \cup R^-(Y) \\ R_-(X \cap Y) = R_-(X) \cap R_-(Y) \end{cases}$

（4）$\begin{cases} R_-(X \cup Y) \supseteq R_-(X) \cup R_-(Y) \\ R^-(X \cap Y) = R^-(X) \cap R^-(Y) \end{cases}$

（5）$\begin{cases} X \subseteq Y \Rightarrow R_-(X) \subseteq R_-(Y) \\ X \subseteq Y \Rightarrow R^-(X) \subseteq R^-(Y) \end{cases}$

（6）$\begin{cases} R^-(\approx X) = R_-(X) \\ R_-(\approx X) = R^-(X) \end{cases}$

（7）$\begin{cases} R^{-}\left(R^{-}\left(X\right)\right)=R_{-}\left(R^{-}\left(X\right)\right)=R^{-}\left(X\right) \\ R_{-}\left(R_{-}\left(X\right)\right)=R^{-}\left(R_{-}\left(X\right)\right)=R_{-}\left(X\right) \end{cases}$。

（8）$\left|U-B_{nR}\left(X\right)\right|=\left|U\right|-\left|R^{-}\left(X\right)-R_{-}\left(X\right)\right|$。

2. 粗集的精度与精确性

为了更准确地表达分析对象的精确程度，粗集理论引入了精度 $d_{R}\left(X\right)$ 和粗糙度 $P_{R}\left(X\right)$ 两个概念。精度 $d_{R}\left(X\right)$ 用来反映研究者对知识集合或信息集合的了解程度，其定义为

$$d_{R}\left(X\right)=\mathrm{CARD}\left(R_{-}\left(X\right)\right)\Big/\mathrm{CARD}\left(R^{-}\left(X\right)\right)$$

其中，$\mathrm{CARD}(\ )$ 表示该集合的基数，且规定 $X\neq\varnothing$。显然，对于每一个 $X\subset U$，都有 $0\leqslant d_{R}\left(X\right)\leqslant1$。当 $d_{R}\left(X\right)=1$ 时，集合 X 的边界域 $B_{nR}\left(X\right)$ 为空；当 $0<d_{R}\left(X\right)<1$ 时，集合 X 有非空边界域 $B_{nR}\left(X\right)$，只有部分元素可定义；当 $d_{R}\left(X\right)=0$ 时，集合 X 的元素全部不可定义。

粗糙度 $P_{R}\left(X\right)$ 与精度正好相反，它用来反映知识集合或信息集合的不确定程度，其定义为

$$P_{R}\left(X\right)=1-d_{R}\left(X\right)$$

由此可知，它是精度 $d_{R}\left(X\right)$ 的另一种表达方式。与精度 $d_{R}\left(X\right)$ 相对应，粗糙度 $P_{R}\left(X\right)$ 的值域也为零一域，当 $P_{R}\left(X\right)=1$ 时，集合 X 的元素全部不可定义；当 $0<P_{R}\left(X\right)<1$ 时，集合 X 有非空边界域 $B_{nR}\left(X\right)$，只有部分元素可定义；当 $P_{R}\left(X\right)=0$ 时，集合 X 的边界域 $B_{nR}\left(X\right)$ 为空。

但特别需要注意的是，粗集理论与概率论和模糊集合论不同，不精确性的数值不是事先假定的，而是通过表达知识不精确性的概念近似计算得到的，这样不精确性的数值表示的就是有限知识对象分类能力的结果，而不是用一个精确的数值去表达不精确的知识或信息。

3. 知识的约简与核

在粗集的信息约简中，约简冗余是通过约简关系 R 进行的，即 $\mathrm{IND}(R)=\mathrm{IND}(R-\{r\})$，此后 R 中所有不可约去的关系集合则成为 R 的核 $\mathrm{CORE}(R)$，这意味着原集合元素被约简后所形成的集合是在 R 程度上与原集合等价的集。

令 A 为一属性集，$a\in A$，如果 $\mathrm{IND}(A)=\mathrm{IND}\left(A-\{a\}\right)$，则 a 为 A 中不必要的元素；否则 a 为 A 中必要的元素。如果 $a\in A$ 都为 A 中必要的，则称 A 是独立的；否则，A 就是依赖的。同样，如果 A 是独立的，$P\subseteq A$，则 P 也是独立的。显然，P 可以有多个约简，而约简中必不可少的部分就为 P 的核，记为 $\mathrm{CORE}(P)$，$\mathrm{CORE}(P)=\bigcap\mathrm{RED}(P)$，其中，$\mathrm{RED}(P)$ 表示 P 的所有约简集合。

在简化分析中，当 Q 为 P 的一个简化，且 $R\in P-Q$ 时，则存在 $\mathrm{IND}(P)=\mathrm{IND}(Q)$，

$Q \subseteq P - \{r\} \subseteq P$。当 Q 和 P 为等价关系集合,且 $Q \subseteq R \subseteq P$ 时,就存在 $\text{IND}(P) = \text{IND}(R)$。此时,设 $R = P - \{r\}$,就可以得知 $\{r\}$ 是冗余的,即

$$\{r\} \notin \text{CORE}(P)$$
$$\text{IND}(P) = \text{IND}(P - \{r\})$$
$$S \subset (P - \{r\})$$
$$\text{IND}(S) = \text{IND}(P)$$

这里,S 为 P 的一个简化,且 $R \in S$。这表明,$\text{CORE}(P) \subseteq \bigcap \{Q : Q \in \text{RED}(P)\}$。由此可以看出,核的用处有两个方面:一是可以作为所有约简的计算基础,因为核包含在所有的约简之中,并且计算可以直接进行;二是可解释为在属性约简时,它是不能消去的知识特征部分的集合,这将为提取分析对象信息中的关键部分提供技术基础。

4. 约简与核的提取方法

为了进一步细化这一知识,可以给定一个等价关系 Q、P、r 的族,并存在等价类集合 U/Q、U/P、U/r,它们分别为

$$U/Q = \{\{x_1, x_4, x_5\}, \{x_2, x_8\}, \{x_3\}, \{x_6, x_7\}\}$$
$$U/P = \{\{x_1, x_3, x_5\}, \{x_2, x_4, x_7, x_8\}, \{x_6\}\}$$
$$U/r = \{\{x_1, x_5\}, \{x_2, x_7, x_8\}, \{x_3, x_4\}\}$$
$$U/S = \{\{x_1, x_5, x_6\}, \{x_2, x_7\}, \{x_3, x_4\}, \{x_8\}\}$$

这样,关系 $\text{IND}(R)$ 有下列等价类集合:

$$U/\text{IND}(R) = \{\{x_1, x_5\}, \{x_2, x_8\}, \{x_3\}, \{x_4\}, \{x_6\}, \{x_7\}\}$$
$$U/\text{IND}(R-P) = \{\{x_1, x_5\}, \{x_2, x_7, x_8\}, \{x_3\}, \{x_4\}, \{x_5\}\} \neq U/\text{IND}(R)$$
$$U/\text{IND}(R-Q) = \{\{x_1, x_5\}, \{x_2, x_8\}, \{x_3\}, \{x_4\}, \{x_6\}, \{x_7\}\} \neq U/\text{IND}(R)$$
$$U/\text{IND}(R-r) = \{\{x_1, x_5\}, \{x_2, x_8\}, \{x_3, x_4\}, \{x_6\}, \{x_7\}\} \neq U/\text{IND}(R)$$

因此,关系 r 也是 R 可省略的。这表明,通过等价关系 Q、P、r 的集合定义分类,与等价关系 Q、P 或者 P、r 的定义分类相同。因此,为了得到 Q、P、r 的简化结果,就需要考察集合对等价关系 Q、P 或者 P、r 是否为独立。只有 $U/\text{IND}(P,Q) \neq U/\text{IND}(P)$,$U/\text{IND}(P,Q) \neq U/\text{IND}(Q)$,$Q$、$P$ 或者 P、r 才具有简化的独立性,得到的简化结果 $\{Q,P\} \bigcap \{P,r\}$ 才为原集合的核。

对于 S 的正域,它应该是 $U/\text{IND}(R)$ 所有等价类的并集,并包含在 U/S 的集合中,即 $\text{POS}_R(S) = \{x_1, x_3, x_4, x_5, x_6, x_7\}$。由于 $U/\text{IND}(R-P)$ 的 $\text{POS}_{R-P}(S)$ 为 $\text{POS}_{R-P}(S) = \{x_1, x_3, x_4, x_5, x_6\}$,二者互不相等,故 P 为 R 中 S 不可省略的。从 R 中去掉 Q 可以得到 $U/\text{IND}(R-Q)$ 导出的正域 $\text{POS}_{R-Q}(S)$:

$$\text{POS}_{R-Q}(S) = \{x_1, x_3, x_4, x_5, x_6, x_7\} = \text{POS}_R(S)$$

故 Q 为 R 中 S 可省略的。同样,从 R 中去掉 r 可以得到 $U/\text{IND}(R-r)$ 导出的正域

$\mathrm{POS}_{R-r}(S)$：

$$\mathrm{POS}_{R-r}(S)=\varnothing\neq\mathrm{POS}_R(S)$$

故 r 为 R 中 S 不可省略的。上述讨论表明，集合正域 $\mathrm{POS}_P(Q)$ 是通过有价知识 P 所有能够划入知识 Q 初等范畴的对象集合，当必须把整个知识对象划分到知识初等范畴时，则该知识就是独立的、纯核的。

5. 信息对象的范畴简化

在粗集理论中，范畴可看做知识或所获信息的构成模块。对于小的范畴，通过简单的信息约简，一般就可以获取范畴中的核。但对于拥有较大信息量的范畴，在提取核的过程中，可能就需要进行非常多的约简工作。因此，如果能将这样的范畴进行缩简，将更有益于范畴中核的分析与提取。但多少知识才能满足保持范畴特征的需要是范畴简化的一个主要问题。

假设 F 是一个大的集合族，即范畴，$F=\{X_1,X_2,X_3,\cdots,X_{n-1},X_n\}$。$X\subseteq U$ 且一子集 $Y\subseteq U$，使 $\bigcap F\subseteq Y$。当 $\bigcap(F-X_i)\subseteq Y$ 时，称 X_i 为 F 中 Y 可省略的；反之，称 X_i 为 F 中 Y 不可省略的。此时，若有一个小于 F 的 G，即 $G\subseteq F$，当 G 中所有分量都为 Y 不可省略时，则 G 是 Y 独立的，反之，G 是 Y 依赖的，且 G 是范畴 F 的 Y 简化，F 中所有不可省略集的族称为 F 的核，记为 $\mathrm{CORE}(F)$，并有 $\mathrm{CORE}(F)=\bigcap\mathrm{RED}(F)$。若将之细化，假定 $F=\{X,Y,Z\}$，其中，

$$X=\{x_1,x_3,x_5\},Y=\{x_1,x_3,x_4,x_5,x_6\},Z=\{x_1,x_3,x_4,x_5,x_7\}$$
$$\bigcap F=X\bigcap Y\bigcap Z=\{x_1,x_3\}$$
$$\bigcap(F-\{X\})=Y\bigcap Z=\{x_1,x_3,x_4,x_5\}$$
$$\bigcap(F-\{Y\})=X\bigcap Z=\{x_1,x_3\}$$
$$\bigcap(F-\{Z\})=Y\bigcap X=\{x_1,x_3\}$$

由此可知，集合 Y 和 Z 是 F 中可省略的，集合 X 是 F 的核，$\{X,Y\}$ 和 $\{X,Z\}$ 为 F 的简化，且 $\{X,Y\}\bigcap\{X,Z\}=\{X\}$。这表明，某些范畴的所含可以被简化，即可用数量更少的概念来替代。

为了确定是否存在其他更小的可替代范畴，设 $T=\{x_1,x_3,x_8\}$，由于存在如下条件：

$$\bigcap(F-\{X\})=Y\bigcap Z=\{x_1,x_3,x_4,x_5\}\neq\{T\}$$
$$\bigcap(F-\{Y\})=X\bigcap Z=\{x_1,x_3\}\neq\{T\}$$
$$\bigcap(F-\{Z\})=Y\bigcap X=\{x_1,x_3\}\neq\{T\}$$

故集合 X、Y 和 Z 是 T 不可省略的，F 对 T 是独立的，F 的 T 核为空集，T 不是 F 的范畴缩减。由此可知，当 F 存在有一个小于 F 的 G，即 $G\subseteq F$，当 G 中所有分量都为 Y 不可省略时，则 G 是范畴 F 的 Y 简化。如果在 F 的使用前能够获取它的简化，那么，不仅在 $\mathrm{CORE}(F)$ 的 $\bigcap\mathrm{RED}(F)$ 中可以大幅减少信息处理和知识提取的工作量，而且，得到的 $\mathrm{CORE}(F)$ 也容易得到更为有效的保障，这可以确保范畴简化的特征依旧满足管理对象

或分析对象的研究所需。

6. 知识的依赖性及其量度

1）知识的依赖性

在研究对象的信息范畴中，如果要将其缩减并从给定信息中导出另一个依旧保存和含有其本质特征的部分，那么，导出的部分就必须在知识上依赖于元范畴的知识，因而，这就存在一个知识依赖性的问题。其理论表述是当 Q 的所有初等范畴可以用 P 个范畴确定时，则知识 Q 从知识 P 中可导的。此时，称 Q 依赖于 P，并记作 $P \Rightarrow Q$，其定义如下： $K = (U, R)$ 为一个知识库，$\{P, Q\} \subseteq R$。当存在以下条件时，就存在 $P \Rightarrow Q$。

（1）当 $\text{IND}(P) \subseteq \text{IND}(Q)$ 时，知识 Q 依赖于知识 P。

（2）当存在 $P \Rightarrow Q$ 且 $Q \Rightarrow P$ 时，知识 Q 和知识 P 是等价的，记为 $Q \equiv P$。

（3）当不存在 $P \Rightarrow Q$ 且 $Q \Rightarrow P$ 时，知识 Q 和知识 P 是彼此独立的。

若将其细化，假定给定的知识 Q 和知识 P 分别为

$$U/P = \{\{x_1, x_5\}, \{x_2, x_8\}, \{x_2\}, \{x_7\}, \{x_4\}, \{x_6\}\}$$

$$U/Q = \{\{x_1, x_5\}, \{x_2, x_7, x_8\}, \{x_3, x_4, x_6\}\}$$

通过推导可以进一步得到下列性质：

（1）$\text{IND}(P) = \text{IND}(P \cup Q)$。

（2）$\text{POS}_P(Q) = U$。

（3）$\forall X \in U/Q, P_-(X) = X$。

（4）当知识 P 为知识 Q 的简化时，$\text{IND}(P) = \text{IND}(Q)$。

（5）当存在 $P \Rightarrow Q$ 且 $P \cup P'$ 时，$P' \Rightarrow Q$。

（6）当存在 $P \Rightarrow Q$ 且 $Q \cup Q'$ 时，$P \Rightarrow Q'$。

（7）当存在 $P \Rightarrow Q$ 且 $Q \Rightarrow P$ 时，$P \Rightarrow R$。

（8）当存在 $P \Rightarrow Q$ 且 $Q \Rightarrow P$ 时，$P \cup Q \Rightarrow R$。

（9）当存在 $P \Rightarrow Q$ 且 $P \cup Q \Rightarrow T$ 时，$P \cup R \Rightarrow T$。

（10）当存在 $P \Rightarrow Q$ 且 $R \Rightarrow T$ 时，$P \cup R \Rightarrow Q \cup T$。

（11）当存在 $P \Rightarrow R \cup Q$ 时，$P \Rightarrow Q$ 且 $P \Rightarrow R$。

（12）当存在 $P \Rightarrow Q$ 且 $R \Leftrightarrow T$ 时，$P \cup R \Leftrightarrow Q \cup T$。

这些性质表明，当知识 Q 依赖于知识 P 时，则知识 Q 是冗余的，即知识 P 与 $P \cup Q$ 提供同样的对象特征。当 $P \subseteq Q$ 且 P 为独立时，则 P 中所有的基本关系和每一子集都是独立的。但是，当这些性质中的任何一个存在问题时，都有可能对知识 Q 和知识 P 之间的相互依赖性产生影响，这个影响的程度有大有小，最突出的情况就是完全依赖或者完全不依赖。完全依赖即为完全包含，而完全不依赖即为不存在任何包含关系。因此，这两种情况的依赖性问题反而是最好处理的，而介于这二者之间的依赖程度可能就需要进行专门的分析和度量。

2）依赖性的量度

为了量度知识的依赖性，定义 $K=(U,R)$ 为一个知识库，$\{P,Q\}\subseteq R$。当存在以下条件时，就称知识 Q 是 k 度可导的（$0\leqslant k\leqslant1$），记作 $P\Rightarrow_k Q$。

$$k=r_P(Q)=\mathrm{CARD}\big(\mathrm{POS}_R(Q)\big)\big/\mathrm{CARD}(U)$$

其中，CARD( ) 表示集合的基数。很显然，当 $k=1$ 时，称 Q 是全可导的；当 $0<k<1$ 时，称 Q 是粗可导的；当 $k=0$ 时，称 Q 是不可导的。准确地说，当 $k=1$ 时，论域的全部元素都可通过知识 P 划入 U/Q 的初等范畴；当 $k\neq1$ 时，论域中只有属于正域的元素才可通过知识 P 划入知识 Q 的初等范畴；当 $k=0$ 时，论域中没有可通过知识 P 划入知识 Q 的初等范畴。由此可知，当 $P\Rightarrow Q$ 时，由 Q 导出的分类 U/Q 的正域覆盖了知识库的 100% 元素；只有属于分类正域的元素能被唯一地分类，即对象的 100% 元素通过知识 P 划入分类 U/Q 的模块中。同时由此结果也可看出，依赖性 $P\Rightarrow_k Q$ 的量度 k 仅仅表示每个 U/Q 类元素怎样通过知识 P 的分类，而不表示 U/Q 类中各部分的依赖性有多密切。

与知识的依赖性相对应，量度知识的依赖性也有如下特性。

（1）当存在 $R\Rightarrow_k P$ 且 $Q\Rightarrow_L P$ 时，$R\cup Q\Rightarrow_m P,\max(k,L)\leqslant m$。

（2）当存在 $R\cup P\Rightarrow_k Q$ 时，$R\Rightarrow_L Q$ 且 $P\Rightarrow_m Q$。

（3）当存在 $R\Rightarrow_k Q$ 且 $R\Rightarrow_L P$ 时，$R\Rightarrow_m P\cup Q$，$m\leqslant\min(k,L)$。

（4）当存在 $R\Rightarrow_k P\cup Q$ 时，$R\Rightarrow_L Q$ 且 $R\Rightarrow_m P$，$k\leqslant(m,L)$。

（5）当存在 $R\Rightarrow_k P$ 且 $P\Rightarrow_L Q$ 时，$R\Rightarrow_m Q$，$k+L-1\leqslant m$。

这里，k、L、m 均为知识之间的不同依赖度。由这些性质可知，知识约简是在保持研究信息中初等范畴的情况下，消除信息中冗余的分类或冗余基本的范畴，这一过程可以使我们消去所获研究对象信息中所有非必要的冗余信息，仅保留真正有用的部分。当从基本知识中获取结果时，依赖性，特别是部分依赖是一个基本工具，因为它们表示了知识库中某些范畴间的基本关系。

7. 粗集的不确定性分析与度量

粗集理论是一种能够处理不确定性和含糊性的数学工具，它能够依据等价关系形成的知识颗粒去描述或涵盖一些不精确或不完整的信息。处理不确定性和含糊性信息的方式可分为高低两个层次。在较低层次上，它将含噪声的原始数据离散化后，利用等价类抽象出含噪声的原始数据的某一水平，掩盖了包含在等价类颗粒内部的那些不确定性和模糊性，使噪声不再外显；在较高层次上，粗集理论利用不可分辨关系形成的等价类，通过上下近似从内外两侧去逼近一个建立在等价类上的不确定性概念，尽量地压缩此概念的模糊性，并试图给出确定性的信息。

为了帮助信息处理者更加有效地处理信息，粗集理论提出了对不精确或不完整信息的度量方法，即设 (U,R) 是一个近似空间，U 是非空有限论域，X 是论域 U 上的元素集合，即 $X\subset U$，R 是元素或集合间的等价关系。对于空间内的不确定信息，若要确定信息集合的精度，需要在明确上下近似集合基数的基础上进行分析。其计算模式是

$$\alpha_R(X) = \frac{\mathrm{CARD}(R_-(X))}{\mathrm{CARD}(R^-(X))}$$

由此式可以看出，$\alpha_R(X)$ 表示的是通过等价关系 R 对集合 X 描述的精确程度，是个信任测度。与粗集的精度计算类似，与 $\alpha_R(X)$ 相对应，也有一个粗糙度 $\rho_R(X)$ 来表示集合 X 在等价关系 R 下的粗糙程度，其计算模式是

$$\rho_R(X) = 1 - \frac{\mathrm{CARD}(R_-(X))}{\mathrm{CARD}(R^-(X))}$$

由此式可以看出，粗糙度 $\rho_R(X)$ 是对集合不确定性边界的一种度量，是一种似然测度。显然，当 $\alpha_R(X)$ 的值域为零一域时，即 $0 \leqslant \alpha_R(X) \leqslant 1$，$\rho_R(X)$ 的值域也为零一域时，即 $0 \leqslant \rho_R(X) \leqslant 1$。若等价关系 R 对论域的划分越精细，那么，集合 X 的近似精度就越高，粗糙程度也就越低。若等价关系 R 对论域的划分足够精细，就会出现 $\alpha_R(X) = 1$ 且 $\rho_R(X)$ 趋于 0 的情况，此时，粗集也就不再粗糙，而是变得非常明确且精细。

8. 粗集的最小属性集选择

属性是事物的性质与事物之间关系的统称。事物的属性分为特有属性和共有属性，特有属性是指为一类事物独有而其他事物不具有的属性，这一属性是与其他事物进行区别的主要依据，共有属性则是事物共同具有的特征。一般来讲，事物的本质属性一定源于特有属性，而特有属性不一定是本质属性。只有决定事物成为该事物而非其他事物的属性才能为事物的本质属性。因此，在分析和研究问题时，如果能够准确把握研究对象的属性，那么这对掌握研究对象的本质是极为有益的。

任何一个研究对象可能具有多个属性，于是，多个属性就可以组成属性集。在属性集中，为了找出某些属性或属性集的重要性，就需要从中去掉另外一些属性，再来考察没有该属性后，研究对象会发生怎样的变化。若去掉该属性，研究对象就会发生相应的改变，则说明该属性的强度大，即重要性高；反之，说明该属性的强度小，即重要性低。当属性较少时，通过属性的逐一筛选，即可判知各个属性的重要性；当属性较多时，就需要有一种属性的选择方法来进行此项工作。目前，最为通常的属性选择是依照四步来完成的，即子集产生、子集评估、停止准则和结果有效性验证，其本质是先进行属性集的范畴缩减，从初始的 N 个属性中选择出一个有 $m(m<N)$ 个属性的子集，这 m 个属性可以像原来的 N 个属性一样用来正确区分数据集中的每一个数据对象。这样，就可实现从高维空间到低维空间的属性转变且保留事物原有的本质属性。最小属性集选择的一般性方法是先假设 C、D 分别是信息系统的条件属性和决策属性，属性 P 是 C 的一个最小属性集，当且仅当依赖度 $r_P(D) = r_C(D)$ 时，$\forall P' \subseteq P$，$r_P(D) \neq r_{P'}(D)$，就可说明 P 是 C 的一个最小属性集，P 同样具有 C 区分原信息或原知识的能力。

但在粗集属性集的选择中需要注意，C 的最小属性集一般是不唯一的，而要找到所有的最小属性集是一个 NP 完全问题（non-deterministic complete problem，即多项式复杂程度的非确定性问题）。如果任何一个 NP 问题都能通过一个多项式时间算法转换为某个

NP 问题,那么这个 NP 问题就称为 NP 完全问题。这种问题无法直接计算得到,只能通过间接的猜算来得到结果。但这些问题通常有个算法,尽管不能直接告诉答案是什么,但可以告诉某个可能的结果是正确还是错误的。假如这个猜算可以在多项式内算出来,就叫做多项式非确定性问题。

实际上,在大多数应用中,没有必要找到所有的最小属性集。研究者可以根据不同的原则来选择一个满足研究所需的最好最小属性集。例如,选择具有最少属性个数的最小属性集,或为每一个属性定义一个价值函数,从而选择最具价值的最小属性集等。

9. 基于依赖度的相对属性约简

在一些实际问题的分析中,粗集属性的相对约简在数据对象的分类和预测中并不一定是必需的,只选择相对核的一个子集可能会得到更好的分类和预测性能。以不确定度量结果作为分析依据有时只反映了规则或决策模型不确定性的某个方面,而忽略了其他方面。因此,基于决策属性依赖度的属性约简也是必要的参考手段之一。在分析中,如果属性集 D 的所有属性值唯一地被属性集 C 的所有属性值决定,则称 D 完全依赖于 C。如果设集合 $\{C,D\} \subseteq A$,那么,两个属性集的依赖度 $r_C(D)$ 为

$$r_C(D) = \mathrm{CARD}(\mathrm{POS}_C(D))/\mathrm{CARD}(U)$$

其中,$r_C(D) \in [0,1]$。$r_C(D)$ 表示了由条件属性 C 的取值来判定属于某个决策属性 D 的等价类对象所占比例,即表示条件属性区分决策属性等价类的能力。其性质主要有以下两条。

(1)当 $r_C(D)=1$ 时,表示根据条件 C 的取值可以对 U 中所有对象进行准确分类;当 $r_C(D)=0$ 时,表示根据条件 C 的取值无法对 U 中任何对象进行准确分类。

(2)当 $\{C\}=\varnothing$,$\{D\}=\varnothing$ 时,则 $\mathrm{POS}_C(D)=\varnothing$,$r_C(D)=0$。

但当条件属性不同时,对最终的决策可能会产生不同的作用,对此,可通过属性对决策重要性的度量来完成。其定义是设 S 是一个决策表,$S=(U,A,V,F)$,U 是非空有限论域,$A=D\cup C$,$D\cap C\neq\varnothing$,D 为决策属性集,C 为条件属性集。根据属性依赖度的定义,任意属性 $c\in C$ 在 C 中对 D 的重要性定义为

$$\mathrm{sig}_C^D = \gamma(C,D) - \gamma(C-\{c\},D)$$

这表明,属性 c 在 C 中对 D 的重要性可由 C 中去掉 c 后所引起的决策属性依赖度变化来度量。sig_C^D 值越大,说明属性 c 对属性集 C 越重要;反之亦然。同时可知,由于 $r_C(D)$ 位于零一范围,则 $0\leqslant \mathrm{sig}_C^D \leqslant 1$。当且仅当 $c\in C$ 在 C 中对 D 是必要的时,$0\leqslant \mathrm{sig}_C^D$,$\mathrm{CORE}_D(C)=\{c\in C \mid \mathrm{sig}_C^D(c)\geqslant 0\}$。

通过上述分析可知,由重要性定义可以很容易地求出条件属性对决策属性的相对核 $\mathrm{CORE}_D(C)$。由于核是唯一的任何约简的子集,因此,核可作为求最小相对约简的起点。依照定义的属性重要性,如果逐次选择重要的属性添加到相对核中,直到其属性对 C 的依赖度等于整个决策属性集 D 对 C 的依赖度时为止,即可完成属性的约简。其具体步骤如下。

（1）确定属性决策 $T = (U,C,D,V,F)$ 。

（2）输入需要分析和约简的属性集合信息。

（3）确定所有对象的不可分辩关系。

（4）计算所有对象的 sig_C^D ，取 $E = \mathrm{CORE}_D(C) = \left\{c \in C \mid \mathrm{sig}_C^D(c) \geq 0\right\}$ 。

（5）选择属性 c ，使其满足 $\mathrm{sig}_E^D(c) = \max \mathrm{sig}_E^D(c')$ ， $E = E \bigcup \{c\}$ 。

（6）若 $r_E(D) = r_C(D)$ ，则 E 为 C 的一个约简，否则，按上述步骤继续进行约简。

可以看出，属性重要性定义与依赖度是对同一问题的数量关系从不同角度给出的定义，依赖度体现的是决策属性分类对条件属性分类的依赖程度，而重要度是从规则集合的一致性角度给出的分析。尽管两者侧重点不同，但反映相同的数量关系。因此，在研究对象的信息处理中，当面对大量对象的核提取时，可以在获取了研究对象的足量信息基础上，通过对这些信息的属性分析来进行大范畴下的小范畴分析，这样的分析模式不仅可以提高分析工作的效率，而且分析的结果也可以保障所分析对象的本质属性保持留存。至于所有对象的 sig_C^D 和 $r_C(D)$ 以及上下近似的分析与选取，可以根据分析对象的特征来确定。特别是对于工程项目中所需管理的大量对象，由于所面对的很多问题是以文本信息问题表象的形式呈现的，因此，直接采用粗集模式对这些问题进行分析就存在一个符号化的转化问题。但其前提必须是先获取了足量的问题表象信息，以确保所研究问题的表象中含有的研究对象属性都被包含在内，否则，得出的结果就有可能存在偏失。

通过对粗集理论的论述可知，在研究对象的分析中，由于采用粗集理论对问题的信息处理不需要先验知识，完全利用信息本身提供的数据进行信息驱动与分拣，能在保留关键信息的前提下，对数据进行化简并求得知识的最小表达以及核，因此，粗集理论就成为从问题中提取和反映问题本质的有效工具。利用这一工具，研究者即可对预处理的信息展开进一步的深度分析与研究，以便从中提取出更有价值的结果。

5.4.5　信息表象特征及其参数的提取与确定

在完成工程项目各个阶段所有问题表象的类域分析之后，所有调查得来的信息就更加系统化和条理化，也为今后利用这些信息来分析管理对象的各种问题奠定了良好的基础。更重要的是，通过信息的预处理，不仅可以使问题表象的主题更为明确，而且也为各个问题表象的特征识别及其参数的确定提供了更加明确的方向。但就信息的特征分析而言，预处理后的信息还是非常粗糙的，这主要是因为这些信息都是文本信息，而文本信息的不精确性必然会使信息中存在冗余，因此，为了确保研究结果的可靠性，在以问题表象为依据，从问题表象中获取研究对象的本质特征以及描述特征的参数前，就需要对信息进行精炼和约简，消除信息中的冗余成分。

1. 信息约简的粗集方法

从数学角度讲，对研究对象进行信息约简是一个从高维空间向低维空间进行降维变换的过程。目前，降维的方法有很多种，如可利用主元分析、模糊聚类、BP（back propagation，即反向传播）网络中部分突触对误差函数的敏感性来产生删除排序以减少不相关变量等方法。尽管这些方法都能达到降维的目的，但都存在着变量与相关的不稳定性问题，研究对象输入量的变化往往会改变主成分特征值的表达结果，因此，对于表象类别不具有明显倾向性的边界情况，不仅信息分析较为复杂，而且特征参数的提取也更为困难，更有可能因为在参数提取过程中的不收敛而失败。特别是对于工程实践中那些从其表象上看是粗糙的信息或者较为凌乱的不精确的文本信息，就可能存在更多的困难。因此，对于工程项目中文本问题的信息约简，这些方法就不再适用。

通过对粗集理论的分析已可得知，粗集理论在信息约简方面具有独特的优越性，它不仅与数据挖掘（data mining）和知识推理有着紧密的联系，研究的对象多为关系型的问题，所包含的理论思想和若干公理、定义具有较强的普适性，而且在研究对象相互关系的逻辑推理过程中，粗集能更好地表达信息变换之间所固有的关系，并能将其中问题集合的交集提取出来。特别是粗集中的信息约简，它通过对信息的质量分析，使信息冗余大量减少而不影响其核心成分的改变，因而已成为在系统状态识别、数据挖掘、知识推理与发现等方面研究的理论基石。

在粗集的信息约简中，约简冗余是通过约简关系 R 进行的，即

$$\text{IND}(R) = \text{IND}(R - \{r\})$$

此后 R 中所有不可约去的关系集合则成为 R 的核 $\text{CORE}(R)$，这意味着原集合元素被约简后所形成的集合是在 R 程度上与原集合等价的集。同时，在利用粗集对信息进行约简的过程中，约简分析可去掉属性集合中的任何一个多余属性元素，都将使该属性集合对应的规则覆盖反例。但为了避免仅用最小子集而忽视其他等同重要的特征，可以通过限定信息特征属性的不可逾越性而划定其上近似，并通过相关特征的逻辑归属，避免极小原则造成的过分泛化。对此，需要在信息约简前提出信息分析中知识提取的极大极小规则，这一规则的基本思想如下：如果确定了信息集合 S，那么 S 的约简则是在 S 空间内 $\{\wedge S\}$ 的收索，并且 $\{\wedge S\}$ 的结果是集合内所有信息约简后的最小值。利用这一思想，可以获得相当好的约简结果，并在信息特征及其参数的提取中也能获得较好的结果，但前提是必须将所有的研究对象符号化，以确保分析过程的科学性。

一般来讲，对研究对象进行命题变元并符号化是比较简单的，只要替代的符号符合数理泛性规则即可。采用的符号既可以由研究者自己拟定，也可以采用集合论中的相近符号。如果研究对象很多，可以对符号附以一定的编号，即可满足一般性的研究对象主题标引与符号化要求。但在实际研究中，这种通用性的方法在解决具体问题的过程中并不一定最为实用，其主要原因是分析的过程过于泛化而使研究者极易出现误推导。特别是研究对象的种类较多且数量也较大时，庞大复杂的推导过程更容易出现结果偏移。一旦出现此类问题，常常由于符号的不易辨识性而很难寻找到错误点，并显著增加研究者的工作量。为此，最好的方法就是在满足数理逻辑分析的基础上，对研究对象的替代符附带上内含分析对象种类以及该对象属性的唯一代码，使研究对象在任何一个分析过程中都具有明显的标示符以显示它的存在性和演变逻辑性。

2. 信息表象的属性划分

在信息的属性分析中，信息聚焦是面向属性归纳最常用的一种方法，它首先从所研究的信息 x_i（如 A1，B3，C9，D12）中获得相关数据而组成初始对应的关系集合 S，然后依据一定的关系 R，将基本范畴内的包含信息再进行信息聚焦，其焦点即为该类信息的属性。聚焦的焦点一般为信息的主题，之所以用主题来聚焦信息，就是为了防止信息归属后的属性泛化。但在实际中，由于聚焦主题会因人的先验知识不同而具有很大的差异，因而按照公理对所有的信息先进行类别的集合划定是非常必要的，这在某种程度上能有效避免研究对象概化的重叠，也有利于属性域界和类域主题的再确定和细划分。特别是当研究的精度要求不太高时，就可以将概化处理后得到的研究对象新集合作为属性集合，属性的描述也可通过概化后的关系分析结果作为最终的属性概念。这种关系在信息与属性的理论关系定义里，如果定义属性集合为 V，研究的信息对象为 x_i，信息所反映和表达的主题为确定它们之间的关系 R 和划定类域的依据，那么它们之间存在如下的关系：$\{x_i \mid R:(x_i)\} \in V$。

对于建筑工程项目的问题表象的属性划分而言，具有同一类属性的表象可能不止一项，而更多的是若干项的并存，其原因主要是项目这一系统结构中多因素的非线性耦合，使某一问题所独有的属性和特征表现得不再特别的明显，而具有了与其他问题较多的共性和较强的模糊性。为此，若把具有这些共性特征的问题存储在一起，那么，这些问题就会形成一个集合 S，问题表象也便成为这个集合 S 属性的内容。实际上，在这个集合中，其所包含的工程项目中所有问题表象都是在以不同的外在形式或以不同的方式表现着同一主题下的不同侧面，每一个侧面都有一个子主题，而每一个子主题都是一种属性的代表。若把这些子主题的表象集合在一起又会形成一个主题更为明确的集合，那么，这个主题就成为这些研究对象的归属类别，即属性。鉴于此，如果把这个集合 S 设置到建筑工程项目管理对象的问题表象研究中来，又因为建筑工程项目包含着项目的四个阶段，则这一粗集域应该至少包含四个子集，即项目决策阶段的问题表象、项目准备阶段的问题表象、项目施工阶段的问题表象和项目竣工阶段的问题表象，如果把四个阶段的问题表象子集合分别定义为 SA、SB、SC、SD，则 $\{SA, SB, SC, SD\} \subset S$ 或 $\{\{SA\}, \{SB\}, \{SC\}, \{SD\}\} = \wp(S)$，此时，集合 S 就称为幂集（power set）。

根据表象信息的类域分析结果可知，在一个给定的子集里，有可能仅利用子集属性还不能把每一个表象个体完全区别开来，也就是说，还需要在主题属性下结合子主题之间存在的明显差异将其再分类。例如，在项目的决策阶段，项目的主要工作包含着项目策划、可研分析和决策审批，准备阶段包含着机构组建、工程设计、招标投标、前期准备和工作协调，施工阶段包含着工程风险、工程质量、工程进度、工程费用、施工安全、环保状况、资源保障和其他工作，竣工阶段包含着工程验收、工程结算、工程移交和其他工作，那么，对表示这些不同类别的集合分别以 $\{SA1, SA2, SA3\}$、$\{SB1, SB2, SB3, SB4, SB5\}$、$\{SC1, SC2, SC3, SC4, SC5, SC6, SC7, SC8\}$ 和 $\{SD1, SD2, SD3, SD4\}$ 来表示，并且规定：

$$\{SA1, SA2, SA3\} \subset SA,$$
$$\{SB1, SB2, SB3, SB4, SB5\} \subset SB,$$
$$\{SC1, SC2, SC3, SC4, SC5, SC6, SC7, SC8\} \subset SC,$$
$$\{SD1, SD2, SD3, SD4\} \subset SD$$

那么，

$$\wp(S) = \{\{SA\}, \{SB\}, \{SC\}, \{SD\}\}$$
$$= \{\{SA1, SA2, SA3\}\} \bigcup \{\{SB1, SB2, SB3, SB4, SB5\}\}$$
$$\bigcup \{\{SC1, SC2, SC3, SC4, SC5, SC6, SC7, SC8\}\}$$
$$\bigcup \{\{SD1, SD2, SD3, SD4\}\}$$

这样，就可以将原来组合较为庞大的论域予以更为精确的分解，既能把项目中各阶段所有问题表象按类区别，又可确定它们各自体现的不同主题关系 R。在此基础上，如果把项目中每个阶段的那些不同类别问题表象所归属于不同工作范围的主题 R 定义为不同问题的类别属性 V，那么，根据问题表象的分类结果，项目各个阶段问题表象的属性 V 就有如下 20 类，并存在如下的属性集合关系：

$$\{x_i | R : \bigcup(x_i)\} = \{\{AV\}, \{BV\}, \{CV\}, \{DV\}\}$$
$$= \{AV_1, AV_2, AV_3\} \bigcup \{BV_1, BV_2, BV_3, BV_4, BV_5\}$$
$$\bigcup \{CV_1, CV_2, CV_3, CV_4, CV_5, CV_6, CV_7, CV_8\}$$
$$\bigcup \{DV_1, DV_2, DV_3, DV_4\} \in V$$

并且存在

$$\{AV_1, AV_2, AV_3\} \bigcap \{BV_1, BV_2, BV_3, BV_4, BV_5\}$$
$$\bigcap \{CV_1, CV_2, CV_3, CV_4, CV_5, CV_6, CV_7, CV_8\}$$
$$\bigcap \{DV_1, DV_2, DV_3, DV_4\} = \varnothing$$

为了便于今后问题表象的特征分析，将所有属性分类结果编号后就可以用表 5.9 的形式简洁地表示出来。

表 5.9　问题表象的属性类别

项目阶段	编号	决策阶段	编号	准备阶段	编号	施工阶段	编号	竣工阶段
	AV1	项目策划	BV1	机构组建	CV1	工程质量	DV1	工程验收
	AV2	可研分析	BV2	工程设计	CV2	工程进度	DV2	工程结算
	AV3	决策审批	BV3	招标投标	CV3	工程费用	DV3	工程移交
类别			BV4	前期准备	CV4	施工安全	DV4	其他工作
			BV5	相关工作	CV5	环保状况		
					CV6	工程风险		
					CV7	资源保障		
					CV8	其他工作		

3. 问题表象特征及其参数提取的理论分析

在完成所有研究对象的符号化确定和属性分析后,对问题表象信息进行冗余约简并提炼出信息的特征及描述特征的参数就具备了基本条件。但在对所有问题表象进行分析前,必须意识到工程管理对象的信息具有其显著的个性,即文本性。前述已知,由于文本信息所具有的不精确性,对此类信息的分析就必然是一个逻辑性思维推断过程。很明显,逻辑性的思维推断是离不开知识和知识推理的,推理是根据已知结果、事实或公理,依据某种原则进行分析,以得出合乎逻辑的新的结论的过程,它根据已掌握的已知事实、数据或结论,通过因果关系或其他相关关系推证出新的结论。同时,知识推理也是研究思维结构及其内在联系,以及人们认识事物的一种逻辑方式,是探索知识的标志、获取、保存、交换与运用的一种理论方法。特别是在定性知识的抽象思维方面,可以发现它具有其他理论所不具备的提炼知识的能力和优越性,更重要的是它能使原本复杂的事物简单化,能通过少量已知信息的筛选、加工和提炼来深化对研究对象的认识。因此,对于大量文本化的工程项目问题表象信息,知识推理就成为研究者在寻求问题表象信息特征方面可以采取的一种方法。

这种方法针对所约简的信息,首先依据专业知识来展开知识推理。在知识推理中,通过撇开研究事物的具体形态,在借助于概念判断和专业先验知识的前提下实现对某一给定研究对象的本质推断而不涉及其具体的微观数量,这为避开脱离实际的纯理论分析而得到与工程实际具有较强一致性的可信结果提供了一种思维逻辑推理的有效途径。在这种方法中,数据挖掘是其必不可少的依赖工具。因为在知识推理中,为了使推理所得到的结论更具有说服力和针对性,就需要借助有关专业的背景知识来指导知识的过程推理,因为只有在专业知识的指导下,研究对象在其推证过程中才会逐渐地清晰化、明确化和具体化,得到的约简结果也就更与研究背景相一致。但必须注意的是,这种方法更多地适用于那些能够进行实证性研究的问题,因为即使在数据挖掘和知识推证后得到的结果存有偏差,通过后期的实证性验证也可以对这种偏差进行修正,从而确保研究结果的可靠性和有效性。

在信息约简过程中,信息的处理不需要明确假设前提,它不受预定条件的限制,在应用知识逻辑进行分析的同时也包含着对数据的清理和消除冗余、数据的推算和相关变换以及数据的提取和知识表达这几个方面。它通过对某类对象关联信息和数据的比较与分析,对研究对象的形态及其内涵进行描述,并以集合的方式概括出这类对象所具有的一般特征。在实际应用中,它可以与知识推理结合起来,把非结构化的文本信息作为研究的对象和元信息,以知识推理和逻辑推理方式来从中发现文本信息间的相互关系,以寻得所需求的隐含知识并把这些得到的知识形成若干个组或集合。然后把一个组内的相关元素或一个集合中的所有信息元素进行聚集,来发现相互间的类似和连接关系并逐步地推出其相互间的交叉节点,这个节点显然就具有各元素的共性,这些共性就成为在对外在表象进行推理的基础上提取特征及其参数的重要依据。

4. 特征及其参数的提取方法

在粗集理论中，从信息中提取研究对象的共性主要是命题的合取计算 Λ（conjunction）和蕴含运算 $\rightarrow$（implication）。在计算分析中，设信息集合 S 中所包含的所有问题表象 x 都可以按属性分配在依次代表项目四个阶段 {SA, SB, SC, SD} 的 {KX} 中，这样就存在：

$$\cup KX = \cup \{Kx_n\} = \{Ax_n \cup Bx_n \cup Cx_n \cup Dx_n\} \in S$$

$$\{Ax_n\} = SA , \quad \{Bx_n\} = SB , \quad \{Cx_n\} = SC , \quad \{Dx_n\} = SD$$

同时，根据问题表象谱可知：

$$\mathrm{CARD}\left(Ax_n\right) = 20 , \quad \mathrm{CARD}\left(Bx_n\right) = 66 , \quad \mathrm{CARD}\left(Cx_n\right) = 143 , \quad \mathrm{CARD}\left(Dx_n\right) = 32$$

如果 V 是所有 S 中 x 元素的属性集，那么，

$$V = \cup KV = \left(\bigcup_{i=1}^{3} AV_i\right) \cup \left(\bigcup_{i=1}^{5} BV_i\right) \cup \left(\bigcup_{i=1}^{8} CV_i\right) \cup \left(\bigcup_{i=1}^{4} DV_i\right) \overset{R}{\Longleftarrow} \left(\overset{20}{\underset{n=1}{\Lambda}} Ax_n\right) \cup \left(\overset{66}{\underset{n=1}{\Lambda}} Bx_n\right) \cup \left(\overset{143}{\underset{n=1}{\Lambda}} Cx_n\right) \cup \left(\overset{32}{\underset{n=1}{\Lambda}} Dx_n\right)_R$$

若设 T 为所有 S 中 x 元素的特征集合，P 为与 T 对应的参数集合。由于特征集合 {KT} 的存在，就必然有 {KP} 的存在，且存在以下情况：

$$\{KP\} \supseteq \{AP, BP, CP, DP\}$$

$$P = \cup KP = \left(\cup AP_i\right) \cup \left(\cup BP_i\right) \cup \left(\cup CP_i\right) \cup \left(\cup DP_i\right)$$

$$\overset{R}{\Longleftarrow} \cup KT = \left(\cup AT_i\right) \cup \left(\cup BT_i\right) \cup \left(\cup CT_i\right) \cup \left(\cup DT_i\right)$$

$$\overset{R}{\Longleftarrow} \left(\Lambda Ax_n\right)_R \cup \left(\Lambda Bx_n\right)_R \cup \left(\Lambda Cx_n\right)_R \cup \left(\Lambda Dx_n\right)_R$$

设 Q 为 {KX} 的一个知识约简，则有

$$KQ \in Q(KT, KP \subseteq KQ)$$

$$\{Kr\} \in KX - KQ$$

$$\{Kr\} \notin \bigcap \{KQ : KQ \in \mathrm{RED}(KX)\}$$

$$\mathrm{IND}(KX) \Rightarrow [KQ : KT \in KQ, KP \in KQ] = \mathrm{IND}(KQ)$$

由于，$KQ \in KX - \{Kr\} \subseteq KX$，所以 KX 是相关的，则：

$$\{Kr\} \notin \mathrm{CORE}(KX)$$

$$\mathrm{CORE}(KX)_R \subseteq \bigcap \{Q : Q \in \mathrm{RED}(KX) \subseteq \cup KX\}$$

$$\mathrm{CORE}(KT)_R \subseteq \bigcap \{T : T \in \mathrm{RED}(KT) \subseteq \cup KV\}$$

$$\mathrm{CORE}(KP)_R \subseteq \bigcap \{P : P \in \mathrm{RED}(KP) \subseteq \cup KT\}$$

通过上述分析可知：

$$\mathrm{CORE}(KT)_R \subseteq \bigcap \{T : T \in \mathrm{RED}(KT) \subseteq \cup KV\} \Rightarrow \mathrm{CORE}(KT)_R = (\cup KV)_R \Longleftarrow \left(\underset{n}{\Lambda} Kx_n\right)_R$$

$$\mathrm{CORE}(KP)_R \subseteq \bigcap \{P : P \in \mathrm{RED}(KP) \subseteq \cup KT\} \Rightarrow \mathrm{CORE}(KP)_R = [\cup KT]_R \in (\cup KT) \Longleftarrow \left(\underset{n}{\Lambda} Kx_n\right)_R$$

该式即为特征及其参数的提取模板，其中，Kx_n、KT、KP 都是命题变元，只要在

具体问题的分析中，把命题变元进行主题标引并符号化，就可提取研究对象的特征及其参数。

5. 问题表象特征及其参数的分析与识别

根据上述分析可知，若要依据特征及其参数的提取模板来获取研究对象的特征及其参数，首先需要将研究对象进行命题变元并同时符号化。现以表 5.5~表 5.8 的问题表象信息为例，以表 5.9 所设定的所有表象信息属性集合为基础，对工程项目各阶段所有管理对象的特征及其参数进行分析与识别，为最终提取和确定研究对象的特征及其参数奠定基础。

1）决策阶段问题表象特征及其参数的分析

项目的决策阶段是对项目进行初步构思、策划并通过调查和可行性研究分析，确定项目是否可行并做出立项决策的阶段，因而，这一阶段主要的工作就有对拟建项目的初步分析、编写项目建议书、进行可行性研究和项目决策。按照问题表象属性分析的结果，此阶段发生的建筑工程问题表象也被分别归属于项目策划（AV1）、可研分析（AV2）和决策审批（AV3）三个类别中。

第一，项目策划（AV1）。

在项目策划方面，问题表象（Ax_n）主要集中反映在项目构思、策划和初步设想过程中。在此过程中，由于对工程建设投资方向的相关政策导向和对城市规划、土地、环保、能源等现状及其发展趋势缺乏一定程度的了解，项目投资者的指导思想不正确，目标定位不准确，建设规模不明确，方向模糊，因而在编制项目建议书过程中参与各方意见不一，争议不断，反复修改方案，工作效率低下，不能按时提交项目建议报告；有时在缺乏有关部门的支持下，项目申请单位就有可能通过非正常渠道来提交项目建议书，以减少阻碍和异议，达到项目立项的目的。

一般来讲，项目投资目的不明确、定位模糊等主要是由于缺乏对项目相关政策与环境的了解，属于项目构思范畴的工作；项目策划和建议书编写能否顺利完成不仅与参与研究项目建议书编制的各方是否了解和掌握与项目建设紧密相关的信息（AP1）有关，而且与各方在研究策划中能否认真地分析有关资料和政策导向有关（AP2）。因此，结合此阶段的问题表象，在策划所需信息方面的掌握信息不全面（AT1）和策划构思方面的分析内容不完整（AT2）就成为项目策划方面的特征之一；而在构思过程中出现的工作低效、不能按时提交建议书（AP3）或采取非正常程序提交报告、回避矛盾以期立项等（AP4）问题则是在项目策划和提交过程中出现的另外一些表象。因此，构思过程效率低（AT3）、报审过程不规范（AT4）就成为项目策划方面的又一个主要特征。

第二，可研分析（AV2）。

在项目的可行性研究方面，由于存在缺乏实际调研、调研不全面及缺乏相关资料等问题（Ax_n），可行性研究准备不足。如果在研究中，出现了如可行性研究的方法不正确、考虑不全面、分析不透彻、论证不充分等问题，那么，可行性报告研究的结果就会受到质疑，并给可行性研究报告的审批带来一系列不利影响。因此，在可行性研究中问题表象所反映出的问题分别集中表现在可行性研究所需条件和可研分析这两个方面。而可行性研究条件不仅包含必要的前期调研（AP51）和相关资料（AP52），而且有关文件和上级批文也需具备（AP53）；可行性分析不仅需要正确的研究方法（AP61）、研究的内容全面完整（AP62），而且对研究结果（AP7）也要认真地斟酌。因此，在项目的可行性研究中，所需资料不全面（AT5）、内容分析不透彻（AT6）、可研结果受质疑（AT7）就有效地反映了可行性研究中问题表象的特征。

第三，决策审批（AV3）。

在项目决策和审批方面，问题表象（Ax_n）所反映出的问题分别集中在两个方面：一是在项目的建议书或可行性研究过程中，研究所需条件准备得不充分、不完善或研究不透彻，使项目得不到有关部门的支持而导致在项目的决策中意见不一、犹豫不决（AP9），并以项目审批时间过长、工作效率低下和办事拖延的形式直接表现出来（AP11）；二是有些建设单位鉴此原因，为达到自身的目的而不按常规程序报批（AP8），通过非正常程序、采用非正常手段而使项目立项和批准（AP10）。因此，在项目决策和审批方面，项目决策和项目审批中存在的决策程序和审批程序不严谨（AT8）、不规范（AT10）以及决策和审批工作效率低（AT9、AT11）就成为此类问题表象的共同特性。

2）准备阶段问题表象特征及其参数的分析

项目准备阶段是在项目被批准立项的基础上为项目的顺利实施而进行所有准备工作的阶段。在此阶段，为了完成今后项目所涉及的各项工作，必须组建相应的项目管理机构，选拔项目部成员，进行工程项目的设计；通过资质审查和比较以及项目招投标确定项目的施工单位、监理单位、材料供应单位等并签订合同；同时，在完成有关市政规划审批的基础上，依法按照工程建设程序，办理工程开工手续、缴纳税费、征地拆迁、接通水电通信等必备设施，为项目的顺利实施提供一切必需的条件。特别是在工程相关手续的办理过程中，由于大量的工作多是一些非技术性的工作，因而更需要人与人、部门与部门之间的相互协调与配合。因而，这一阶段的问题表象就被分别归属到机构组建、工程设计、招标投标、前期准备和相关工作这五大类之中。

第一，机构组建（BV1）。

在组建项目管理机构的过程中，需要完成的主要工作就是要根据项目所需组建管理机构并制定与之相配套的各项规章制度。而这一工作的完成离不开各有关部门的支持与配合，不仅需要从有关部门抽调项目所需人员，还需要在工程项目实施中各部门、各成员持续性的协调与配合。但由于人们意识形态的差异，在其思想中都存在着对不同行为的不同认识，因而对项目机构的设置（BP1）是否合理、制度的制定（BP31）和职责的分工（BP32）是否合适就存在不同的看法，并围绕这两方面呈现出多种多样的问题表象，如机构组建不顺利、部门设置和人员配置（BP2）不合理、管理制度不健全、任务分工不明确等，因此，机构设置不合理（BT1）、人员配置不合理（BT2）、制度职责不完善（BT3）就成为组建项目管理机构的过程中所呈现出的特征。

第二，工程设计（BV2）。

工程设计是工程项目建设的指导性文件，工程设计质量的优劣将直接影响到整个工程的质量。一般项目的设计包含两个阶段的设计：一个是初步设计；一个是施工图设计。

对于较为复杂的工程，在初步设计之后还需要进行技术设计。初步设计是根据可行性研究报告所做的具体实施方案，目的是将项目控制在规定的时间和费用内完成，并编制项目概算。而技术设计是为了解决项目中的重大技术问题，如工艺流程和设备选型，或确定新的工艺、技术和采用新设备、新材料，为设计的进一步深化提供依据。施工图设计则是系统完整地将建筑外形、系统组成、内部结构、节点大样以及与环境的相互关系等进行详细的绘制。但工程设计者若要保证与实际相符，就必须了解和掌握现场的地质情况和周围环境，设计依据必须充分可靠，现场勘察必须完整真实。同时，在设计中，各部门还需要相互配合，及时解决因疏忽设计管理工作而在现场勘察、图纸配套、图纸审查、按时完成设计任务等方面出现的问题。根据问题表象的调查结果可知，工程设计中出现的问题一是集中体现在设计勘察结果不完善、设计人员在设计中缺乏相互交流、不能按时完成设计和提交工程图纸等设计管理不到位方面；二是提交的设计图纸存在较多的设计质量问题，如缺项漏项、指标超标或不满足有关标准和规范规定等设计质量不达标方面。因此，由于各种原因发生在设计依据（BP41）不足、设计进度（BP42）、图纸配套（BP43）、图纸会审（BP44）等方面的设计管理不到位（BT4）和发生在设计方案（BP51）、设计内容（BP52）、设计深度（BP53）和设计指标（BP54）等方面的设计质量不达标（BT5）就成为工程设计方面的共性特征。

第三，招标投标（BV3）。

工程项目招标投标过程中出现的问题也是项目准备阶段问题表象出现较多的一个方面，多以在招标过程中资质审查不严格、评标过程不公正、投标方盲目压价、不正当竞争等多种不规范行为方式表现出来；与之紧密相关的则是在招标完成后与有关单位签订项目合同中出现的问题，如合同内容不完整、条款不严谨、规则不明确等，并在签订的合同中可能含有不对称条款，给工程项目今后的顺利实施和合同的正常履行埋下了隐患。因此，问题表象的共性特征就集中在招标投标和合同管理这两个方面。

在招标过程中，招标公报、资质审查、过程答疑、评标定标等招标的一切行为活动都将由人来组织、制定和确定，因而这一过程中也就常出现一些招标投标程序不公正规范、相关规定标准没公开透明、评标过程存在不正当行为等招标管理方面的问题。同时，由于建筑工程项目的实施具有多方参与的特点，而他们之间存在的关系是通过合同来建立和约束的，合同的签订都应当在相互间地位平等、公正公平、合情合理合法的前提下签订。为此，在合同签订过程中，由于事实上双方地位的不平等问题，合同签订人本身考虑不周全、不完善、不细致等问题，合同在项目实施中遇到问题后不能完全发挥其应有的作用，因此，这些表现在招标公报（BP61）、招标程序（BP62）、资质审查（BP63）、过程监督（BP64）等招标过程的不规范（BT6）问题和出现在合同内容（BP71）、合同签订（BP72）、合同履行（BP73）中的合同管理不到位问题（BT7）就成为工程招标投标中的共性特征。

第四，前期准备（BV4）。

为了保障项目的顺利实施，开工前，不仅需要将项目所必需的水电能源、通信设施等引进到位，场地平整，现场临时设施搭建，项目所需人员、机具和设备等资源保障也必须到位。但这些项目所需资源并不是一蹴而就的，常常因为发生一些土地征收不畅、居民拆迁困难，特别是项目资金不到位而引发的这样或那样的问题，使项目所需资源保障受阻。同时在编制工程预算、制订项目施工方案、技术交底等方面，相关单位准备不足，应付差事，不能及时发现问题，也使项目在技术保障方面得不到很好的落实；特别是在建立项目管理信息系统方面，建设单位仍然缺乏足够的重视，这就使今后在施工过程中不能给项目实施动态的有效管理提供及时有力的技术保障。因此，在项目前期准备中，资源保障所包含的项目资金（BP81）、机具设备（BP82）、项目人员（BP83）、"五通一平"（BP84）等所需资源不到位（BT8）和技术保障中所包含的预算编制（BP91）、施工方案（BP92）、技术交底（BP93）及信息系统建立（BP94）等技术准备不充分（BT9）问题就成为项目前期准备中问题表象的特征。

第五，相关工作（BV5）。

在项目开工之前，除了以上几个方面的主要工作必须完成外，还有其他许多相关工作（BV5）需要解决，如办理工程建设手续（BP101）、缴纳有关税费（BP102）、领取工程建设许可证等。但在这些工作中，若干条件的不具备，如项目资金不到位、缺乏相关文件或材料、发生特殊事件、得不到有关部门的支持等，就会使项目审批不顺利，有关手续办理时间过长，给项目前期各项准备工作的开展带来较大影响，并随之发生许多的冲突和矛盾。特别是由于这些工作更需要有关部门人员的相互协调与配合，因而，为了尽可能在较短的时间内完成项目前期各项准备工作，建设单位必然要与有关部门进行大量的协调，并常常借助其他非正当手段或通过非正常渠道（BP103）来处理有关的冲突和矛盾。由此可知，工程手续办理中手续办理问题多（BT10），部门之间的相互配合（BP111）、冲突争议处理（BP113）、工作效率（BP112）以及发生特殊事件的应急处理等综合性项目管理工作中各方配合协调效果差（BT11）就成为建筑工程项目在其他相关工作中的问题表象特征。

3）施工阶段问题表象特征及其参数的分析

项目的施工阶段是项目具体实施的阶段，在这一阶段，项目将在工程参与各方的共同协作下，在工程有关条件的约束下，通过对各种资源的有效组合，在规定的时间内完成规定的内容并达到规定的要求，将项目蓝图变为现实。工程中的这些约束常常有不得超过项目的计划费用、不得超过预定工期、保质保量保安全、不得破坏周围环境等，因而为了满足这些约束条件，就必须对项目的质量、成本、进度、安全、环境等进行有效的管理；同时为了在进度、成本等约束条件下完成项目任务，更需要对项目的参与人员、资源设备、信息技术、内外风险等进行全局性的协调与管理，因此，这一阶段的主要工作就有质量管理、进度管理、费用管理、安全管理、环境管理、风险管理、资源管理以及其他工作。

第一，工程质量（CV1）。

建筑工程质量是对建筑实体性能的衡量，这个实体的实现过程既包含着建筑活动这一物化的转化过程，也包含着最终的物化成果，即建筑实体，因而其成果是其过程的综合有形反映。

在建筑工程项目的施工过程中，项目最终实体的形成都是在每一道工序的操作下逐步完成的，而在完成这一过程中，又会有材料、工序、人员、环境、气候、管理等多种因素的影响，使实体的质量性能受到不同程度的干扰，因而导致质量方面的问题表象种类就比较多，如施工工艺或过程操作不正确、施工单位偷工减料以次充好、材料检测结果不合格、质检人员不负责任而疏忽检查、天气恶劣而影响质量，以及工程项目被多次转包、包而不管或以包代管等。特别是工程质量具有隐蔽性强、终检局限性大的特点，这些问题的出现就使工程质量的根本保障受到影响，因此，对建筑工程项目的质量管理不仅要包含对其实体的管理，更应包含对其过程的管理；不仅需要在明确质量目标的基础上对其所涉及的质量的影响因素如材料、设备、力学性能、功能等进行检测和试验，而且还需要对其过程中的操作工序等进行控制。因此，在项目的工程质量管理体系中，就应该包括质量管理和质量检测分析两大部分，其中质量管理的内涵是指在确定质量管理的标准和目标的前提下，针对项目中的薄弱环节制定出相应的措施，然后对实施过程进行监管，因此质量管理就包含了质保措施（CP11）和过程监管（CP12）；而质量检测分析不仅要对工程质量进行评定，而且还要对施工中所涉及的材料、设备及其性能等进行检测，以使质量管理得到落实，因此，质量检测中就包含着实体质量评定（CP21）及其承载力检测（CP22）、材料性能检测（CP23）、设备质量及其功能检测（CP24、CP25）等。结合问题表象的调查结果可知，在工程质量方面主要发生的问题就是质量管理不到位（CT1），检测评价不及时、不认真、不严格（CT2），并由此进一步引发出更多的质量问题，因而这两方面就成为工程质量管理方面问题表象的主要特征。

第二，工程进度（CV2）。

在工程项目的实施过程中，进度呈现的直观表象有三种：一是与计划同步；二是比计划提前；三是比计划落后。在工程中，影响进度的因素非常多，如不熟悉新设备或设备工具落后、材料配件不符合要求或材料供应不到位、设计变更频繁、工程人员不负责任、处理问题不及时、地质条件复杂、现场环境较差，以及连日下雨或下雪、施工组织不当、劳动力或机械力量不足、施工单位技术力量较差、多次发生质量问题而拖延工期等。由此我们看出，影响项目进度的因素既有主观方面的，又有客观方面的；既有可以提前避免的，也有可以及时调整的，因此，在工程进度的管理中，问题表象的主要产生原因之一就是进度管理不到位，为此，应在编制好进度计划（CP31）的前提下，针对性地制定进度的保障措施（CP32），并且还需要在进度计划的实施过程中进行必要的过程监督（CP33），针对工程实施过程中出现的问题，及时进行对比分析，分析偏差原因，调整对策，使项目进度［包括分项进度（CP41）和整体进度（CP42）］始终处于控制状态。而对进度缺乏动态管理和及时有效的分析也是进度管理中的主要问题之一，因此，在项目的进度管理中就包含着进度管理和进度分析这两个部分，而进度管理不到位（CT3）和进度分析不及时（CT4）就成为工程进度管理方面问题表象的主要特征。

第三，工程费用（CV3）。

工程费用主要由直接费用（CP61）和间接费用（CP62）组成。实际上，在工程项目中，对项目费用的管理主要是对这两种费用的管理。但在项目的施工过程中，项目参与各方对费用管理的理解是有不同侧重点的。对于建设单位来讲,主要关心的是不要超出预定的投资总额;而对于施工企业来讲,主要是如何控制成本,以获取最大利润。但就项目的工程费用管理来讲,他们都需要在明确各自费用控制目标(CP51)的前提下制定相应的控制措施(CP52),并在项目实施中进行监控(CP53)。然而,由于影响工程费用的因素很多,如工程质量出现问题而造成返工、天气寒冷需要防冻保温、现场偏僻交通不便而发生二次材料倒运、砖瓦砂石等材料浪费严重、施工设备工具损坏而使维修费增加、采购人员采购的材料价格过高、物价上涨、管理费用出现严重超支等原因,工程费用总是与计划产生偏差。从工程费用方面发生的问题表象来看,导致费用波动的原因既有物价上涨、天气变化、环境限制等客观原因(CP63),也有计划不落实、责任不到位、安排不合理、管理措施不当等主观原因,还有由于没有在项目费用发生偏差后及时进行深入的分析而给项目总体费用的控制带来不利影响。因此,费用管理不到位(CT5)、费用分析不深入(CT6)就成为工程费用管理方面问题表象的主要特征。

第四,施工安全(CV4)。

安全管理是工程项目管理中一个非常重要的组成部分,建筑工程项目中发生的安全问题表象不仅多种多样,而且涉及面较广,既有施工人员不遵守安全制度而违章作业、管理人员违章指挥、安检人员检查不认真等安全监管不到位问题,也有机具损坏、设备失效、材料不合格、防护用品不到位、施工工作平台或支护不牢靠等安全设备设施有缺陷等问题,还有与安全制度(CP71)不完善、安全措施(CP72)没落实、缺乏安全监管人员(CP81)和安保经费(CP82)等方面有关的问题。清华大学的方东平教授等通过对我国 1994~2002 年全国发生的 10 305 起建筑施工伤亡事故的分析发现,安全中最大的问题出现在高空坠落、触电、坍塌、物体打击、机械伤害和起重伤害这六个方面,这些事故都与安全设备(CP92)设施(CP93)防护不到位、缺乏安全监督和专项措施、冒险蛮干、违章作业和违章指挥、不执行安全操作规程及安全费用投入不足等因素有关。从其产生的根源来讲,主要源于人、机、物、法、环(CP91~CP94)这几个方面。因此,制度措施不完善(CT7)、人员经费不配套(CT8)、安全监管不到位(CT9)所呈现的问题就成为工程安全管理方面问题表象的主要特征。

第五,环保状况(CV5)。

在建筑工程项目的实施过程中,影响工程项目正常实施的因素已不仅仅出现在质量、成本、进度和安全方面,随着我国工程建设重大指导方针的调整和可持续发展的要求,建设环境对项目的影响也越来越大。由于项目的实施过程也是资源、能源大量消耗的过程,而在项目管理中,缺乏对项目环境足够的重视而导致项目不能正常实施的现象不断出现,常常由于砍伐树木、毁坏植物、污水排放、垃圾乱倒等而被环保部门停工检查和处罚,因噪声、振动过大而被居民阻止等。因此,为确保建筑工程项目的顺利实施,应结合国家、地区对环保的有关要求,针对性地制订相应的环保计划(CP101)和环保措施(CP102),以及在工程中投入必要的环保费用(CP103)以确保环保工作落实到位。但问题是在工程项目实施中,由于缺乏对环保重要性的认识和足够的重视,环保计划和措施得不到很好的落实,对施工中所产生的粉尘排放(CP111)、污水排放(CP112)、废气排放（CP113）、垃圾排放（CP114）、噪声传播（CP115）、振动影响（CP116）、地形地貌（CP117）及树木植被（CP118）的破坏也没有予以足够的监管和重视，因此，计划措施不落实（CT10）、环保监管不到位（CT11）就成为工程环境管理方面问题表象的主要特征。

第六，工程风险（CV6）。

从宏观方面来讲，建筑工程项目风险主要来自项目内部（CP121）和外部（CP122）两个方面。内部风险主要包含有源于工程设计、施工方案、技术措施、工序安排等错误的技术类风险，源于合同违约、索赔争议、推诿扯皮、冲突矛盾等问题的管理类风险，源于项目人员技术能力不强、水平较低、素质较差、失职渎职等问题的人员类风险，源于资金拖欠、设备故障、材料能源和劳力短缺等问题的资源类风险，源于制度不全、责任不明、任务重叠、协调不畅等问题的组织类分险。外部风险主要包含有源于异常地质、地下古墓、气候异常、地震等自然灾害事件的自然类风险，物价上涨、利率调整、金融危机、通货膨胀等经济事件的经济类风险，政策调整、战争动乱、职工罢工、重大刑事案件等事件的政治类风险，社会活动、治安混乱、媒体投诉、疾病传染、居民干扰等社会类风险，官员腐败、企业变革、征地拆迁、工程手续办理不畅等其他类风险。因此，为了有效避免风险，使项目处于健康状态，就要抓好项目的风险管理工作。从风险的共同特性来讲，它的最大特点就是不确定性，也就是说，风险在项目中既可能发生，也可能不发生，为此，风险管理的首要任务就是要进行风险识别，在识别的基础上进行分析和评价，制定相应的对策，以避免或减少风险给项目带来的损失。但在项目中，风险考虑不全面、风险分析不深入或风险措施不到位就会使工程项目在风险管理方面发生若干问题，其中，风险分析不深入（CP131）和风险措施没落实（CP132）都是风险管理不到位的具体表现，因而，风险分析不全面（CT12）和风险监管不到位（CT13）就成为工程风险管理方面问题表象的主要特征。

第七，资源保障（CV7）

项目资源是保障项目顺利实施的物质条件，项目中的资源保障不仅需要设备、材料、资金这样的有形资源保障，也需要技术、信息和计划这样的无形资源保障。

在劳力资源管理方面，需要根据项目的总体情况合理安排和调整项目所需劳力资源（CP151）并充分发挥其作用（CP152）。在材料管理方面，由于工程材料是从设计图纸的计划转换为工程实体的主要资源，因此，材料能否按时供应（CP161）和材料能否有效利用（CP162）就成为材料管理的主要内容。同样，项目所需的水电暖气等能源从项目一开始就已成为首先必须要解决的资源，而且在项目的实施过程中，特别是水电这两项能源是项目必不可少的，因此在项目实施中就需要使其随时满足工程所需，否则就可能会严重影响项目的正常实施及项目成本。因此，能源能否及时供应（CP171）和能否有效利用（CP172）也都将成为能源管理的重点内容。

对于机械设备，其所具有的一个显著特点就是相对于人工来讲有较高的效率，能完成人力所不及的工程任务。但前提是所需设备机具应该处于良好的状态，并能被人有效地利用起来，因此，设备机具管理的主要任务就是要维护好设备（CP181）并有效地利用设备（CP182）。

　　资金是项目中最重要的资源之一，其他资源的供给和效用也终将通过资金来转换和实现，因此，项目的实施必须有稳定可靠的资金作为保障。但在工程项目管理中，最突出的一个问题就是工程资金不到位，并因此而不能按时支付施工方、不能及时采购材料、不能缴纳有关税费而无法办理开工手续等，给工程项目的正常实施带来一系列影响。因此，在项目资金管理中，资金能否按时支付（CP191）和资金能否全部支付（CP192）就成为项目资金管理的主要内容。

　　对于工程技术而言，技术提供给项目的支持与保障主要有两方面的含义：一是要在工程施工过程中为有效解决各种问题，在技术方法、工艺流程、操作程序、材料检验等方面需要提供必要的技术指导，避免出现问题、造成损失，使项目质量达到国家规定的有关标准。二是工程施工中，需要对隐蔽工程、施工质量进行检查和评定，及时反映工程项目的真实状态，做好技术服务。因此，技术在项目实施中的作用就突出表现在技术服务（CP202）和技术指导（CP201）这两个方面。

　　在项目信息管理方面，信息的价值最主要体现在信息的时效性和信息的真实性两个方面。因为在信息的传播过程中，有较多的障碍，如地区的间隔、通信的方法、专业的隔阂、管理人员的责任心等，使信息在其传播后存在失真的可能性和明显的滞后性，并且这种滞后性和失真性给项目管理者和决策者及时分析和了解项目的实施状态并做出决策带来困难。因此，若要使项目信息充分发挥作用，就应该快速反馈信息并确保信息的真实性，因而，信息反馈（CP211）和信息效用（CP212）也就成为信息管理的主要内容。

　　但根据建筑工程项目问题表象的调查结果可知，由于项目中多种不确定因素的影响，项目中的资源不能随时满足项目所需，并时常发生劳动力配置不合理（CT15）、材料管理不到位（CT16）、能源管理不到位（CT17）、设备机具效率低（CT18）、资金支付有困难（CT19）、技术服务不及时（CT20）及信息反馈效率低（CT21）等问题，这些问题都直接或间接地与资源能否合理地计划安排（CP141）并制定有效的措施（CP142）有关，可以说这都是资源管理不到位（CT14）的具体体现，因此，资源管理中的以上问题就成为工程资源管理方面问题表象的主要特征。

　　第八，其他工作（CV8）。

　　在工程项目的实施过程中，无论是工程质量管理，进度、费用、安全管理，还是资源供应、环境保护、技术指导与服务等，都离不开项目各部门、各成员之间的配合与协调，项目的一切工作都将在项目计划的指导下逐步实施。因此，项目质量的高低、进度的快慢、费用的增减、安全和环保管理的效果、材料和设备的供应状况与利用的效率等与各部门之间能否相互协调、积极配合（CP22）有紧密关系。但在工程项目中，由于项目参与部门较多，参加的人员从事设计、监理、预算、施工、材料供应、采购、管理等不同工作，上至主管部门领导，下至施工单位施工人员，素质差别较大，且各部门又都有各自的职责和利益，因而给相互间的协调与配合带来了一定的困难；尽管有各种相关的制度约束，但由于各种因素的影响，特别是人的思想意识、觉悟水平和自身素质等都会不同程度地影响他们对每一个与己相关的问题的看法并形成自己的意见，并主导他们的行动。特别是他们对工作中的某些问题可做可不做，或对于自身无关紧要但事关对方利益时，他们工作效率的高低、协调配合的态度、工作的作风和行为是否被合作者所接受就对项目能否顺利地实施直接或间接地带来影响，特别是当与对方合作时带有较强的个人主观意识时，就常常会通过不积极协调配合或故意产生冲突矛盾（CP23）、工作效率低下（CP25）、"吃拿卡要"等不正常工作行为（CP24）表现出来。因此，协调配合不积极（CT22）、冲突争议常发生（CT23）、配合工作效率低（CT25）、工作行为有违规（CT24）就成为项目实施过程中常发生的除以上几种类别外其他问题表象的主要特征。

4）竣工阶段问题表象特征及其参数的分析

竣工阶段是工程项目的结束阶段，这一阶段将在继续完善上一阶段遗留问题的基础上，完成工程验收和移交工作以及工程结算工作。但由于这一阶段的工作尤其需要在项目有关方直接的相互协调与配合下才能有效完成，因而，各方之间的协调与配合就显得非常的重要。相应的，这一阶段所出现的问题表象也就集中体现在工程验收、工程结算、工程移交和其他工作这四类之中。

第一，工程验收（DV1）。

工程项目的验收主要是在有关部门的组织下，依照一定的标准对工程实体及其资料进行的验收。但由于常常存在验收资料有缺陷或工程质量有问题、设备设施不正常、能源供应不到位、部分功能未完善等验收内容达不到规定标准等问题，而导致工程项目无法顺利验收。为此，在验收中就常常出现对工程存在的有关问题持有不同的处理意见，或由于个人利益和部门利益设置一些人为障碍，办事效率低下，使验收工作不顺畅等问题。对此，施工单位一方面进行必要的整改，处理工程中存在的问题；另一方面，还有可能采取非正常手段和非正规验收程序来达到验收的目的。工程质量（DP11）及其配套功能（DP12）和工程资料（DP13）都属于验收的主要内容，而验收程序（DP21）和工作效率（DP22）都属于组织验收管理过程中的主要工作。因此，工程验收中验收内容不合格（DT1）、验收过程不认真（DT2）这两个方面的问题就主要反映了建筑工程项目验收内容和验收管理方面问题表象所具有的共性特征。

第二，工程结算（DV2）。

与工程验收具有较为相似特征的是工程结算和工程移交。在工程结算中，可能会由于现场量项签证不完善、合同条款不明确、结算中若干项目的计算方法和套用定额观点不一致，或有关结算的政策、规定和定额出台滞后等，参建各方在结算过程中对结算的内容有所争议。因此，在工程结算中，就会出现发生于结算依据不足（DP31）、结算标准有异议（DP32）等属于工程结算内容方面的问题表象；同时还可能由于结算过程中考虑不周全，不能结合现场实际实事求是、认真负责地处理结算中的问题（DP4），结算方就会对结算结果存在较大的争议（DP5）。因而，工程结算中，结算内容有异议（DT3）、结算考虑不细致（DT4）、结算结果有争议（DT5）就成为工程结算中问题表象所呈现的主要特征。

第三，工程移交（DV3）。

移交工作也需要严格依照有关移交标准和规定，将工程的资料（DP61）、实体（DP62）

及其附属环境（DP63）等全部内容移交给有关单位，并按照预先约定期限，拆除临建、施工维护设施和清除现场垃圾、剩余材料等，在规定时限内移出施工现场，将工程及其附属环境一并移交给有关单位。而在移交的过程中，可能会由于工程费用的拖欠，施工单位暂时不愿意移交或仅愿意移交部分内容，或者施工单位由于其他原因按规定时间暂时无法清理完现场并搬出，双方在移交过程中心存异议，并在办理移交手续（DP71）的过程中不予积极配合，在移交过程（DP72）中效率低下，因此，在项目移交中就呈现出对移交内容有异议（DT6）、移交过程不认真（DT7）等问题。

第四，其他工作（DV4）。

在项目的竣工阶段，更为突出的问题表象则集中表现在工程结算后工程款的拖欠问题上，并由此而引发其他方面的冲突与矛盾。如果这一问题长期得不到解决，就有可能导致双方关系破裂，甚至诉诸法律来解决。因此，项目各方之间的协调与配合在项目竣工阶段就显得更加的重要。特别是在配合过程中，项目各方的工作效率、工作态度、工作作风等不仅关系到项目最后能否顺利验收、结算和移交，更关系到项目完工后工程的综合评价、保修维修、后期服务等能否有效完成。因此，竣工阶段各方的协调配合（DP81）、工作效率（DP82）、冲突争议处理（DP83）等管理工作和工程保修（DP91）、费用支付（DP92）等善后工作就成为项目竣工阶段工程验收、结算和移交以外的其他必不可少的管理内容（DV4），而协调配合不积极（DT8）、遗留工作未完善（DT9）就成为这一过程中若干问题所集中反映的问题表象特征。

6. 问题表象特征及其参数的提取与确定

在完成所有管理对象的分析后，根据上述所有分析对象的变元符号，就可以根据管理对象的特征及其参数的提取模型来完成各管理对象的特征及其参数的提取工作。

1）决策阶段各管理对象的特征及其参数

在项目决策阶段，根据属性分析，该阶段属性集 AV 含有 AV1、AV2 和 AV3，即

$$\{AV1, AV2, AV3\} \in AV = \left\{ \bigcup_{i=1}^{3} AV_i \right\}$$

$$AV1 = \Lambda\left(\bigcup Ax_n, n = 1 \to 7\right)$$

$$AV2 = \Lambda\left(\bigcup Ax_n, n = 8 \to 12\right)$$

$$AV3 = \Lambda\left(\bigcup Ax_n, n = 13 \to 20\right)$$

因为

$$\forall \Lambda\left\{Ax_n, n = 1 \to 20\right\} \exists \in AV \Rightarrow \exists\{Ar\} \subset \left\{Ax_n, n = 1 \to 20\right\}$$

$$\{Ax_n\} - \{Ar\} = \{AQ\} \xrightarrow{R} \exists AQ \in AV = \left\{\bigcup_{i=1}^{3} AV_i\right\} = \{\{AT1, AT2, AT3, AT4\} \in AV1 \cup \{AT5, AT6, AT7\}$$

$$\in AV2 \cup \{AT8, AT9, AT10, AT11\} \in AV3\} = \left\{\bigcup_{j=1}^{11} AT_j\right\} = (AT)_R$$

所以

$$\mathrm{CORE}(\mathrm{AT})_R \subseteq \bigcap\{T : T \in \mathrm{RED}(\mathrm{AT}) \subseteq \bigcup \mathrm{AV}\} = \Lambda\left\{\mathrm{RED}(\mathrm{AT})_R\right\} = \left\{\bigcup_{j=1}^{11} \mathrm{AT}_j\right\}$$

因为

$$\mathrm{AP1} \in \mathrm{AT1}, \mathrm{AP2} \in \mathrm{AT2}, \mathrm{AP3} \in \mathrm{AT3}, \mathrm{AP4} \in \mathrm{AT4}, \mathrm{AP7} \in \mathrm{AT7},$$
$$(\mathrm{AP51} \cup \mathrm{AP52} \cup \mathrm{AP53}) \in \mathrm{AT5}, (\mathrm{AP61} \cup \mathrm{AP62}) \in \mathrm{AT6},$$
$$\mathrm{AP8} \in \mathrm{AT8}, \mathrm{AP9} \in \mathrm{AT9}, \mathrm{AP10} \in \mathrm{AT10}, \mathrm{AP11} \in \mathrm{AT11}$$

$$\left\{\bigcup_{j=1}^{14} \mathrm{AP}_j\right\} \in \{\mathrm{AT}\}$$

所以

$$\mathrm{CORE}(\mathrm{AP})_R \subseteq \bigcap\{P : P \in \mathrm{RED}(\mathrm{AP}) \subseteq \bigcup \mathrm{AT}\} \Rightarrow \mathrm{CORE}(\mathrm{AP})_R = \left\{\bigcup_{j=1}^{14} \mathrm{AP}_j\right\} \in \mathrm{AT}$$

通过以上分析，决策阶段问题表象的特征及其参数如表 5.10 所示。

表 5.10　决策阶段问题表象的特征及其参数汇总表

问题表象	属性代号	问题属性	特征代号	问题表象特征	参数代号	特征参数
A1~A7	AV1	项目策划	AT1	掌握信息不全面	AP1	所需信息
			AT2	分析内容不完整	AP2	策划分析
			AT3	构思过程效率低	AP3	工作效率
			AT4	报审过程不规范	AP4	提报程序
A8~A12	AV2	可研分析	AT5	所需资料不全面	AP51	前期调研
					AP52	相关资料
					AP53	其他所需
			AT6	内容分析不透彻	AP61	可研方法
					AP62	可研内容
			AT7	可研结果受质疑	AP7	可研结果
A13~A20	AV3	决策审批	AT8	决策过程不严谨	AP8	决策程序
			AT9	决策过程效率低	AP9	决策效率
			AT10	审批程序不规范	AP10	审批程序
			AT11	审批过程效率低	AP11	工作效率

2）准备阶段各管理对象的特征及其参数

在项目准备阶段，根据属性分析，该阶段属性集 BV 含有 BV1、BV2、BV3、BV4 和 BV5，即

$$\{\mathrm{BV1}, \mathrm{BV2}, \mathrm{BV3}, \mathrm{BV4}, \mathrm{BV5}\} \in \mathrm{BV} = \left\{\bigcup_{i=1}^{5} \mathrm{BV}_i\right\}$$

$$\mathrm{BV1} = \Lambda\left(\bigcup Bx_n, n = 1 \to 5\right)$$

$$\mathrm{BV2} = \Lambda\left(\bigcup Bx_n, n = 6 \to 25\right)$$

$$\text{BV3} = \Lambda\left(\bigcup Bx_n, n = 26 \to 40\right)$$

$$\text{BV4} = \Lambda\left(\bigcup Bx_n, n = 41 \to 52\right)$$

$$\text{BV5} = \Lambda\left(\bigcup Bx_n, n = 53 \to 66\right)$$

因为

$$\forall \Lambda \left\{ Bx_n, n = 1 \to 66 \right\} \exists \in \text{BV} \Rightarrow \exists \{ \text{Br} \} \subset \left\{ Bx_n, n = 1 \to 66 \right\}$$

$$\{ Bx_n \} - \{ \text{Br} \} = \{ \text{BQ} \} \xrightarrow{R} \exists \text{BQ} \in \text{BV} = \left\{ \bigcup_{i=1}^{5} \text{BV}_i \right\} = \left\{ \{ \text{BT1}, \text{BT2}, \text{BT3} \} \right.$$

$$\in \text{BV1} \bigcup \{ \text{BT4}, \text{BT5} \} \in \text{BV2} \bigcup \{ \text{BT6}, \text{BT7} \} \in \text{BV3} \bigcup \{ \text{BT8}, \text{BT9} \}$$

$$\left. \in \text{BV4} \bigcup \{ \text{BT10}, \text{BT11} \} \in \text{BV5} = \left\{ \bigcup_{j=1}^{11} \text{BT}_j \right\} = (\text{BT})_R$$

所以

$$\text{CORE}(\text{BT})_R \subseteq \bigcap \{ T : T \in \text{RED}(\text{BT}) \subseteq \bigcup \text{BV} \} = \Lambda \left\{ \text{RED}(\text{BT})_R \right\} = \left\{ \bigcup_{j=1}^{11} \text{BT}_j \right\}$$

因为

$$\text{BP1} \in \text{BT1}, \text{BP2} \in \text{BT2}, (\text{BP31} \bigcup \text{BP32}) \in \text{AT3}, (\text{BP41} \bigcup \text{BP42} \bigcup \text{BP43} \bigcup \text{BP44}) \in \text{BT4},$$

$$(\text{BP51} \bigcup \text{BP52} \bigcup \text{BP53} \bigcup \text{BP54}) \in \text{BT5}, (\text{BP61} \bigcup \text{BP62} \bigcup \text{BP63} \bigcup \text{BP64}) \in \text{BT6},$$

$$(\text{BP71} \bigcup \text{BP72} \bigcup \text{BP73}) \in \text{BT7}, (\text{BP81} \bigcup \text{BP82} \bigcup \text{BP83} \bigcup \text{BP84}) \in \text{BT8},$$

$$(\text{BP91} \bigcup \text{BP92} \bigcup \text{BP93} \bigcup \text{BP94}) \in \text{BT9}, (\text{BP101} \bigcup \text{BP102} \bigcup \text{BP103}) \in \text{BT10},$$

$$(\text{BP111} \bigcup \text{BP112} \bigcup \text{BP113}) \in \text{BT11}$$

$$\left\{ \bigcup_{j=1}^{33} \text{BP}_j \right\} \in \{ \text{BT} \}$$

所以

$$\text{CORE}(\text{BP})_R \subseteq \bigcap \{ P : P \in \text{RED}(\text{BP}) \subseteq \bigcup \text{BT} \} \Rightarrow \text{CORE}(\text{BP})_R = \left\{ \bigcup_{j=1}^{33} \text{BP}_j \right\} \in \text{BT}$$

通过以上分析，准备阶段问题表象的特征及其参数如表 5.11 所示。

表 5.11　准备阶段问题表象的特征及其参数汇总表

问题表象	属性代号	问题属性	特征代号	问题表象特征	参数代号	特征参数
B1~B5	BV1	机构组建	BT1	机构设置不合理	BP1	机构设置
			BT2	人员配置不合理	BP2	人员配置
			BT3	制度职责不完善	BP31	规章制度
					BP32	责权划分
B6~B25	BV2	工程设计	BT4	设计管理不到位	BP41	设计依据
					BP42	设计进度
					BP43	图纸配套
					BP44	图纸会审

问题表象	属性代号	问题属性	特征代号	问题表象特征	参数代号	特征参数
B6~B25	BV2	工程设计	BT5	设计质量不达标	BP51	设计方案
					BP52	设计内容
					BP53	设计深度
					BP54	设计指标
B26~B40	BV3	招标投标	BT6	招标过程不规范	BP61	招标公报
					BP62	招标程序
					BP63	资质审查
					BP64	过程监督
			BT7	合同管理不到位	BP71	合同内容
					BP72	合同签订
					BP73	合同履行
B41~B52	BV4	前期准备	BT8	所需资源不到位	BP81	项目资金
					BP82	设备机具
					BP83	项目人员
					BP84	"五通一平"
			BT9	技术准备不充分	BP91	预算编制
					BP92	施工方案
					BP93	技术交底
					BP94	信息系统
B53~B66	BV5	相关工作	BT10	手续办理问题多	BP101	办理手续
					BP102	缴纳税费
					BP103	办理程序
			BT11	配合协调效果差	BP111	部门配合
					BP112	工作效率
					BP113	冲突争议

3）施工阶段各管理对象的特征及其参数

在项目施工阶段，根据属性分析，该阶段属性集 CV 含有 CV1、CV2、CV3、CV4、CV5、CV6、CV7 和 CV8，即

$$\{CV1, CV2, CV3, CV4, CV5, CV6, CV7, CV8\} \in CV = \left\{ \bigcup_{i=1}^{8} CV_i \right\}$$

$$CV1 = \Lambda\left(\bigcup Cx_n, n = 16 \to 42\right), CV2 = \Lambda\left(\bigcup Cx_n, n = 43 \to 71\right)$$

$$CV3 = \Lambda\left(\bigcup Cx_n, n = 72 \to 83\right), CV4 = \Lambda\left(\bigcup Cx_n, n = 84 \to 114\right)$$

$$CV5 = \Lambda\left(\bigcup Cx_n, n = 115 \to 121\right), CV6 = \Lambda\left(\bigcup Cx_n, n = 1 \to 15\right)$$

$$CV7 = \Lambda\left(\bigcup Cx_n, n = 122 \to 131\right), CV8 = \Lambda\left(\bigcup Cx_n, n = 132 \to 143\right)$$

因为

$$\forall \Lambda \{Cx_n, n = 1 \to 143\} \exists \in CV \Rightarrow \exists \{Cr\} \subset \{Cx_n, n = 1 \to 143\}$$

$$\{Cx_n\} - \{Cr\} = \{CQ\} \overset{R}{\to} \exists CQ \in CV = \left\{\bigcup_{i=1}^{8} CV_i\right\} = \{\{CT1, CT2\} \in CV1 \cup \{CT3, CT4\} \in CV2 \cup \{CT5, CT6\}$$

$$\in CV3 \cup \{CT7, CT8, CT9\} \in CV4 \cup \{CT10, CT11\} \in CV5 \cup \{CT12, CT13\}$$

$$\in CV6 \cup \{CT14, CT15, CT16, CT17, CT18, CT19, CT20, CT21\}$$

$$\in CV7 \cup \{CT22, CT23, CT24, CT25\} \in CV8\}$$

$$= \left\{\bigcup_{j=1}^{25} CT_j\right\} = (CT)_R$$

所以

$$\text{CORE}(CT)_R \subseteq \cap \{T : T \in \text{RE}D(CT) \subseteq \cup CV\} = \Lambda \{\text{RED}(CT)_R\} = \left\{\bigcup_{j=1}^{25} CT_j\right\}$$

因为

$$(CP11 \cup CP12) \in CT1, (CP21 \cup CP22 \cup CP23 \cup CP24 \cup CP25) \in CT2,$$

$$(CP31 \cup CP32 \cup CP33) \in CT3, (CP41 \cup CP42) \in CT4, (CP51 \cup CP52 \cup CP53) \in CT5,$$

$$(CP61 \cup CP62 \cup CP63) \in CT6, (CP71 \cup CP72) \in CT7, (CP81 \cup CP82) \in CT8,$$

$$(CP91 \cup CP92 \cup CP93 \cup CP94) \in CT9, (CP101 \cup CP102 \cup CP103) \in CT10,$$

$$(CP111 \cup CP112 \cup CP113 \cup CP114 \cup CP115 \cup CP116 \cup CP117 \cup CP118) \in CT11,$$

$$(CP121 \cup CP122) \in CT12, (CP131 \cup CP132) \in CT13, (CP141 \cup CP142) \in CT14,$$

$$(CP151 \cup CP152) \in CT15, (CP161 \cup CP162) \in CT16, (CP171 \cup CP172) \in CT17,$$

$$(CP181 \cup CP182) \in CT18, (CP191 \cup CP192) \in CT19, (CP201 \cup CP202) \in CT20,$$

$$(CP211 \cup CP212) \in CT21, CP22 \in CT22, CP23 \in CT23, CP24 \in CT24, CP25 \in CT25$$

$$\left\{\bigcup_{j=1}^{61} CP_j\right\} \in \{CT\}$$

所以

$$\text{CORE}(CP)_R \subseteq \cap \{P : P \in \text{RED}(CP) \subseteq \cup CT\} \Rightarrow \text{CORE}(CP)_R = \left\{\bigcup_{j=1}^{61} CP_j\right\} \in CT$$

通过以上分析，施工阶段问题表象的特征及其参数如表 5.12 所示。

表 5.12　施工阶段问题表象的特征及其参数汇总表

问题表象	属性代号	问题属性	特征代号	问题表象特征	参数代号	特征参数
C16~C42	CV1	工程质量	CT1	质量管理不到位	CP11	质保措施
					CP12	过程监督
			CT2	检测评价不严谨	CP21	质量评定
					CP22	力学检测
					CP23	材料检测
					CP24	设备安装
					CP25	功能试验

问题表象	属性代号	问题属性	特征代号	问题表象特征	参数代号	特征参数
C43~C71	CV2	工程进度	CT3	进度管理不到位	CP31	进度计划
					CP32	保障措施
					CP33	过程监督
			CT4	进度分析不及时	CP41	分项进度
					CP42	整体进度
C72~C83	CV3	工程费用	CT5	费用管理不到位	CP51	费用目标
					CP52	控制措施
					CP53	过程监督
			CT6	费用分析不深入	CP61	直接费用
					CP62	间接费用
					CP63	其他原因
C84~C114	CV4	施工安全	CT7	制度措施不完善	CP71	安全制度
					CP72	安全措施
			CT8	人员经费不到位	CP81	监管人数
					CP82	安保经费
			CT9	安全监管不到位	CP91	人员行为
					CP92	设备机具
					CP93	施工设施
					CP94	现场环境
C115~C121	CV5	环保状况	CT10	计划措施没落实	CP101	环保计划
					CP102	环保措施
					CP103	环保费用
			CT11	环保监管不到位	CP111	粉尘排放
					CP112	污水排放
					CP113	废气排放
					CP114	垃圾排放
					CP115	噪声传播
					CP116	振动影响
					CP117	地形地貌
					CP118	树木植被
C1~C15	CV6	工程风险	CT12	风险分析不全面	CP121	内部风险
					CP122	外部风险
			CT13	风险监管不到位	CP131	风险分析
					CP132	风险措施
C122~C131	CV7	资源保障	CT14	资源管理不到位	CP141	资源计划
					CP142	制度措施
			CT15	劳动力配置不合理	CP151	劳动力配置
					CP152	劳动力效用

续表

问题表象	属性代号	问题属性	特征代号	问题表象特征	参数代号	特征参数
C122~C131	CV7	资源保障	CT16	材料管理不到位	CP161	材料供应
					CP162	材料利用
			CT17	能源管理不到位	CP171	能源供应
					CP172	能源消耗
			CT18	设备机具效率低	CP181	设备维护
					CP182	机具利用
			CT19	资金支付有困难	CP191	支付状况
					CP192	支付数量
			CT20	技术服务不及时	CP201	技术指导
					CP202	技术服务
			CT21	信息反馈效率低	CP211	信息反馈
					CP212	信息效用
C132~C143	CV8	其他工作	CT22	协调配合不积极	CP22	协调配合
			CT23	冲突争议常发生	CP23	冲突争议
			CT24	工作行为有违规	CP24	异常行为
			CT25	配合工作效率低	CP25	工作效率

4）竣工阶段各管理对象的特征及其参数

在项目竣工阶段，根据属性分析，该阶段属性集 DV 含有 DV1、DV2、DV3 和 DV4，即

$$\{DV1, DV2, DV3, DV4\} \in DV = \left\{ \bigcup_{i=1}^{4} DV_i \right\}$$

$$DV1 = \Lambda\left(\bigcup Dx_n, n = 1 \to 13 \right), DV2 = \Lambda\left(\bigcup Dx_n, n = 14 \to 21 \right)$$

$$DV3 = \Lambda\left(\bigcup Dx_n, n = 22 \to 26 \right), DV4 = \Lambda\left(\bigcup Dx_n, n = 27 \to 32 \right)$$

因为

$$\forall \Lambda \left\{ Dx_n, n = 1 \to 32 \right\} \exists \in DV \Rightarrow \exists \{Dr\} \subset \{Dx_n, n = 1 \to 32\},$$

$$\{Dx_n\} - \{Dr\} = \{DQ\} \overset{R}{\to} \exists DQ \in DV = \left\{ \bigcup_{i=1}^{4} DV_i \right\} = \{\{DT1, DT2\} \in DV1 \cup \{DT3, DT4, DT5\}$$

$$\in DV2 \cup \{DT6, DT7\} \in DV3 \cup \{DT8, DT9\} \in DV4\}$$

$$= \left\{ \bigcup_{j=1}^{9} DT_j \right\} = (DT)_R$$

所以

$$CORE(DT)_R \subseteq \bigcap \{T : T \in RED(DT) \subseteq \bigcup DV\} = \Lambda \{RED(DT)_R\} = \bigcup_{j=1}^{9} DT_j$$

因为

$$(DP11 \cup DP12 \cup DP13) \in DT1, (DP21 \cup DP22) \in DT2, (DP31 \cup DP32) \in DT3,$$
$$DP4 \in DT4, DP5 \in DT5, (DP61 \cup DP62 \cup DP63) \in DT6,$$
$$(DP71 \cup DP72) \in DT7, (DP81 \cup DP82 \cup DP83) \in DT8,$$
$$(DP91 \cup DP92 \cup DP93) \in DT9$$

$$\left\{ \bigcup_{j=1}^{19} DP_j \right\} \in \{DT\}$$

所以

$$CORE(DP)_R \subseteq \cap \{P : P \in RED(DP) \subseteq \cup DT\} \Rightarrow CORE(DP)_R = \left\{ \bigcup_{j=1}^{19} DP_j \right\} \in DT$$

通过以上分析，竣工阶段问题表象的特征及其参数如表 5.13 所示。

表 5.13　竣工阶段问题表象的特征及其参数汇总表

问题表象	属性代号	问题属性	特征代号	问题表象特征	参数代号	特征参数
D1~D13	DV1	工程验收	DT1	验收内容不合格	DP11	工程质量
					DP12	配套功能
					DP13	验收资料
			DT2	验收过程不认真	DP21	验收程序
					DP22	验收效率
D14~D21	DV2	工程结算	DT3	结算内容有异议	DP31	项量依据
					DP32	结算标准
			DT4	结算考虑不细致	DP4	结算过程
			DT5	结算结果有争议	DP5	结算结果
D22~D26	DV3	工程移交	DT6	移交内容有异议	DP61	资料移交
					DP62	实体移交
					DP63	环境移交
			DT7	移交过程不认真	DP71	移交手续
					DP72	移交程序
D27~D32	DV4	其他工作	DT8	协调配合不积极	DP81	协调配合
					DP82	工作效率
					DP83	冲突争议
			DT9	遗留工作未完善	DP91	工程保修
					DP92	费用支付

5.4.6　工程项目管理指标的提取与确定

在工程项目管理中，指标是一个分析问题的有效工具，它也是能够有效反映研究对象特征的主要参数。但在工程实际中，虽然问题表象的特征和参数很好地描述了研究对象的内在本质，但对问题的分析还是需要通过指标来进行。因此，在完成问题表象的特征及其参数的提取后，就需要以这些参数为基础，采用科学的方法来分析和确定与之相应的管理指标。

1. 指标的提取方法与模型

从理论上来讲，以参数为基础来分析指标，他们在本质上是同胚的，即参数是来描述某种状态的，指标是用于分析和衡量这一状态的程度的，他们都是对同一问题不同角度的反映。如果把指标和参数分别看成是两个集合，即指标集 I（index set）和参数集 P（parameter set），从数学的角度来看，它们之间必定存在着一种映射关系。

在集合理论中，映射是指两个集合之间的一种对应关系，结合建筑工程项目特征参数的分析结果，如果参数集为 P，则 $P \supseteq \mathrm{KP}$，$\{\mathrm{AP} \cup \mathrm{BP} \cup \mathrm{CP} \cup \mathrm{DP}\} = \mathrm{KP}$。若设指标集为 I，那么，按照集合论中双射的含义，指标集合也应有 AI、BI、CI 和 DI，即应有 $\{\mathrm{AI} \cup \mathrm{BI} \cup \mathrm{CI} \cup \mathrm{DI}\} = \mathrm{KI}$ 存在，$I \supseteq \mathrm{KI}$；并且按照映射和关系集合的相关原理，这两个集合的映射不仅应是一种双射（bijection）关系，而且还应具有相同的集合势，即他们应当是一对等价集合。令

$$\left\{\bigcup_{j=1}^{14}\mathrm{AP}_j\right\} \Rightarrow_{\mathrm{df}} \mathrm{dom}\left(R_\mathrm{A}\right), \left\{\bigcup_{j=1}^{33}\mathrm{BP}_j\right\} \Rightarrow_{\mathrm{df}} \mathrm{dom}\left(R_\mathrm{B}\right)$$

$$\left\{\bigcup_{j=1}^{62}\mathrm{CP}_j\right\} \Rightarrow_{\mathrm{df}} \mathrm{dom}\left(R_\mathrm{C}\right), \left\{\bigcup_{j=1}^{19}\mathrm{DP}_j\right\} \Rightarrow_{\mathrm{df}} \mathrm{dom}\left(R_\mathrm{D}\right)$$

因为

$$f:\mathrm{AP}_j \xrightarrow{\mathrm{inj}} \mathrm{AI}_j \Rightarrow \mathrm{dom}\left(R_\mathrm{A}\right) \xrightarrow{\mathrm{inj}} \mathrm{ran}\left(R_\mathrm{A}\right)$$

$$f:\mathrm{BP}_j \xrightarrow{\mathrm{inj}} \mathrm{BI}_j \Rightarrow \mathrm{dom}\left(R_\mathrm{B}\right) \xrightarrow{\mathrm{inj}} \mathrm{ran}\left(R_\mathrm{B}\right)$$

$$f:\mathrm{CP}_j \xrightarrow{\mathrm{inj}} \mathrm{CI}_j \Rightarrow \mathrm{dom}\left(R_\mathrm{C}\right) \xrightarrow{\mathrm{inj}} \mathrm{ran}\left(R_\mathrm{C}\right)$$

$$f:\mathrm{DP}_j \xrightarrow{\mathrm{inj}} \mathrm{DI}_j \Rightarrow \mathrm{dom}\left(R_\mathrm{D}\right) \xrightarrow{\mathrm{inj}} \mathrm{ran}\left(R_\mathrm{D}\right)$$

据此，它们存在着以下关系：

$$\mathrm{ran}\left(R_\mathrm{A}\right) \in \left[I_\mathrm{A}\right] = \left\{\bigcup_{j=1}^{14}\mathrm{AI}_j\right\}$$

$$\mathrm{ran}\left(R_\mathrm{B}\right) \in \left[I_\mathrm{B}\right] = \left\{\bigcup_{j=1}^{33}\mathrm{BI}_j\right\}$$

$$\mathrm{ran}\left(R_\mathrm{C}\right) \in \left[I_\mathrm{C}\right] = \left\{\bigcup_{j=1}^{62}\mathrm{CI}_j\right\}$$

$$\mathrm{ran}\left(R_\mathrm{D}\right) \in \left[I_\mathrm{D}\right] = \left\{\bigcup_{j=1}^{19}\mathrm{DI}_j\right\}$$

$$\text{fld}(S)\stackrel{\text{df}}{=}\text{dom}(R_\text{A},R_\text{B},R_\text{C},R_\text{D})\bigcup\text{ran}(I_\text{A},I_\text{B},I_\text{C},I_\text{D})$$

以此为依据，就可以提取和获得与工程项目所有管理对象问题表象特征及其参数所对应的工程项目管理指标。

2. 工程项目管理指标的分析与确定

根据管理指标的提取方法与模型，以表 5.10~表 5.13 中的工程项目问题表象特征及其参数为基础，即可提取工程项目各阶段各管理对象的指标。

1）决策阶段

在项目的决策阶段，工程项目的主要管理对象为项目策划、可研分析和决策审批。

第一，项目策划。

在项目策划方面，其所含管理对象的问题表象的特征有四个方面：一是掌握信息不全面；二是分析内容不完整，它所涉及的方面是项目策划所需信息和策划分析内容；三是项目构思过程效率低；四是报审过程不规范，它所反映的问题是项目策划构思过程中的工作效率和提报程序问题。因而，分析这四方面的问题就需要从所需信息、策划分析、工作效率和提报程序这四个方面进行。根据问题表象的特征参数，所对应的管理指标就应包含策划所需信息是否全面了解和掌握的信息有效率、分析内容是否全面完整的分析有效率、报告编写是否按时完成的工效比和报审程序是否发生违规问题的违规率。

第二，可研分析。

在项目的可行性研究方面，其所含管理对象的问题表象的特征主要有三个方面：一是所需资料不全面；二是内容分析不透彻；三是可研结果受质疑。所需资料不全面所反映的问题既可能存在缺乏必要的前期调研信息，又可能涉及缺乏所需的政策规定、发展规划等相关资料以及立项批文、项目意向签约等其他所需资料；在此基础上还存在内容分析不透彻、分析方法不正确的问题，因而也必然使可行性的研究结果受到质疑。因此，据此类特征参数，在分析项目可行性研究方面的管理指标应包含前期调研所获资料是否真实可靠的可靠率、可研所需条件是否具备的具备率、报告是否按时完成提报的工效比、可研方法是否科学正确的正确率、分析内容是否全面深入的有效率和可研结果是否正确可靠的可靠率。

第三，决策审批。

在项目决策和审批方面，其所含管理对象的问题表象表现出的特征主要有两个方面：一是决策程序和审批程序不规范；二是决策和审批工作效率低。因此，分析这些问题就应从决策程序、决策效率、审批程序和工作效率四个方面分别进行。根据管理对象问题表象的特征参数，管理对象的指标也就对应的有诊断决策过程和审批过程是否存在违反规定而盲目决定和审批的违规率、能否在规定时间内完成决策和审批工作的工效比。

通过以上分析，决策阶段所含管理对象的管理指标就可初步确定，见表 5.14。

表 5.14　决策阶段问题表象的管理指标

问题属性	问题表象特征	特征参数	管理目的	管理指标
项目策划	掌握信息不全面	所需信息	策划所需信息是否掌握	有效率
	分析内容不完整	策划分析	分析内容是否全面完整	有效率
	构思过程效率低	工作效率	报告编写是否按时完成	工效比
	报审过程不规范	提报程序	报审程序是否执行规定	违规率
可研分析	所需资料不全面	相关资料	所获资料是否真实可靠	可靠率
		前期调研	可研所需条件是否具备	具备率
		其他所需	报告是否按时完成提报	工效比
可研分析	内容分析不透彻	可研方法	可研方法是否科学正确	正确率
		可研内容	分析内容是否全面深入	有效率
		可研结果	可研结果是否正确可靠	可靠率
决策审批	决策过程不严谨	决策程序	决策过程是否符合规定	违规率
	决策过程效率低	决策效率	能在规定时间内完成	工效比
	审批程序不规范	审批程序	审批程序是否执行规定	违规率
	审批过程效率低	工作效率	能否按时完成报批审定	工效比

2）准备阶段

在项目准备阶段，工程项目的主要管理对象为机构组建、工程设计、招标投标、资源准备和相关工作这五个方面。

（1）机构组建。在组建项目管理机构的过程中，机构设置不合理、人员配置不合理、制度职责不完善是组建项目管理机构过程中管理对象所表现出的问题特征。在机构设置是否合理方面，一是与部门设置有关，二是与人员配置有关；在制度职责是否完善方面，主要包含规章制度、责权划分两个内容。因此，根据管理对象问题表象的特征参数，分析部门设置是否合理有效的合理率、配置人员是否符合条件的合格率、规章制度是否健全完善的完善率和责权分工是否界定明确的明确率就成为分析项目组织状况的管理指标。

（2）工程设计。工程设计中，其所含管理对象问题表象的两个主要特征是设计管理不到位和设计质量不达标。在设计管理不到位中，主要的问题常发生在设计依据不足、设计进度拖延、设计图纸不配套、图纸会审不严谨等方面，因此，分析设计管理是否到位这一特征就应包含检查现场勘察设计依据是否可靠的可靠率、设计图纸文件能否按时完成的完成率、所有专业图纸是否协调配套的配套率和图纸会审是否进行的完成率。而在设计质量不达标中，设计方案不完善、设计内容不全面、设计深度和设计指标达不到规定要求都是设计质量不达标的具体体现，因此，分析设计方案和设计内容是否完善的完善率、设计程度和各项指标是否达到施工要求与规范标准的达标率就成为分析设计质量这一管理对象的指标。

（3）招标投标。工程项目招标投标过程中，其所含管理对象问题表象的特征集中体现在招标过程不规范和合同管理不到位这两个方面。在招标过程中，招标若干规定标准的公报、投标单位的资质审查、招标评标的程序和这一程序中的过程监督等方面出现的问题都是招标过程不规范的具体体现，因而，描述招标过程不规范这一特征应包含招标规定、招标程序、资质审查和过程监督这几个方面。合同管理不到位中出现的问题表象主要体现在合同内容不完善、签订过程不严谨、合同履行不认真这三个方面，并由此而引发更多的问题。因此，在工程招标投标中，招标规定标准是否公开透明的公开率、招标投标程序是否公正规范的违规率、投标单位资质是否符合规定的合格率、招标评标是否有不正当行为的发生率、合同条款是否完整严谨明确的完善率、合同签订是否符合规定条件的达标率、履约过程是否发生违约索赔的发生率都成为分析工程招标投标这一管理对象的管理指标。

（4）资源准备。在项目前期准备中，资源保障所包含的主要有项目资金、设备机具、项目人员、"五通一平"等，因而，所需资源不到位和技术保障中所包含的预算编制、施工方案、技术交底及信息系统建立等技术准备不充分的问题就成为项目前期准备中管理对象问题表象的主要特征。因此，根据管理对象问题表象的特征参数，分析这些问题的管理指标就需要有项目资金、机具设备和项目人员的到位率，"五通一平"的完成率，编制的预算、施工方案的完善率，技术交底的有效率和信息系统的达标率。

（5）相关工作。除了机构组建、工程设计、招标投标、资源准备之外，其他相关工作问题表象的表现特征主要集中在工程手续办理不顺利和部门之间的配合协调效果差这两个方面。工程手续办理不顺利不仅与办理若干工程程序复杂和手续种类烦琐有关系，也与办理单位自身准备条件不充分或没有及时缴纳有关税费紧密相关。因此，分析这一管理对象中所包含的开工手续是否办理完善的完善率，所需费用是否缴纳齐全的拖欠率和开工手续是否按章办理的违规率就成为分析工程中这些管理问题的管理指标；而项目管理工作中相关部门是否支持配合的协调率、准备工作是否按时完成的完成率和冲突争议是否妥善解决的处理率又成为管理对象的另一管理指标。

通过以上分析，准备阶段所含管理对象的管理指标就可初步确定，见表5.15。

表 5.15　准备阶段问题表象的管理指标

问题属性	问题表象特征	特征参数	管理目的	管理指标
机构组建	机构设置不合理	机构设置	机构设置是否合理有效	合理率
	人员配置不合理	人员配置	配置人员是否符合条件	合格率
	制度职责不完善	规章制度	规章制度是否健全完善	完善率
		责权划分	责权分工是否界定明确	明确率
工程设计	设计管理不到位	设计依据	现场勘察设计依据是否可靠	可靠率
		设计进度	设计图纸文件是否按时交付	完成率
		图纸配套	所有专业图纸是否协调配套	配套率
		图纸会审	设计审核技术交流是否进行	完成率
	设计质量不达标	方案优化	设计方案是否进行优化比较	完善率
		设计内容	设计内容是否准确清晰完整	出错率
		设计深度	设计程度是否达到施工要求	达标率
		设计指标	各项指标是否满足规范标准	达标率

续表

问题属性	问题表象特征	特征参数	管理目的	管理指标
招标投标	招标过程不规范	招标公报	招标规定标准是否公开透明	公开率
		招标程序	招标投标程序是否公正规范	违规率
		资质审查	投标单位资质是否符合规定	合格率
		过程监督	招标评标是否有不正当行为	发生率
	合同管理不到位	合同内容	合同条款是否完整严谨明确	出错率
		合同签订	合同签订是否符合规定条件	达标率
		合同履行	履约过程是否发生违约索赔	违约率
资源准备	所需资源不到位	项目资金	项目资金是否全部到位	到位率
		设备机具	所需设备机具是否备齐	到位率
		项目人员	所需各方人员是否到位	到位率
		"五通一平"	能源通信现场是否完整	完成率
	技术准备不充分	预算编制	预算编制是否认真细致	完成率
		施工方案	施工组织设计是否编制	完善率
		技术交底	技术交底是否有效进行	有效率
		信息系统	项目管理系统是否建立	达标率
相关工作	手续办理问题多	办理手续	开工手续是否办理完善	完善率
		缴纳税费	所需费用是否缴纳齐全	拖欠率
		办理程序	开工手续是否按章办理	违规率
	配合协调效果差	部门配合	相关部门是否支持配合	协调率
		工作效率	准备工作是否按时完成	完成率
		冲突争议	冲突争议是否妥善解决	处理率

3）施工阶段

在项目施工阶段，工程项目的主要管理对象为工程质量、工程进度、工程费用、施工安全、环境状况、工程风险、资源保障及其他工作这八类。

（1）工程质量。在工程质量方面，管理对象问题表象所具有的特征主要表现在质量管理不到位、检测评价不严谨这两个方面。其中，质量管理是指在明确质量管理标准和目标前提下，针对项目质量管理中存在的薄弱环节制定出相应的措施，然后在实施过程中对其实施监管。因此，质量管理包含目标标准、质保措施和过程监管；而质量检测分析不仅要进行质量评定，而且要对施工中所涉及的材料、设备及其性能等进行检测，以使质量管理落实到位。因此，质量检测包含实体质量评定及其承载力检测、材料及其性能检测、设备及其功能检测。因而，根据相应的特征参数，在工程质量状况分析方面，管理对象的管理指标就含有在质量管理方面的质量目标是否落实分解的分解率、质保措施是否落实完善的落实率，过程监督管理是否到位的到位率和质量检测方面的实体质量及其承载力、材料及其性能、设备及其功能的达标率。

（2）工程进度。在项目的进度管理中，进度管理不到位和进度分析不及时是工程进度管理方面问题表象的主要特征。进度管理中，进度计划和保障措施的制订与实施以及管理中的过程监督是进度管理主要的工作内容，并与进度管理的绩效紧密相关。在进度分析中，既需要对分部分项工程进度进行分析，又需要分析局部进度调整后对整体进度的影响。因此，根据管理对象问题表象的特征参数，在对工程进度的分析中含有对分部分项进度和整体工程进度是否与计划一致进行分析的偏差率，在进度管理方面的进度计划是否制定分解的计划制定率，进度保障措施是否制定落实的落实率及日常监督管理是否到位的到位率。

（3）工程费用。在工程项目费用管理中，费用管理不到位、费用分析不深入是工程费用管理方面的主要问题表象特征。由于工程费用主要由直接费用和间接费用组成，因此，对工程直接和间接费用分析的偏差率就成为费用分析的主要指标。另外，由于工程中一旦发生特殊事件，将会给工程费用带来较大的影响，因此，不可预见费也应单列在工程费用的分析中。对项目的工程费用管理来讲，项目管理者都需要在明确各自费用控制目标的前提下制定相应的控制措施，并在项目实施中进行监控。因而，费用目标计划是否制定分解的分解率、管理控制措施是否完善的落实率、日常监督管理是否到位的到位率也成为管理指标之一。

（4）施工安全。安全管理方面问题表象所共有的主要特征是制度措施不完善、人员经费不到位、安全监管不到位。在制度措施不完善方面，既有规章制度和操作规程的不完善问题，也有施工安全保障措施没有落实到位的问题，因此，分析规章制度是否制定完善的完善率、安保措施是否予以落实的落实率就成为安全管理的管理指标。在人员经费不配套方面，既有安全监管人员不满足安全管理要求、数量不配套问题，还有安全所需经费不到位的问题，因此，监管人数的配置率和安保经费的到位率就成为分析和描述人员经费状况的管理指标。在安全监管方面，主要是对项目管理人员和施工人员违章行为的监管、对设备机具和施工设施以及现场环境缺陷的监管，因此，管理和监督施工人员是否有违章作业的违章率、设备机具保护装置是否齐全有效的完好率、施工设施防护支撑是否可靠有效的有效率和作业环境现场布置是否整齐规范的达标率就成为分析和描述安全监管是否到位的管理指标。

（5）环境状况。工程项目的实施必然要对其周围的环境产生一定的影响，这些影响常表现有粉尘排放、污水排放、废气排放、垃圾排放、噪声传播、振动影响以及对地形地貌和树木植被的破坏等。因而，为了分析和诊断项目是否存在这些方面的问题，需要进行相应的环保管理：一是需要检查是否在环保方面做了必要的准备工作；二是要对这些方面进行相应的检测。因此，结合这些管理对象的特征参数，环保方面的管理指标应包含环保检测方面的粉尘排放是否进行有效管理和控制的达标率、施工垃圾是否得到有效处理的处理率、污水和废气排放是否达标的达标率、噪声和振动传播是否小于规定标准的达标率、是否发生毁坏周围自然环境和砍伐树木破坏植被的损坏率以及在环保管理方面制订环保计划工作的完成率、环保措施的落实率和环保费用的到位率。

（6）工程风险。工程风险这一管理对象的问题表象特征主要是风险考虑不全面和风险监管不到位。风险分析实际上是对项目风险的识别，而项目风险识别既包含对项目内部风险的识别，又包含对项目外部风险的识别。因此，对项目内外风险识别结果的识别率就成为风险分析方面需要考虑的一个主要指标，而风险分析是否透彻和风险措施是否制定落实的落实率就成为分析风险监管是否到位的主要管理指标。

（7）资源保障。在项目资源管理中，资源保障所有管理对象的问题表象特征主要有资源管理不到位、劳力配置不合理、材料管理不到位、能源管理不到位、设备机具效率低、资金支付有困难、技术服务不及时、信息反馈效率低这八个方面。因此，在项目资源的管理方面所包含的主要内容包括资源计划和制度措施两个方面；而劳力配置和劳力效用、材料供应和材料利用、能源供应和能源消耗、设备维护和机具利用、支付状况和支付数量、技术保障和技术服务、信息反馈和信息效用分别又是以上后面几项问题表象特征所直接包含的主要内容。因此，结合项目资源状况方面的管理对象的特征参数，分析资源供应计划是否制订完善的完善率、资源保障制度措施是否落实的落实率、劳务人员的配置率和利用率、工程材料的到位率和利用率、所需能源的保供率和能源的消耗利用率、设备机具的完好率和利用率、项目资金的到位率和拖欠率、施工技术指导和服务的保障率和工效比、信息反馈的合格率和有效率就成为诊断项目资源方面实施状况的管理指标。

（8）其他工作。在项目的实施过程中，除了以上几方面外，还需要项目各方之间积极有效的相互配合才能保障项目顺利实施，而在此方面常发生的问题表象特征主要有项目参与方之间协调配合不积极、冲突争议常发生、工作行为有违规、配合工作效率低，因此，根据管理对象问题表象的特征参数，分析项目相关各方能否协调配合的协调率、冲突争议能否有效解决的处理率、部门成员是否违规违纪的违规率和各自工作能否按时完成的工效比就成为项目实施过程中必不可少的管理指标。

通过以上分析，施工阶段所有管理对象的管理指标就可初步确定，见表 5.16。

表 5.16　施工阶段问题表象的管理指标

问题属性	问题表象特征	特征参数	管理目的	管理指标
工程质量	质量管理不到位	质保措施	质保措施是否落实完善	落实率
		过程监督	过程监督管理是否到位	到位率
	检测评价不严谨	质量评定	主体质量抽检是否满足标准	达标率
		设备安装	安装精度是否满足设计要求	达标率
		功能试验	气密隔振隔热是否符合规范	达标率
		力学检测	力学承载检测是否达到规定	达标率
		材料检测	材料检测试验结果是否合格	达标率
工程进度	进度管理不到位	进度计划	进度计划是否制定分解	分解率
		保障措施	进度保障措施是否制定落实	落实率
		过程监督	日常监督管理是否到位	到位率
	进度分析不及时	分项进度	分部分项进度是否与计划一致	偏差率
		整体进度	单位工程进度是否与计划一致	偏差率
工程费用	费用管理不到位	费用目标	目标计划是否制定分解	分解率
		控制措施	管理控制措施是否完善	落实率
		过程监督	日常监督管理是否到位	到位率

续表

问题属性	问题表象特征	特征参数	管理目的	管理指标
工程费用	费用分析不深入	直接费用	直接费用是否与预算一致	偏差率
		间接费用	间接费用是否与计划一致	偏差率
		其他原因	是否因特殊原因增加费用	增加量
施工安全	制度措施不完善	安全制度	规章制度是否制定完善	完善率
		安全措施	安保措施是否予以落实	落实率
	人员经费不到位	安保经费	安全费用是否全部到位	到位率
		监管人数	监管人员配备是否合理	配置率
	安全监管不到位	人员行为	管理和施工人员是否有违章作业	违章率
		设备机具	设备机具保护装置是否齐全有效	完好率
		施工设施	施工设施防护支撑是否可靠有效	有效率
		现场环境	作业环境现场布置是否整齐规范	达标率
环保状况	计划措施没落实	环保计划	环保计划是否制订	完成率
		环保措施	环保措施是否落实	落实率
		环保费用	环保费用是否到位	到位率
	环保监管不到位	粉尘排放	粉尘排放是否有效控制	达标率
		污水排放	污水排放是否分类管理	达标率
		废气排放	废气处理是否达到标准	达标率
		垃圾排放	施工垃圾是否有效处理	处理率
		噪声传播	施工噪声控制是否达标	达标率
		振动影响	现场振动测值是否超标	达标率
		地形地貌	是否毁坏周围自然环境	损坏率
		树木植被	是否砍伐树木破坏植被	损坏率
工程风险	风险考虑不全面	内部风险	内部风险是否分析	识别率
		外部风险	外部风险是否预测	识别率
	风险监管不到位	风险分析	风险分析是否透彻	完成率
		风险措施	措施是否制定落实	落实率
资源保障	资源管理不到位	资源计划	资源供应计划是否制订完善	完善率
		制度措施	资源保障制度措施是否落实	落实率
	劳动力配置不合理	劳动力配置	劳务人员是否合理配置	配置率
		劳动力效用	劳务人员是否充分利用	利用率
	材料管理不到位	材料供应	材料供应是否及时到位	到位率
		材料利用	领用材料是否有效利用	利用率
	能源管理不到位	能源供应	能源供应能否及时到位	保供率
		能源消耗	能源消耗是否经济合理	利用率
	设备机具效率低	设备维护	设备是否处于良好状态	完好率
		机具利用	机具利用效率是否高效	利用率
	资金支付有困难	支付状况	项目资金是否及时支付	到位率
		支付数量	所付资金是否足额支付	拖欠率

续表

问题属性	问题表象特征	特征参数	管理目的	管理指标
资源保障	技术服务不及时	技术指导	现场问题能否及时解决	保障率
		技术服务	技术服务能否及时提供	工效比
	信息反馈效率低	信息反馈	能否按时反馈所需信息	合格率
		信息效用	信息能否充分发挥效用	有效率
其他工作	协调配合不积极	协调配合	相关各方能否协调配合	协调率
	冲突争议常发生	冲突争议	冲突争议能有效解决	处理率
	工作行为有违规	异常行为	部门成员是否违规违纪	违规率
	配合工作效率低	工作效率	各自工作是否按时完成	工效比

4）竣工阶段

在项目竣工阶段，工程项目的主要管理对象为工程验收、工程结算、工程移交和其他工作这四大类。

（1）工程验收。工程项目验收中，其所包含的管理对象问题表象的主要特征体现在两个方面：一是验收内容不合格；二是验收过程不规范。工程实体及其配套功能和工程资料都属于验收的主要内容，验收程序和结果评价都属于验收组织过程管理中的工作。因此，在分析工程验收方面是否存在异常时，就应包含验收内容方面的工程质量是否满足验收规范的达标率、配套设施辅助功能是否正常的完善率、工程验收资料是否齐全规范的完整率，以及在验收过程管理方面包含的工程报验程序是否按合规的违规率、各自工作是否按时完成的工效比。

（2）工程结算。在工程结算中，其所包含的管理对象问题表象所具有的主要特征是结算内容有争议、结算考虑不细致、结算结果有争议。因此，根据此类管理对象问题表象的特征参数，在分析工程结算方面就应包含结算依据是否真实有效的可靠性、结算标准是否正确无疑的正确率和结算结果是否完整可靠的错误率以及结算过程是否严谨细致的漏缺率和结算工作是否按时完成的工效比。

（3）工程移交。在工程移交中，其所包含的管理对象问题表象主要体现在移交内容有异议和移交过程不认真这两个方面。根据管理对象的特征描述，移交内容有异议主要集中在移交的工程资料不齐全、工程实体有问题、附属环境未清理等方面；移交过程不认真主要体现在移交的过程中移交工作效率低、移交过程不严谨等方面。因此，根据此类管理对象问题表象的特征参数，在分析工程移交方面所应包含的管理指标就应有移交内容方面的移交资料是否齐全的完整率、移交实体是否达标的合格率与移交环境是否达标的达标率，以及移交管理方面的移交程序是否正确的合格率和移交工作是否高效的工效比。

（4）其他工作。在项目的竣工阶段，其所包含的管理对象问题表象特征还有参与各方协调配合不积极、遗留工作未完善这两个方面。协调配合不积极这一问题特征常常在工程验收、结算和移交中以协调配合较差、工作效率低下和经常发生冲突与矛盾等具体方式表现出来。遗留工作未完善中既包含工程保修问题可能未处理和费用未支付的问题，也包含着项目完工后工程的后期服务未到位等问题。因此，根据此类管理对象问题表象的特征参数，对工程竣工阶段管理对象的分析还应包括结算和移交过程中各方能否协调配合、各方工作是否高效的工效比和冲突矛盾是否妥善解决的处理率，以及工程保修项目是否及时处理的保修率和工程拖欠费用是否全部支付的拖欠率。

通过以上分析，竣工阶段所有管理对象的管理指标就可初步确定，见表 5.17。

表 5.17　竣工阶段问题表象的管理指标

问题属性	问题表象特征	特征参数	管理目的	管理指标
工程验收	验收内容不合格	工程质量	工程质量是否满足验收规范	达标率
		配套功能	配套设施辅助功能是否正常	完善率
		验收资料	工程验收资料是否齐全规范	完整率
	验收过程不严谨	验收程序	工程报验程序是否合规	违规率
		验收效率	各自工作是否按时完成	工效比
工程结算	结算内容有异议	项量依据	结算依据是否真实有效	可靠性
		结算标准	结算标准是否正确无疑	正确率
		结算结果	结算结果是否完整可靠	错误率
	结算考虑不细致	结算过程	结算过程是否严谨细致	漏缺率
	结算结果有争议	结算效率	结算工作是否按时完成	工效比
工程移交	移交内容有异议	资料移交	移交资料是否齐全	完整率
		实体移交	移交实体是否达标	合格率
		环境移交	移交环境是否达标	达标率
	移交过程不认真	移交程序	移交程序是否正确	合格率
		移交效率	移交工作是否高效	工效比
其他工作	协调配合不积极	协调配合	各方能否协调配合	协调率
		工作效率	各方工作是否高效	工效比
		冲突争议	冲突矛盾是否妥善解决	处理率
	遗留工作未完善	工程保修	工程保修项目是否及时处理	保修率
		费用支付	工程拖欠费用是否全部支付	拖欠率

3. 工程项目管理指标体系的构建

在完成指标的提取和确定后，为了对管理指标进行科学有效的管理，一般都要构建系统完整的管理指标体系。但在如何构建一个科学规范的指标体系方面，很多研究者从不同角度提出了不同的观点与看法。可以肯定地说，这些方法都为有效解决这一问题发挥了积极的作用。但是，由于在研究过程中时常受到若干因素的影响，不同研究者在面对管理对象的复杂性、知识需求的多样性、研究数据的有效性、研究条件的局限性等问题时，采用了更为理论化的方法。这些方法虽然使构建的工程管理指标体系在理论上实现和达到了科学性与规范性的效果，但也使构建的指标体系复杂化，使构建的工程管理指标体系在实际应用中与实际需求有了较大的偏倚，因此，从这一点来看，建立的指标体系还应更加关注其实际应用的效果。

实际上，从工程实用的角度来看，工程管理指标体系的构建可根据工程项目的分级管理需求及相应的管理内容来确定，并以结构解释模型的方式绘制出来。也就是说，在完成指标提取与确定的基础上，通过基于工程管理对象的分层分级划分与管理指标的对应关系，即可获得系统、清晰、完整的工程项目管理指标体系。以建筑工程项目为例，工程项目管理指标分为三个层级是较为合理的，第一层的管理指标主要用于描述工程项目各阶段主要实施的内容，由于这些内容都是项目各阶段的分目标，因此可以将其定义为目标层；第二层主要是项目实施内容的组成要素，因而可称其为要素层；第三层则是各管理对象的具体问题分析层，因此可称为指标层。这样，所有工程项目的管理指标就形成了一个由目标层、要素层和指标层三个层次组成的完整的管理指标结构体系，按照这一思路，就可以构建起工程项目管理指标体系，具体见图 5.6。

5.4.7　管理指标模式研究所带来的启发

近些年来，如何科学提取和确定工程项目的管理指标一直是工程管理科学领域的热点研究问题之一，这一问题至今仍然受到大量工程项目管理者和研究者的高度重视与关注。之所以如此，主要是因为不论是在国内外大量相关研究文献中还是在工程管理实践中，只要涉及工程管理指标，绝大多数理论研究成果中的指标都是引用性的指标，在为什么使用这些指标方面，缺乏充分的理论依据或事实依据，使研究内容及分析结果不再具有相应的理论价值和指导意义。同样，在大量的工程实践中，所用的指标时常缺乏针对性，使这些指标在分析问题的过程中无法发挥其应有的作用，特别是面对工程项目管理中出现的新问题和新表象，那些缺乏针对性的陈旧指标就可能完全失效。因此，这一问题的存在就给工程项目管理者及时发现并有效解决工程项目管理中的有关问题带来很大的不便，也为提高工程项目的管理水平带来阻碍和约束。

就此问题，本章以工程项目管理指标为研究对象，以循证科学为指导，以工程系统理论、粗集理论、知识挖掘、数理逻辑等多学科知识为基础，就如何提取和确定能够有效分析工程项目中所现问题的管理指标进行了系统性的分析与详细的论述。通过这一分析，不仅给出了科学提取管理指标的新模式，而且给出了研究此类问题的过程范例，使相关研究者在今后类似问题的研究中可以获得相应的启发与指导。此外，这一研究成果由于其科学性、实用性和有效性，不仅被多家企业采用并取得了极好的使用效果，而且得到了业内多位权威专家的高度评价，并被多家高校指定为研究生必读参阅书目。

但对于参阅者而言，在阅读此类文献时，更应注重的内容应该是研究者针对所研究的问题是如何展开研究的，如何应用多学科理论进行问题剖析的，如何将理论与实践结合起来使研究结果既满足理论要求又满足实践管理需求的。深刻了解和掌握这些内容及其方法，也许对提高研究者的科研水平具有更大的价值。

【本章拓展材料】

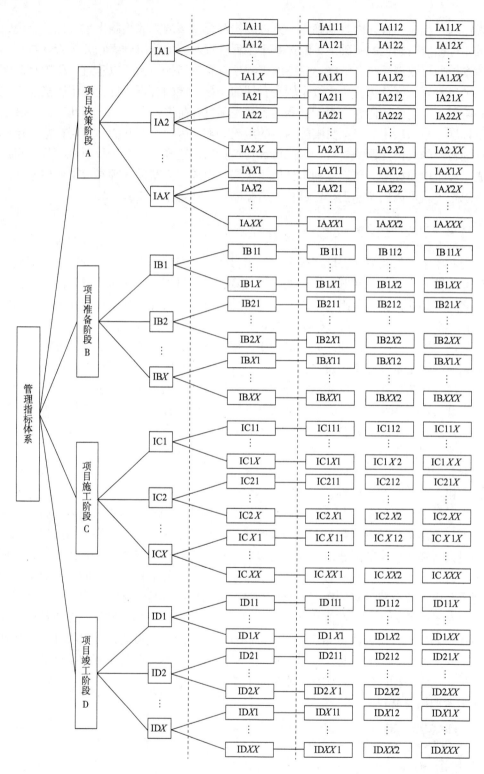

图 5.6　管理指标体系结构模型

参 考 文 献

冯兆祥，蒋波. 2014. 多项目多层次多方协同的项目管理系统在大型工程建设管理中的应用[J]. 中国工程科学，16（4）：108-112.

何继善，徐长山，王青娥，等. 2014. 工程管理方法论[J]. 中国工程科学，16（10）：4-9.

侯学良，朱宏亮，关罡. 2008a. 中国住宅工程质量问题的循证管理方法及其实证研究（1）[J]. 土木工程学报，41（7）：92-97.

侯学良，朱宏亮，关罡. 2008b. 中国住宅工程质量问题的循证管理方法及其实证研究（2）[J]. 土木工程学报，41（7）：98-102.

胡可云，陆玉昌，石纯一. 2001. 粗糙集理论及其应用进展[J]. 清华大学学报，41（1）：64-68.

贾自艳. 2004. Web 信息智能获取若干关键问题研究[D]. 中国科学院计算技术研究所博士学位论文.

李强. 2001. 循证医学[M]. 北京：科学出版社.

李智，曹石云. 2013. 残差自回归半参数模型的参数估计[J]. 工程数学，34（2）：106-110.

汤文仙. 2006. 技术融合的理论内涵研究[J]. 科学管理研究，24（4）：31-34.

王晖. 2004. 项目管理理论与方法体系研究[D]. 昆明理工大学硕士学位论文.

Badescu D. 2013. A detecting genomic variability functions using adjusted rand index[J]. Automatic in Construction，46（8）：123-131.

Bolboaca S D，Marta M M，Jantschi L. 2008. Computer-assisted instruction in evidence-based medicine：a pilot study[C]. Conference of Human System Interactions：834-839.

Chiu W H，Chang Y C，Chi H R. 2009. Exploring modulating effects within evidence-based medicine realization based on service innovation model[C]. International Conference of Service Systems and Service Management：504-509.

Doleima Smith M L. 2014. An auto-adjusting fuzzy controller based on performance target and modify factors[J]. Application System，54（2）：33-39.

Dong Y C. 2005. The properties of consistency for the aggregation of individual reciprocal judgment matrix[J]. System Engineering Theory & Practice，25（2）：121-123.

Helgason C M，Jobe T H. 2009. Progress away from evidence based medicine to discovery of dynamic principles of disease and its treatment[C]. IEEE International Conference of Systems，Man and Cybernetics：1113-1115.

Hu Feiren L S. 2013. An auto-adjusting fuzzy controller based on performance target and modify factors in diagnosis system[J]. Measure Technology，31（11）：111-114.

Li D，Wang Z，Liu H. 2014. Twi-convergence model for weight of coal industry security evaluation index based on triangular adjustable fuzzy number[C]. 2014 AMCE：3579-3582.

Masuda G，Sakamoto N. 2002. A framework for dynamic evidence based medicine using data mining[C]. Proceedings of the 15th IEEE Symposium of Computer-Based Medical Systems：117-122.

Wang S. 2013. Role of simulation in construction engineering and management[J]. Journal of Construction Engineering & Management，139（11）：140-153.

Zhong H W. 2013. Construction safety control：measuring，monitoring，and responding to safety leading indicators[J]. Journal of Construction Engineering & Management，139（10）：101-108.